Young Learner's

JUMBO COLOURING

3

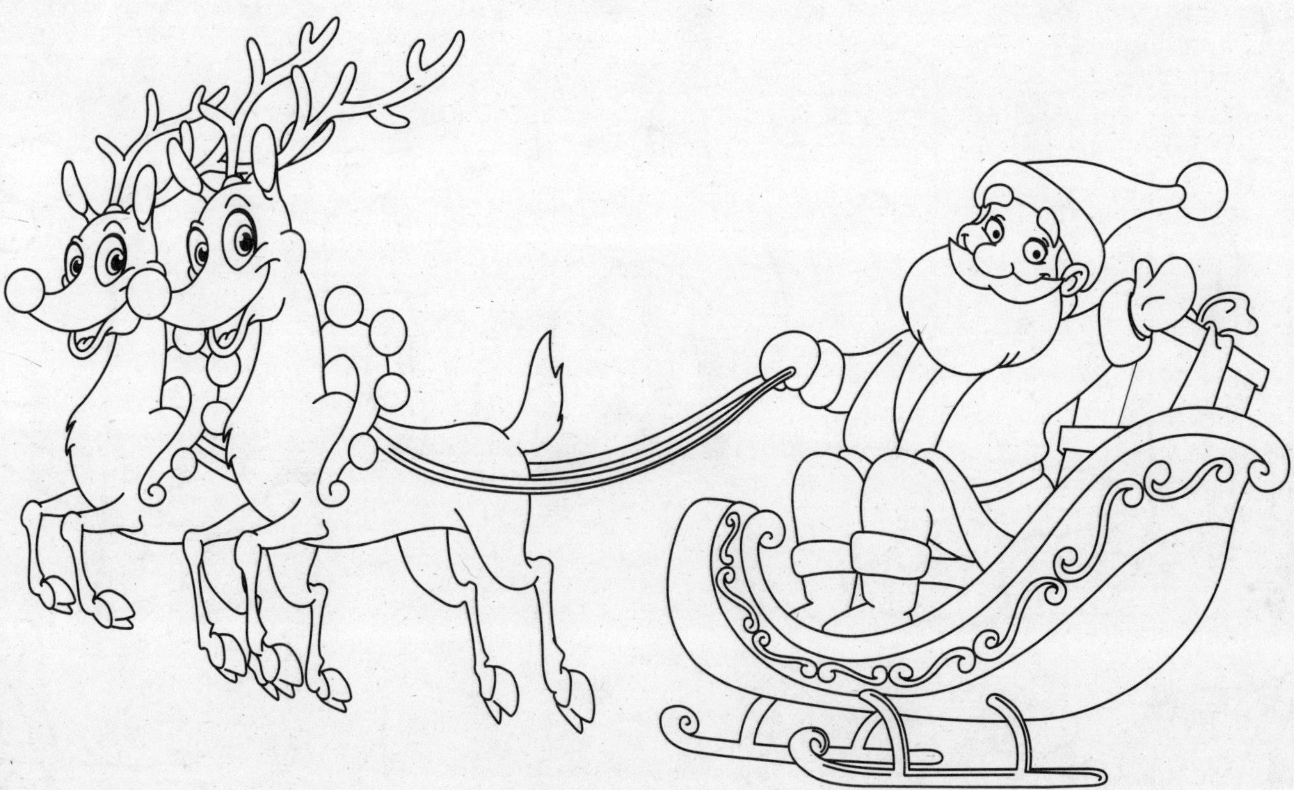

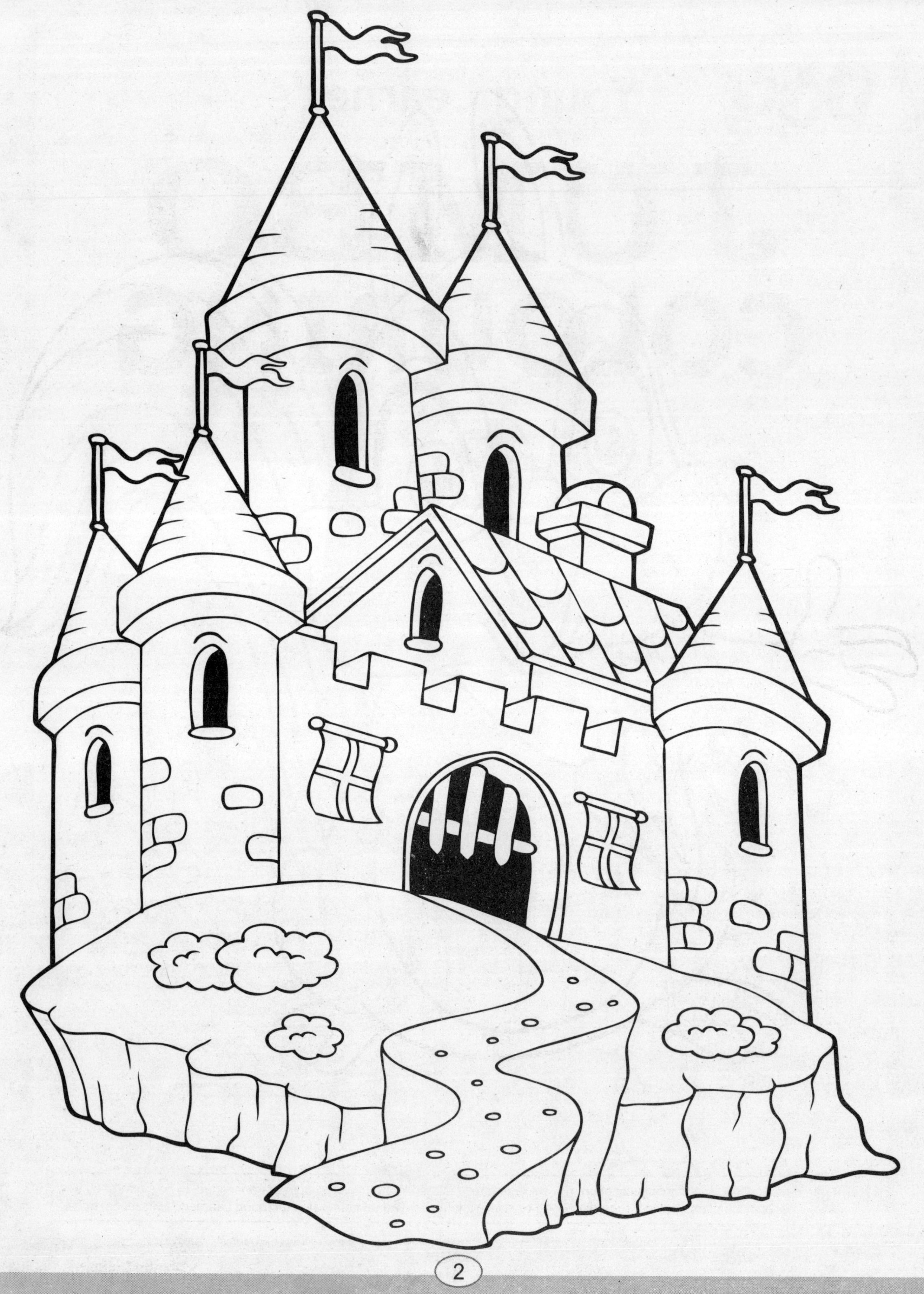

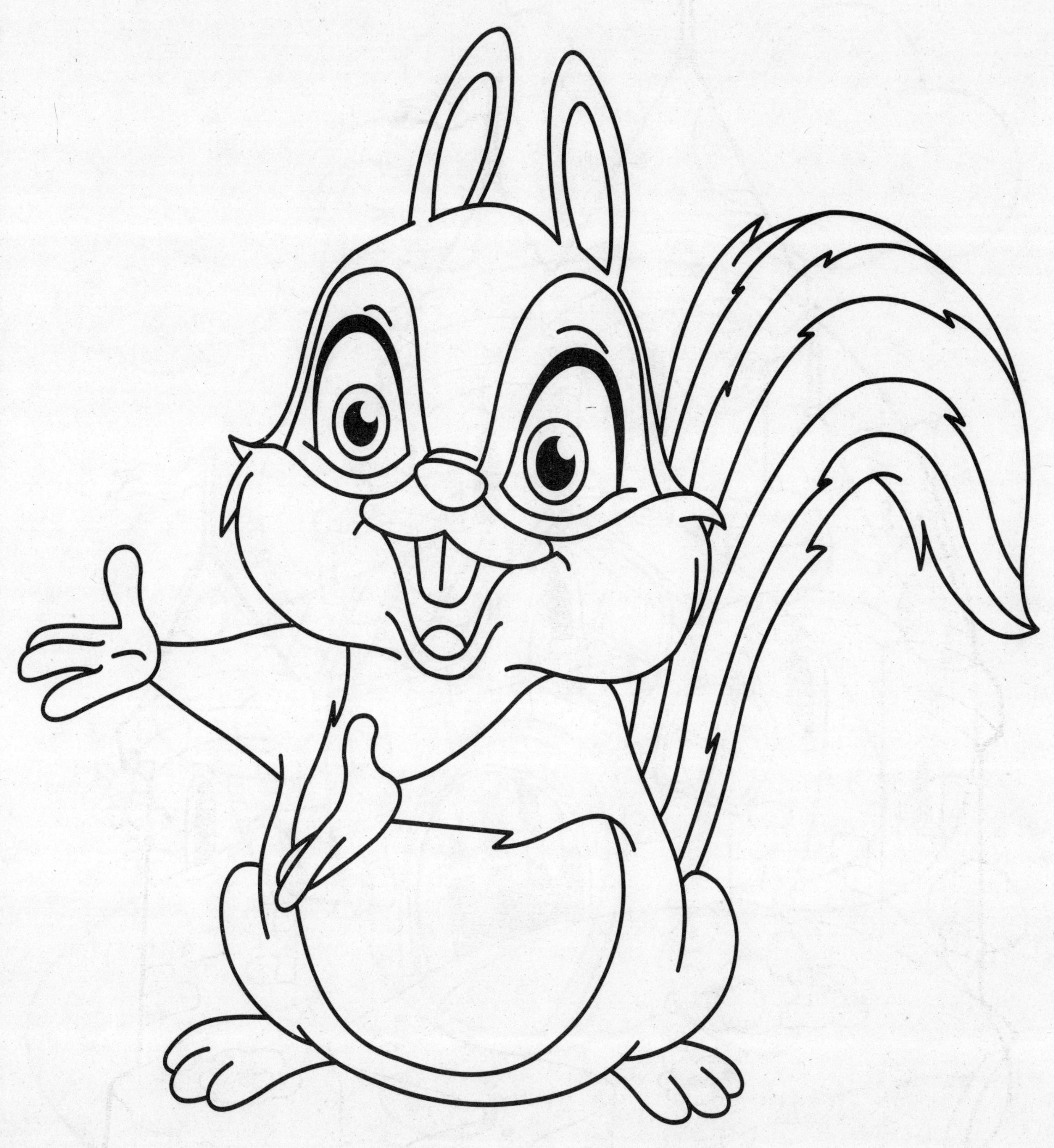

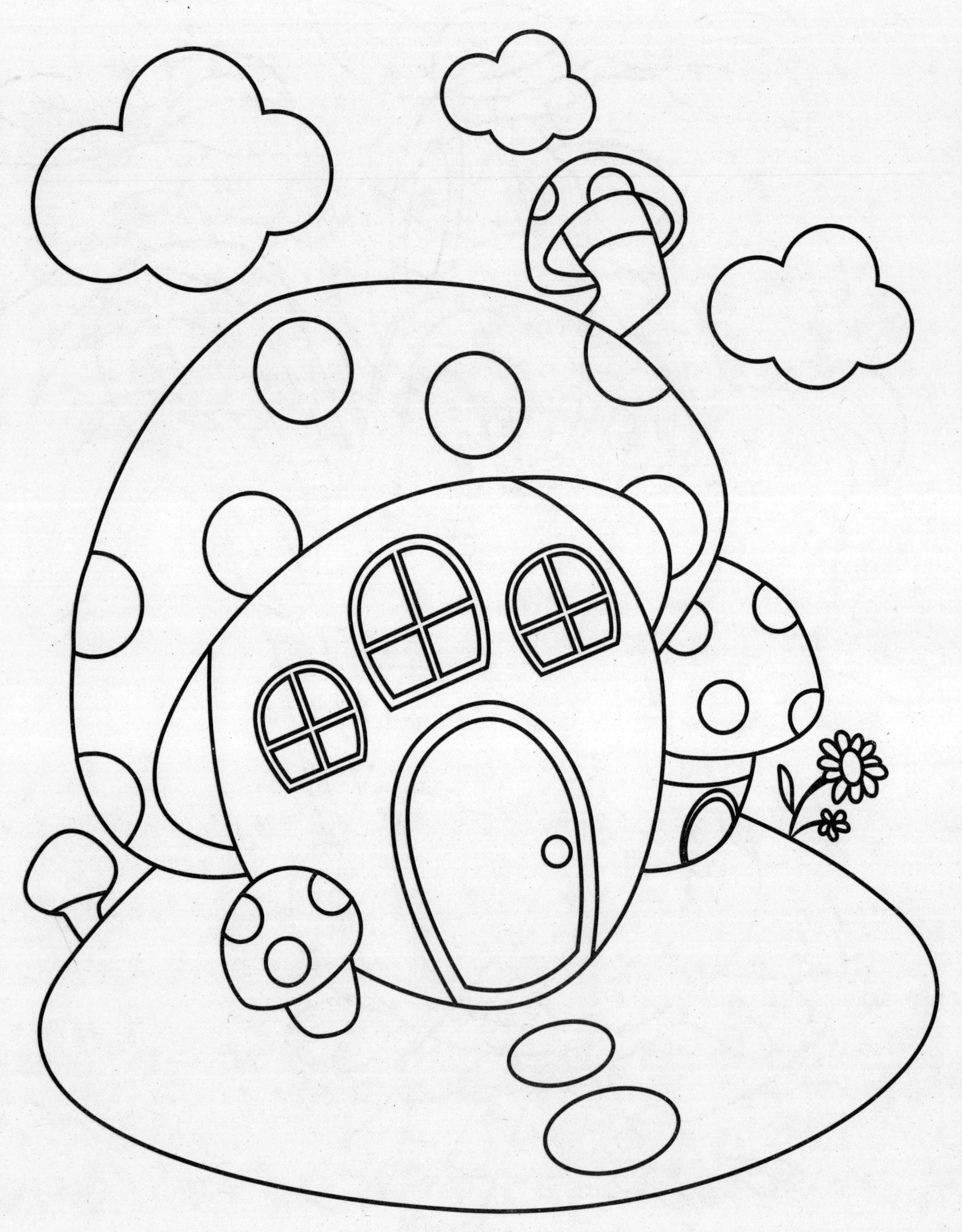

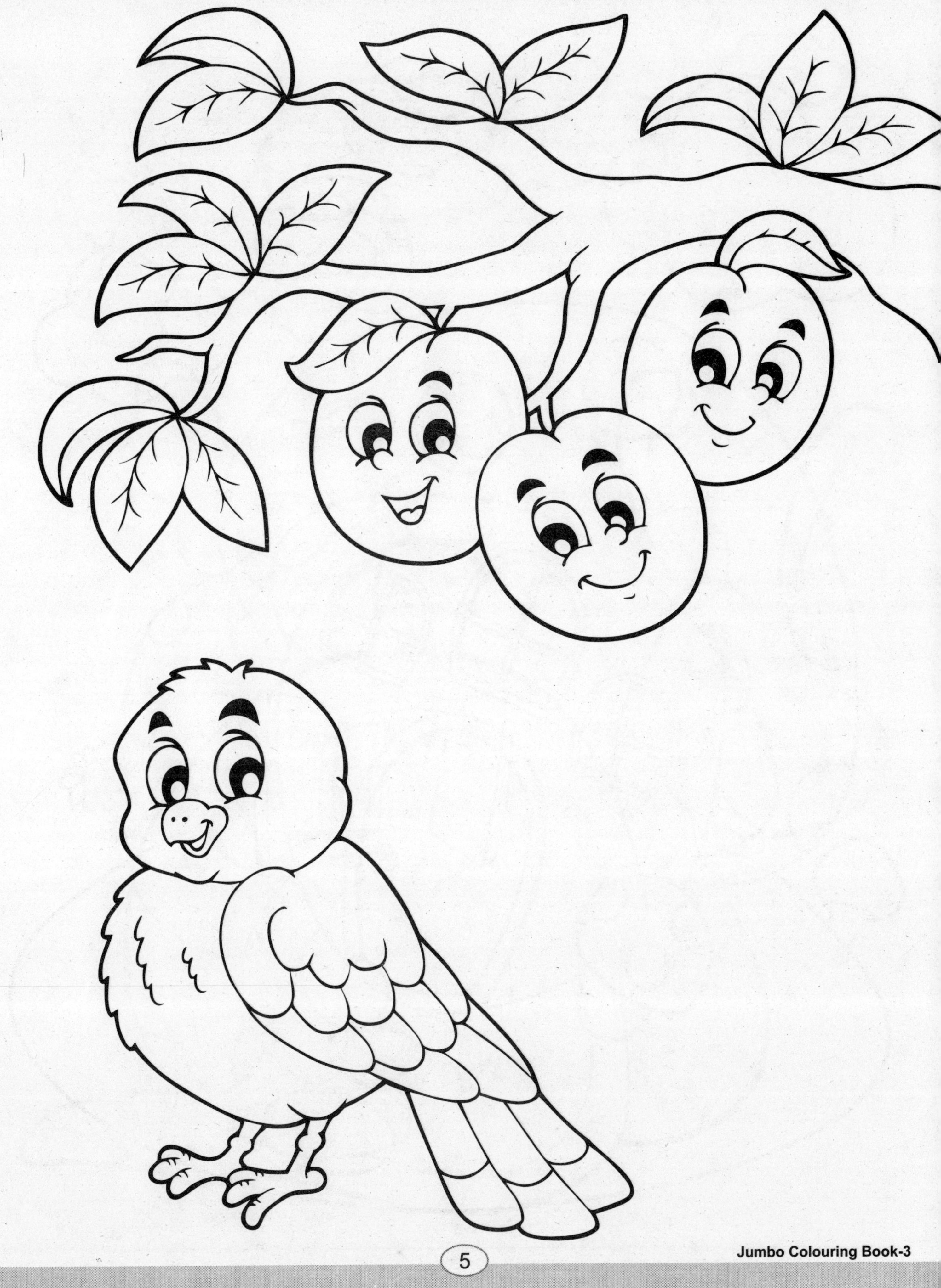

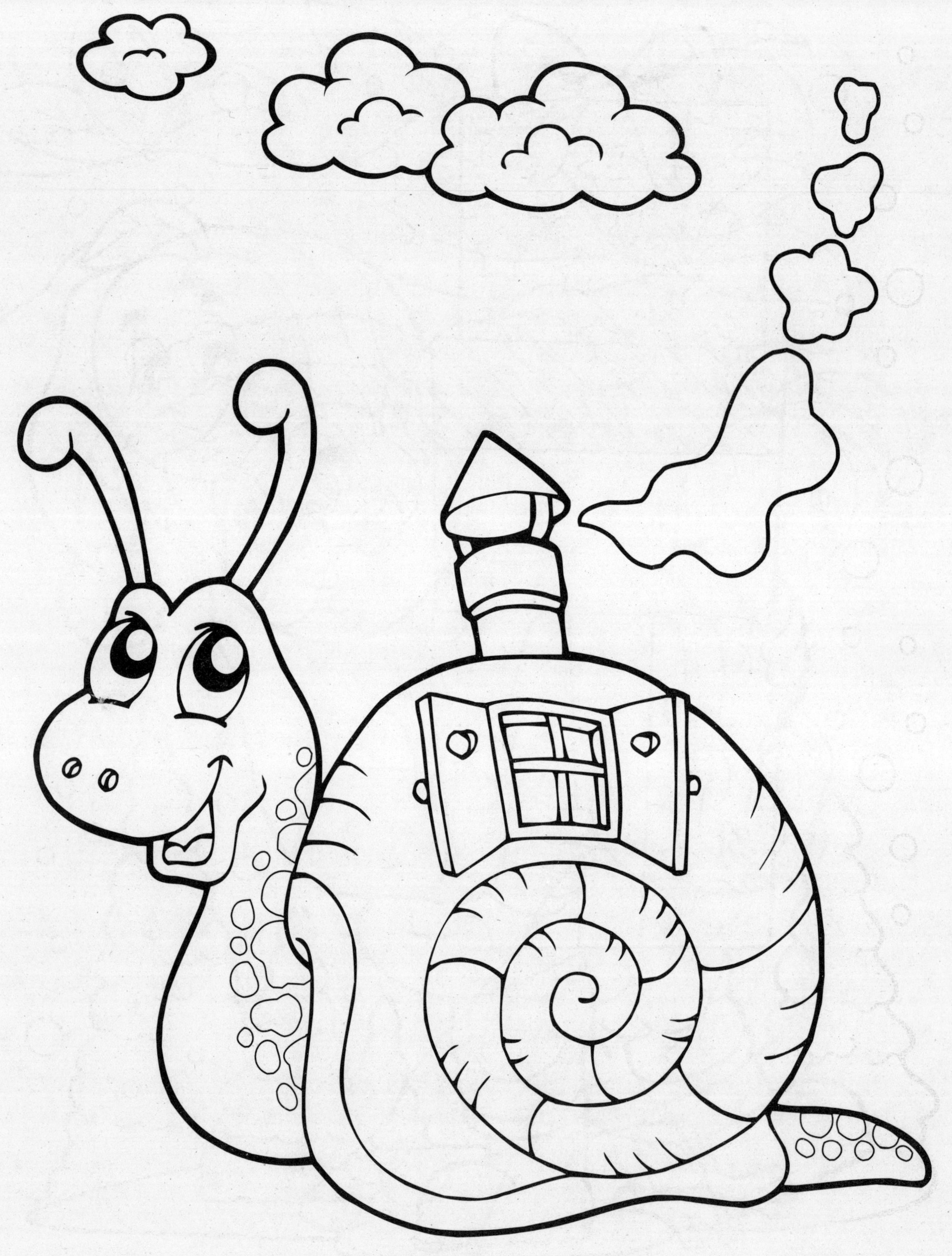

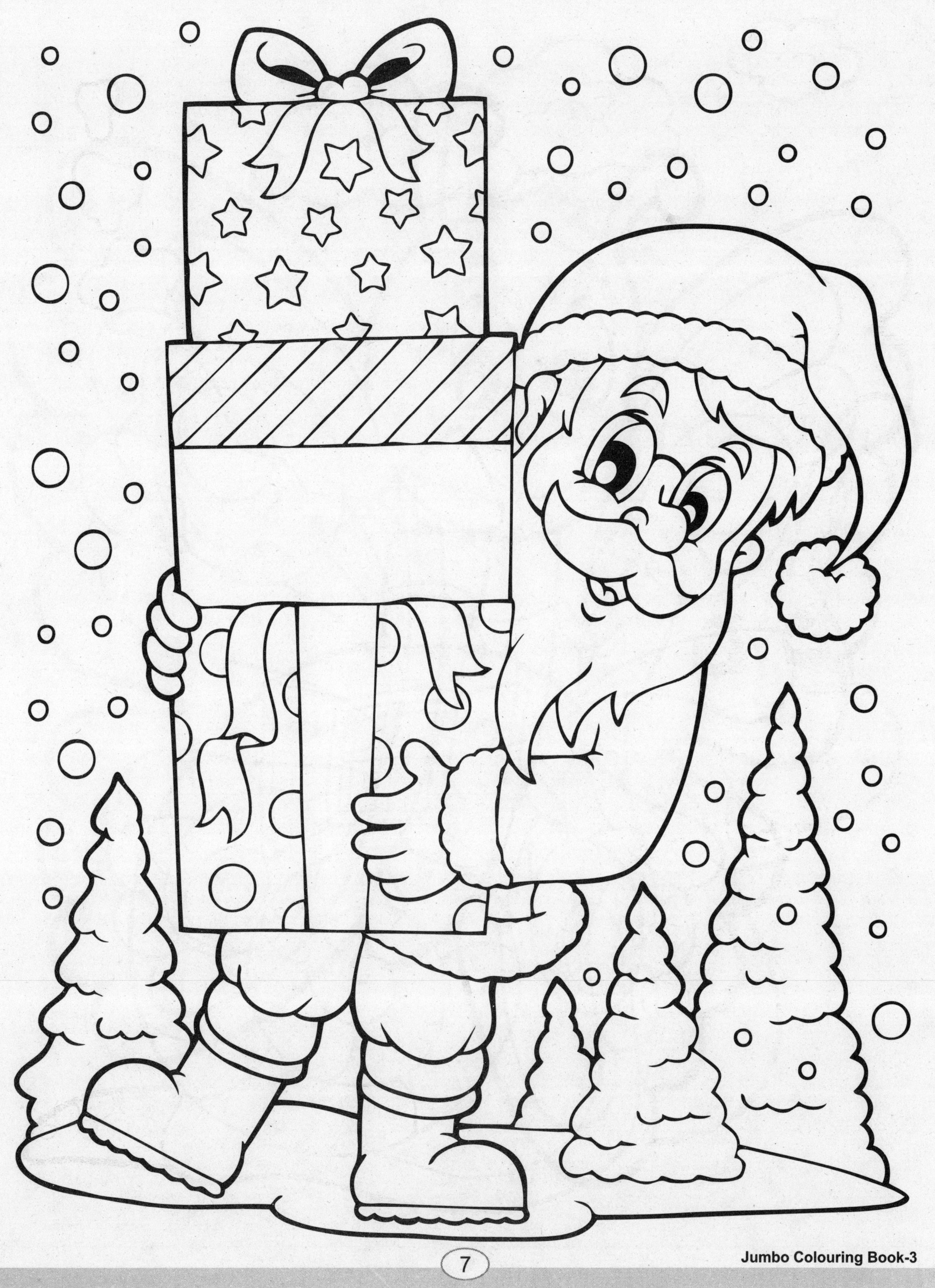

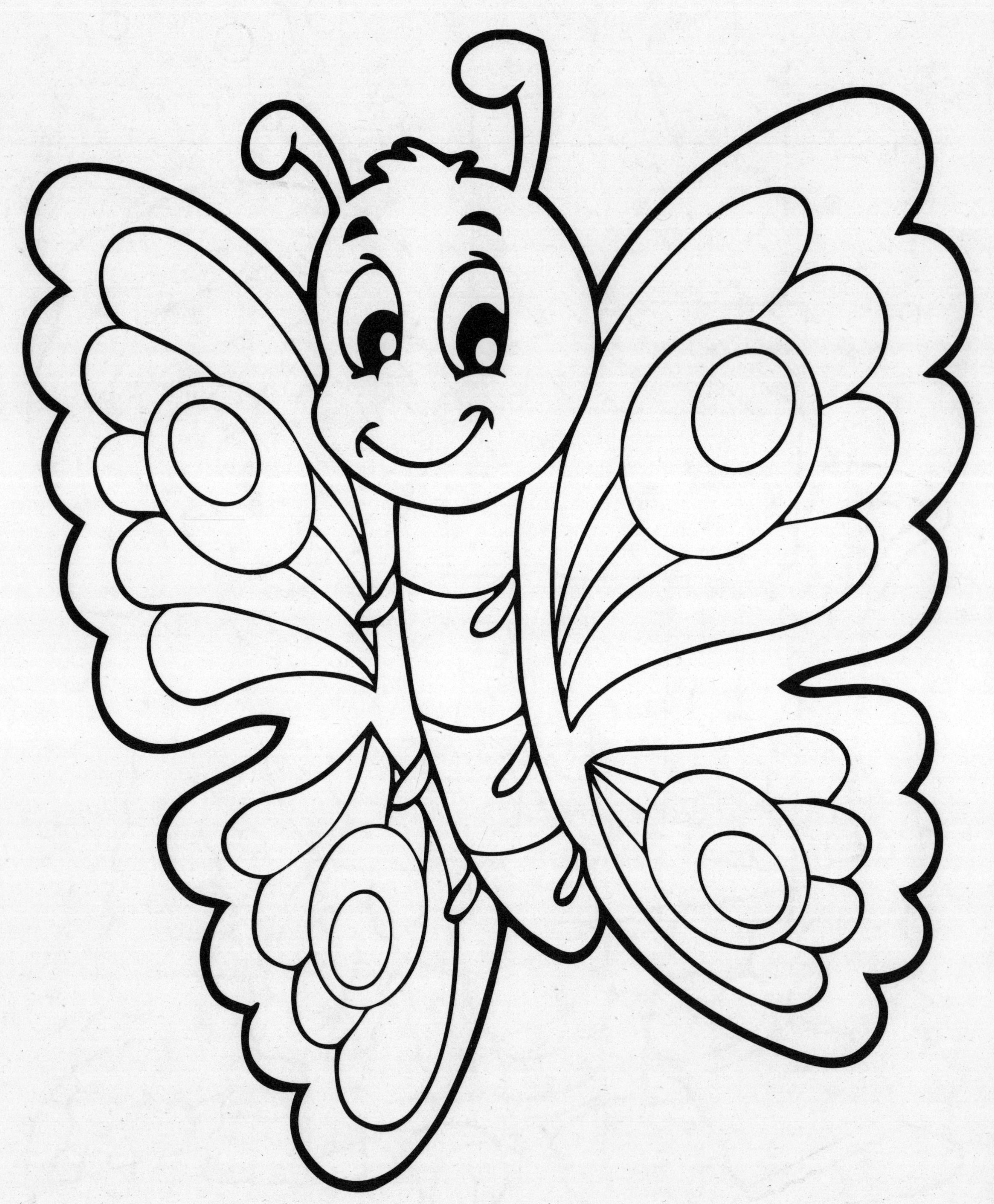

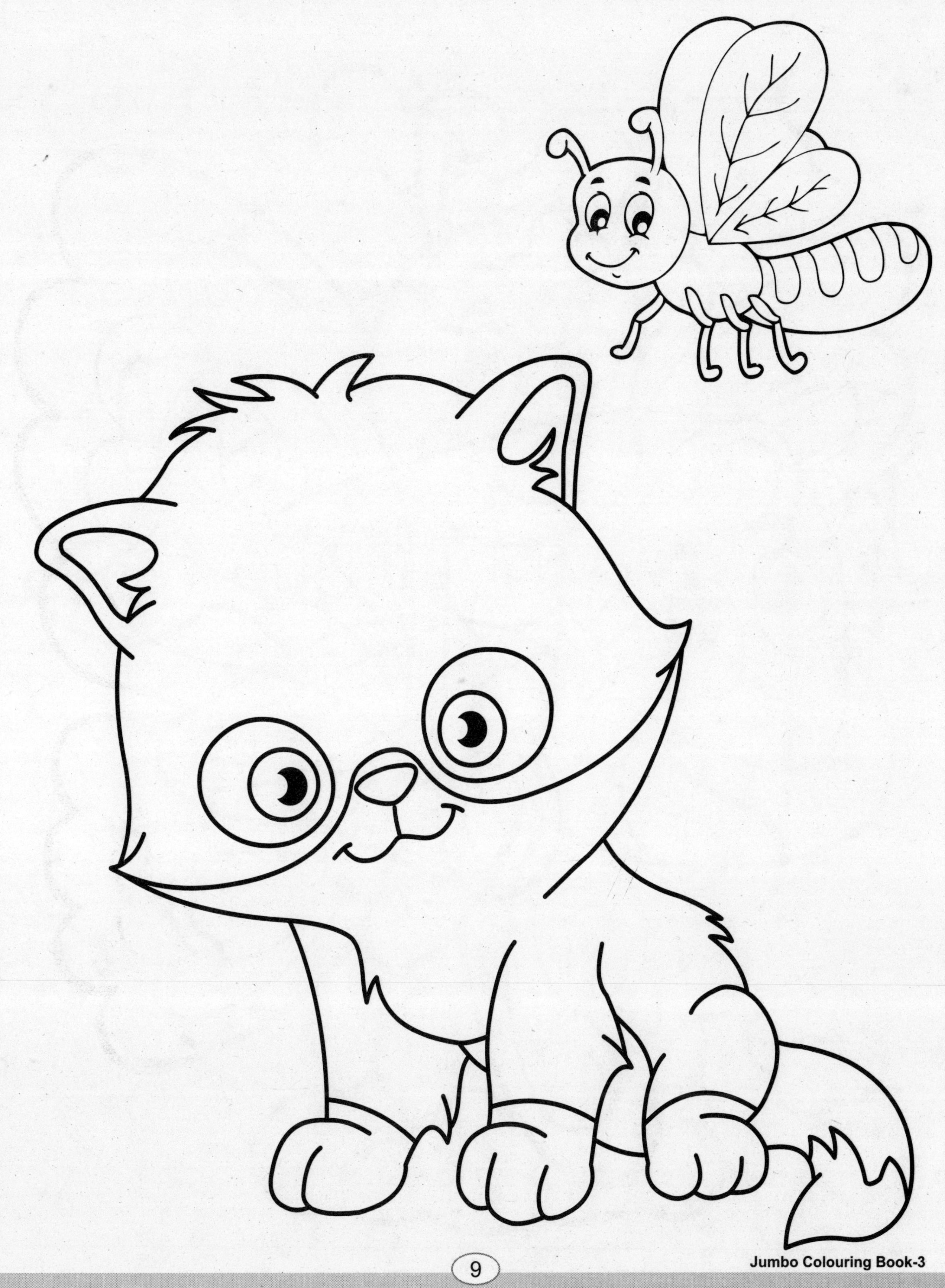

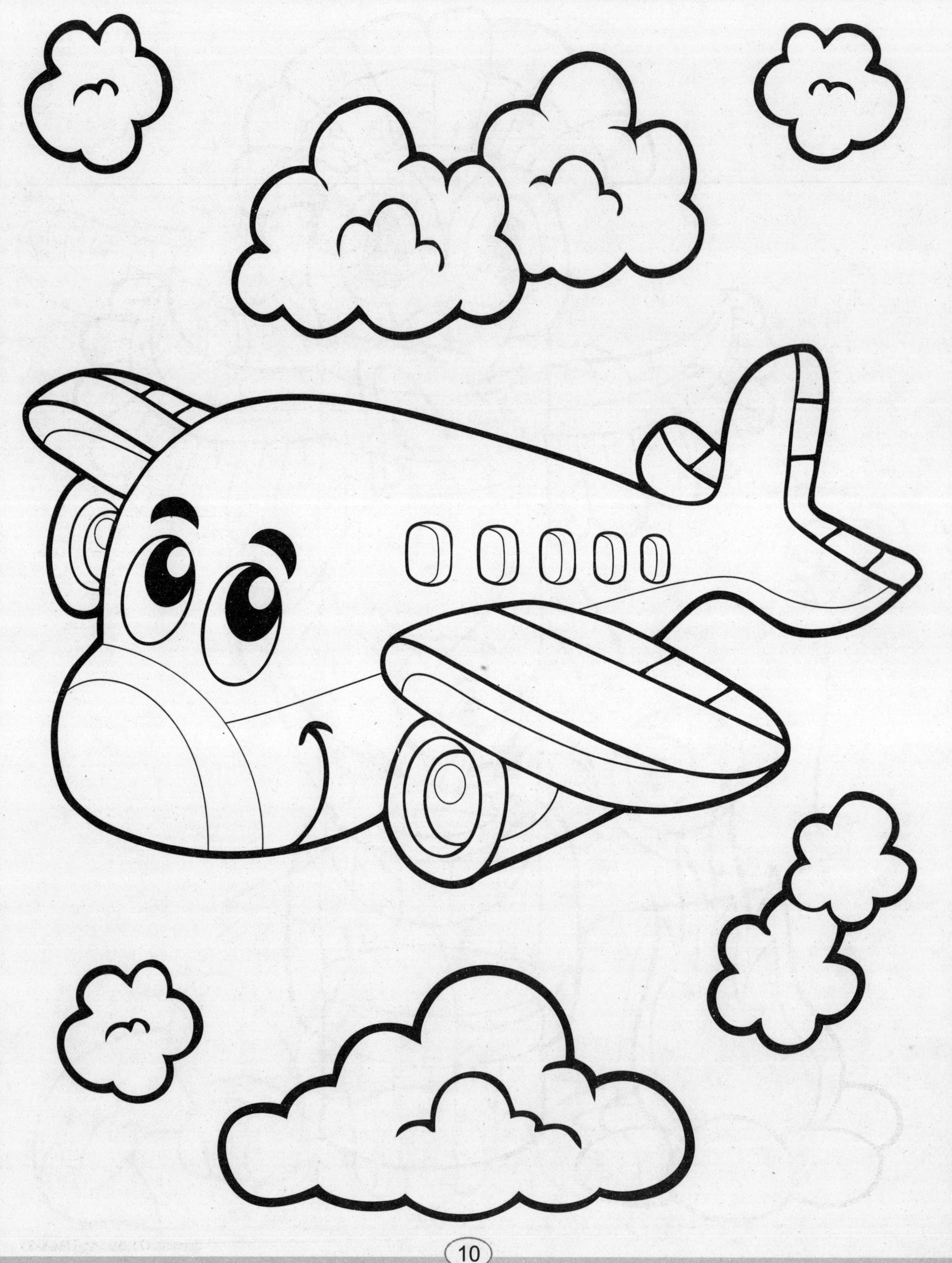

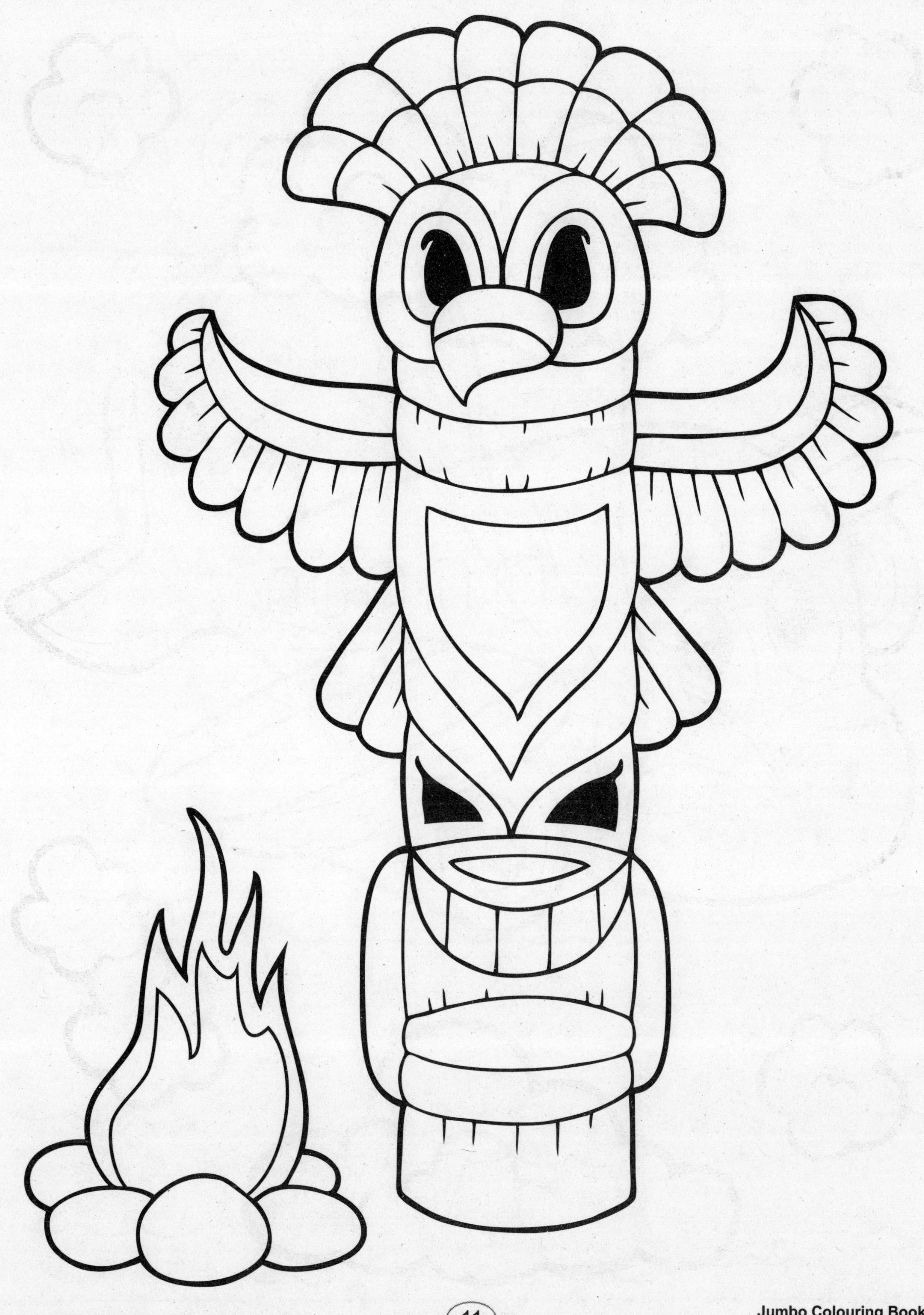

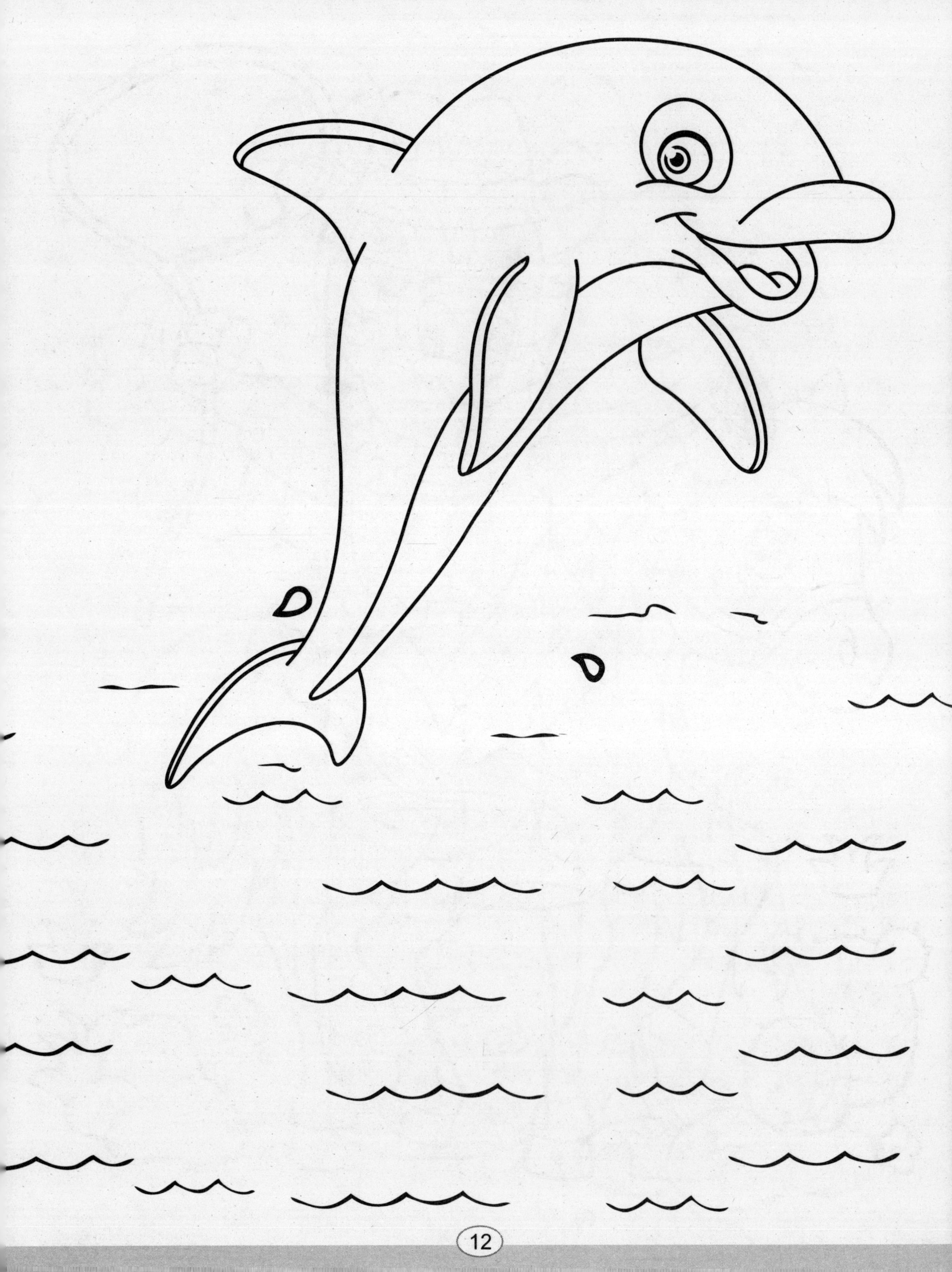

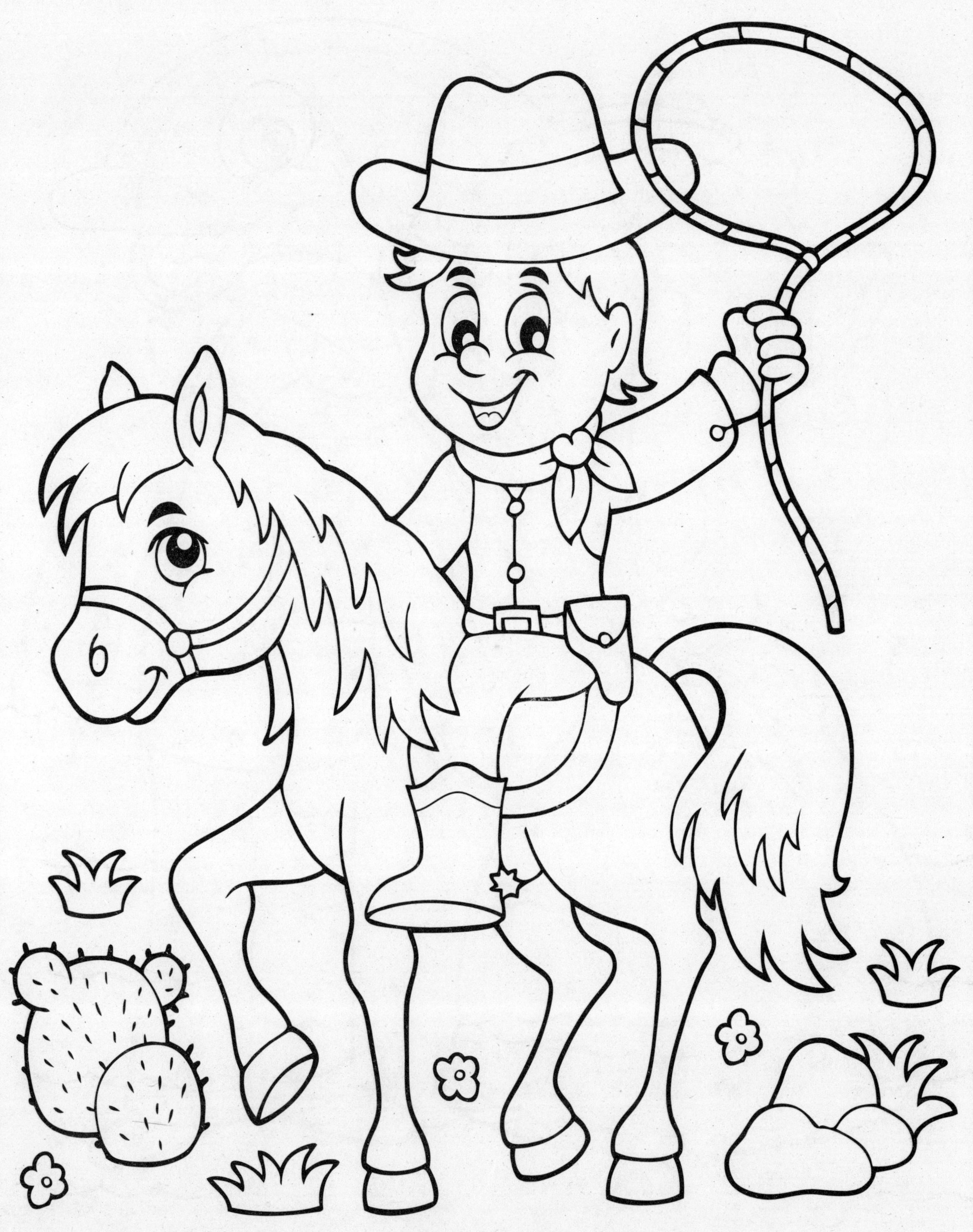

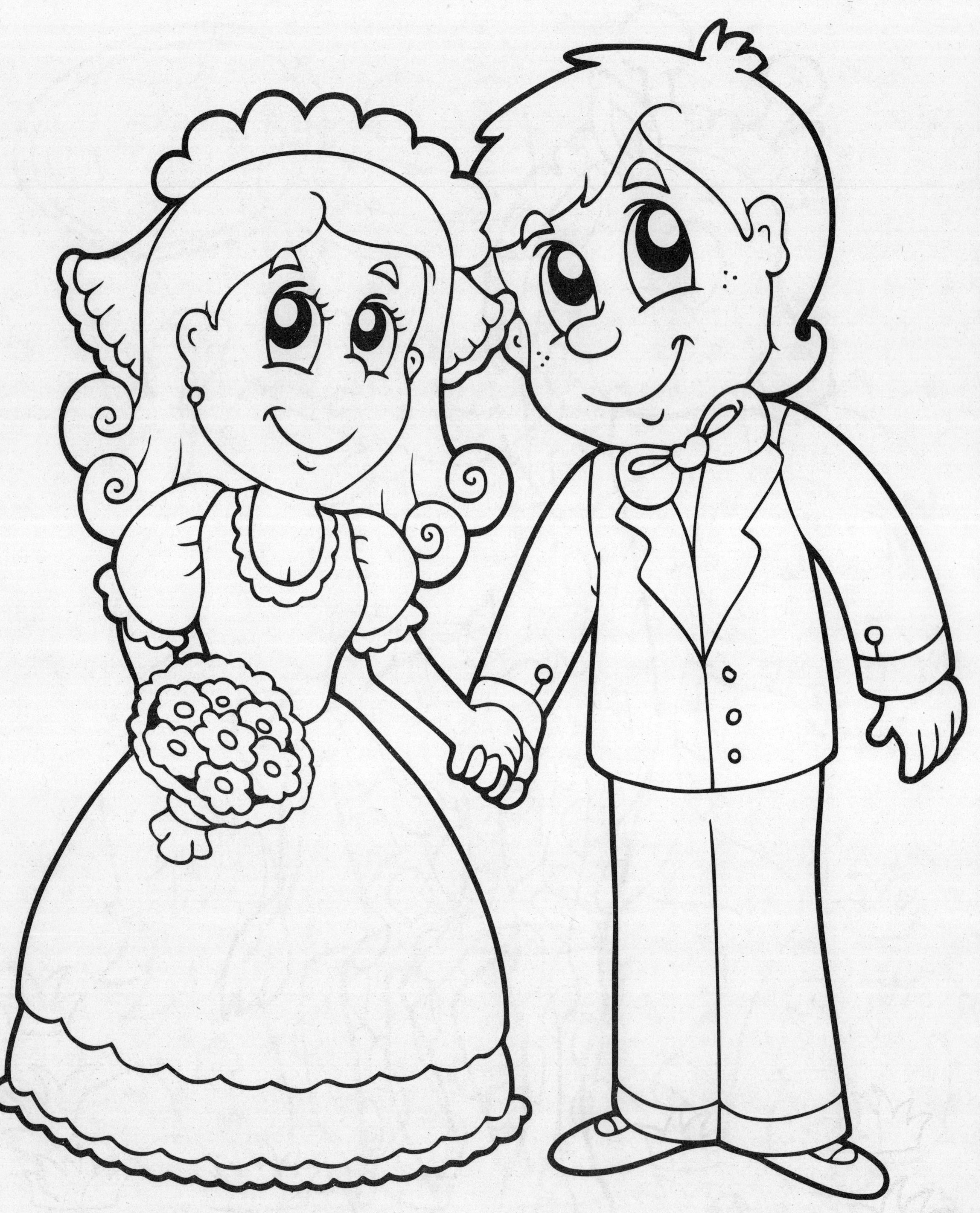

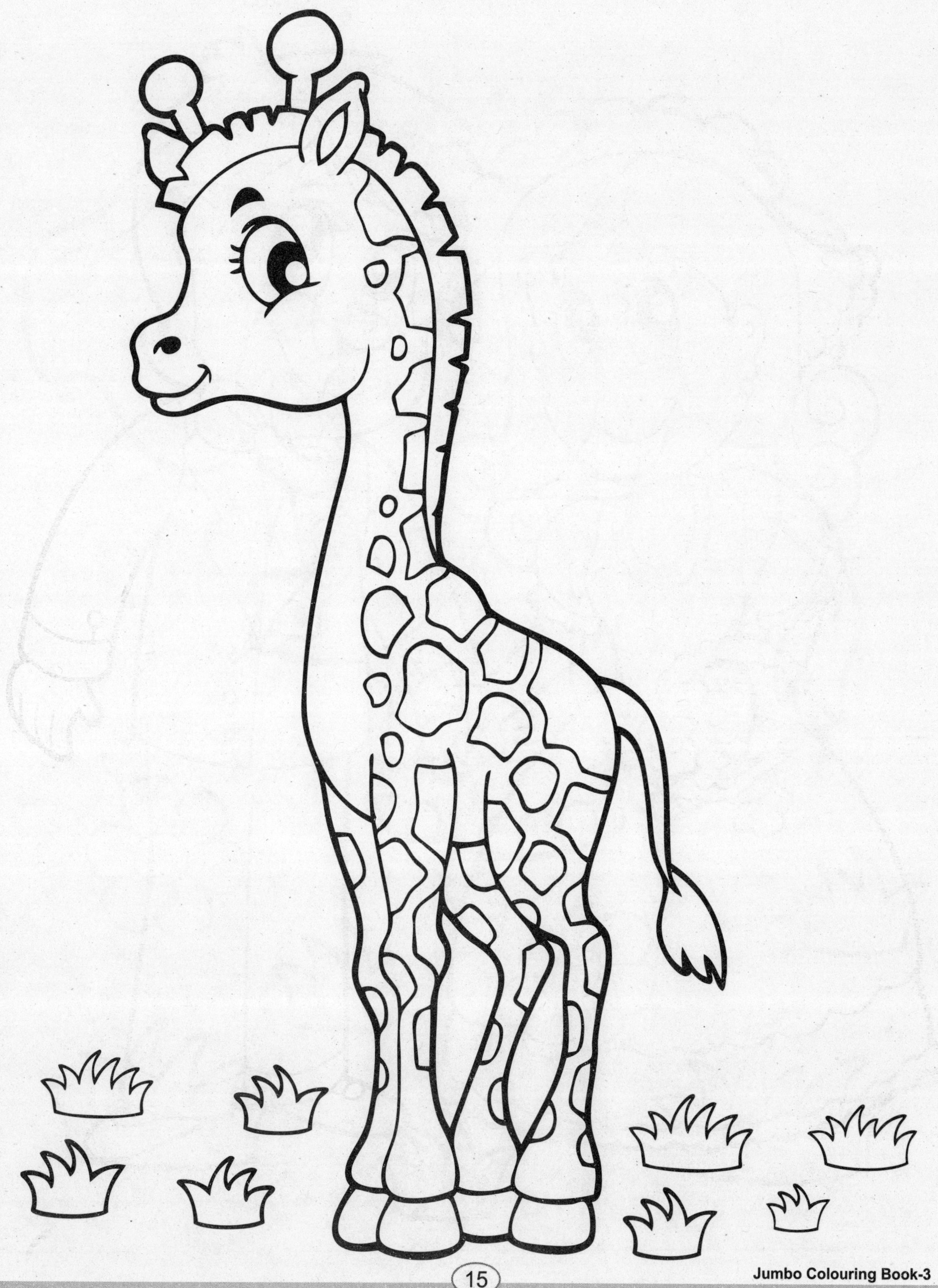

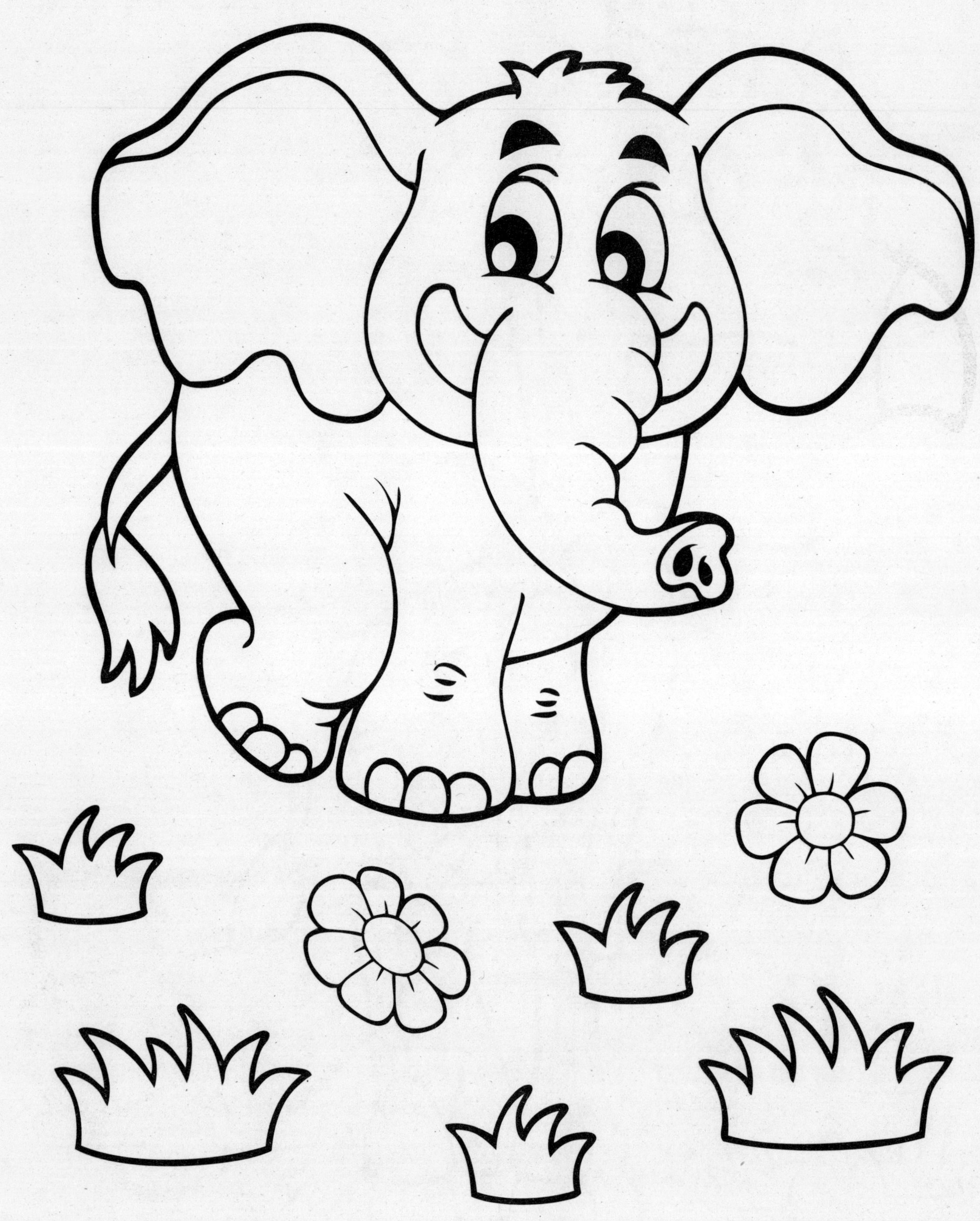

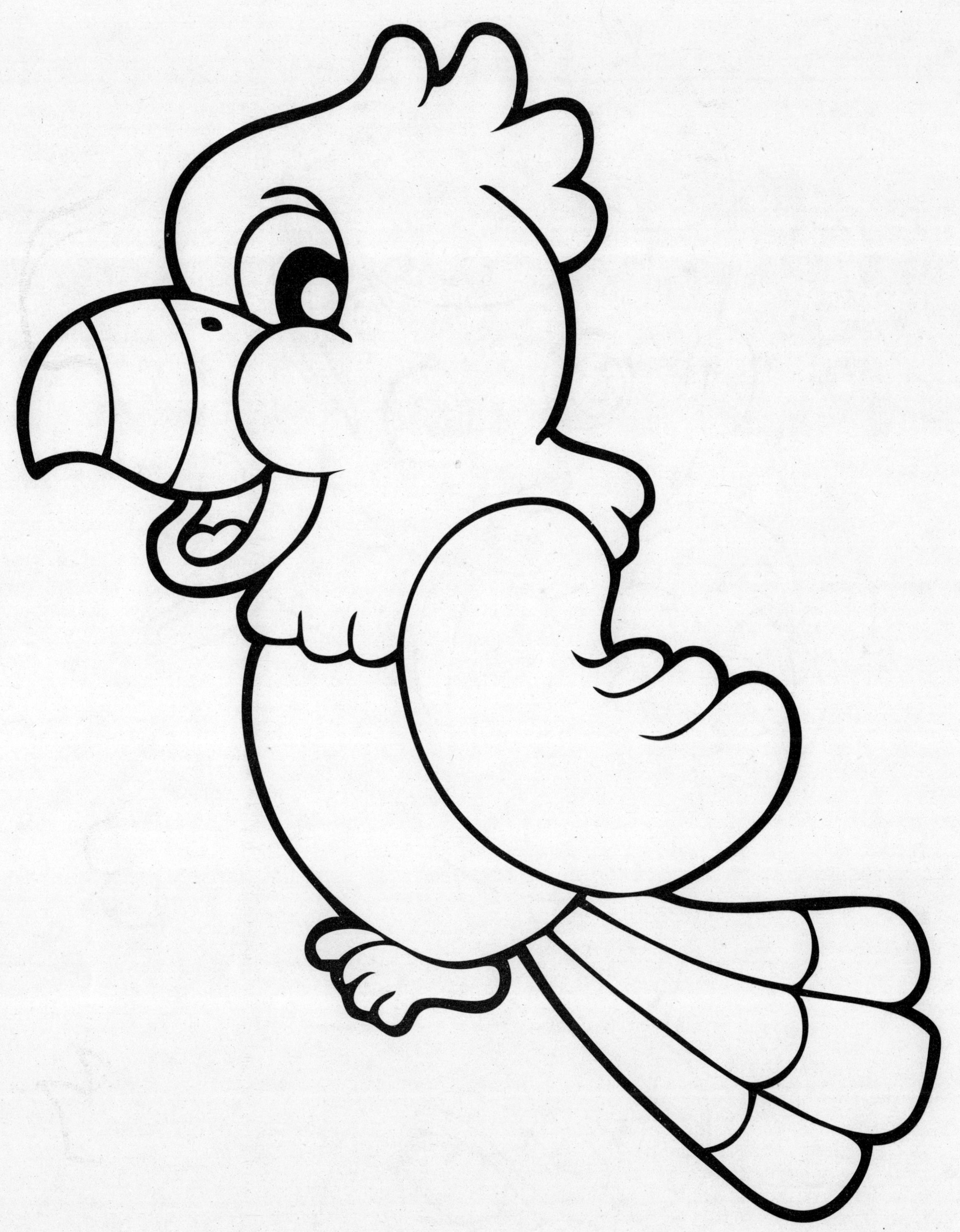

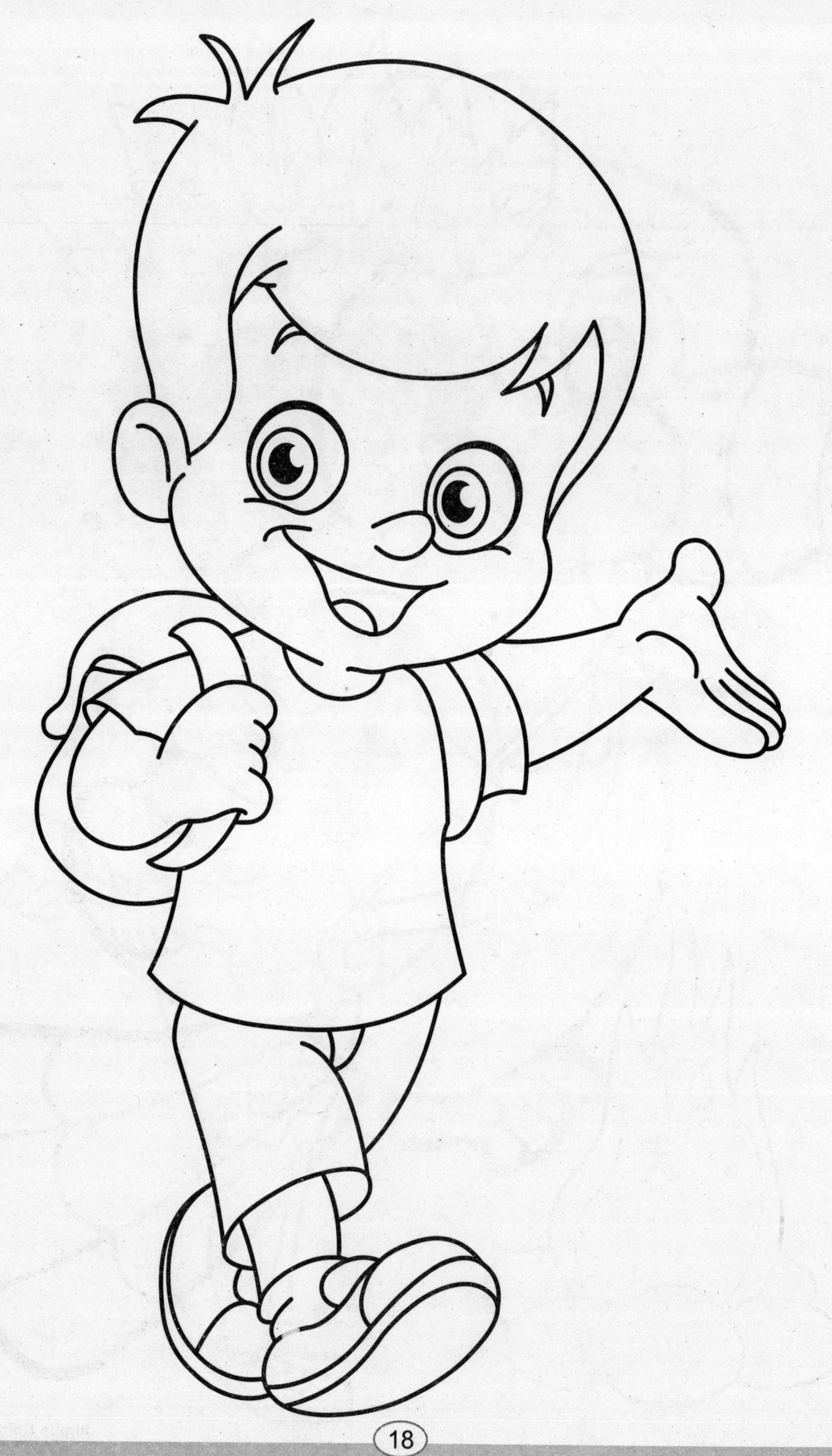

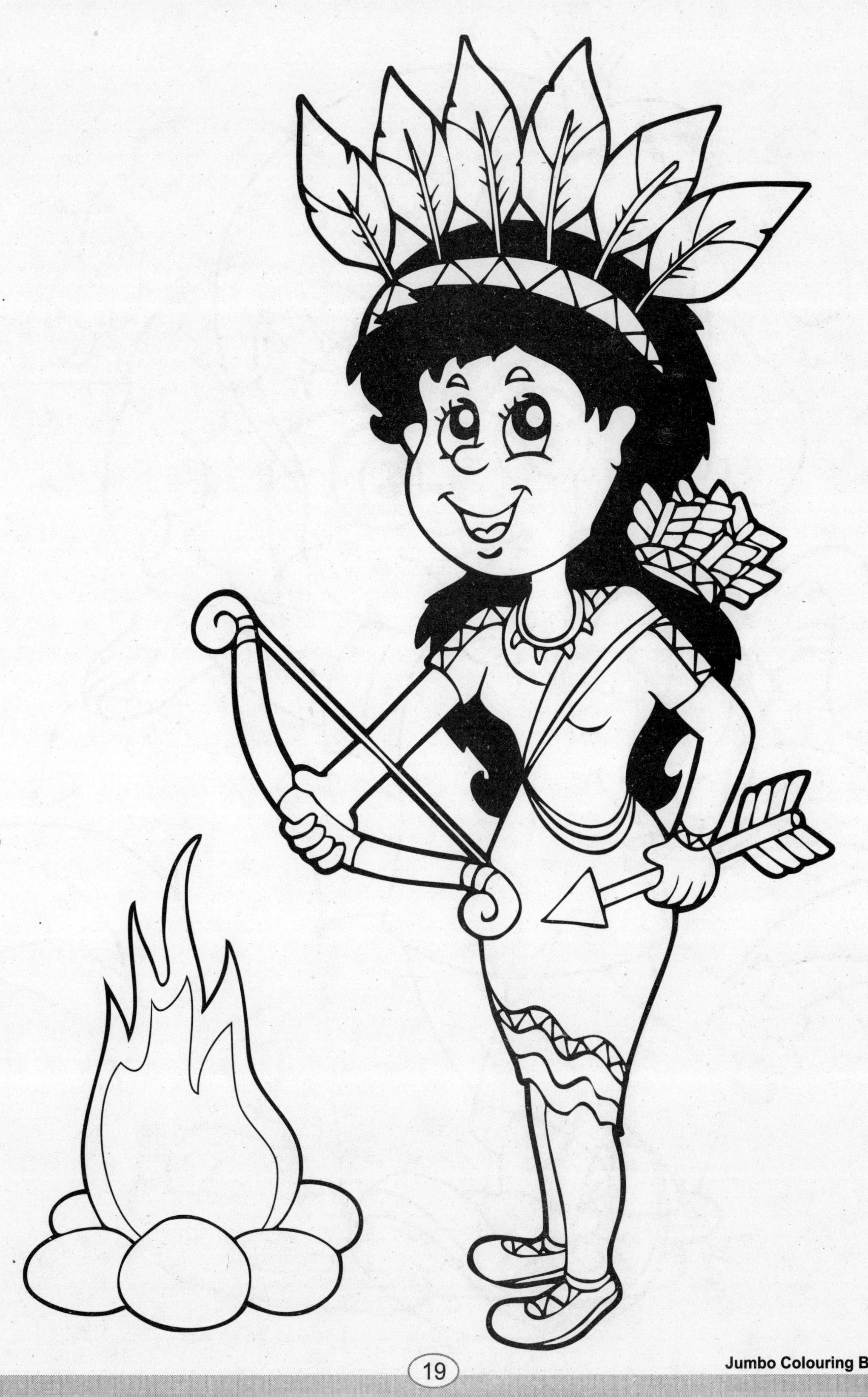

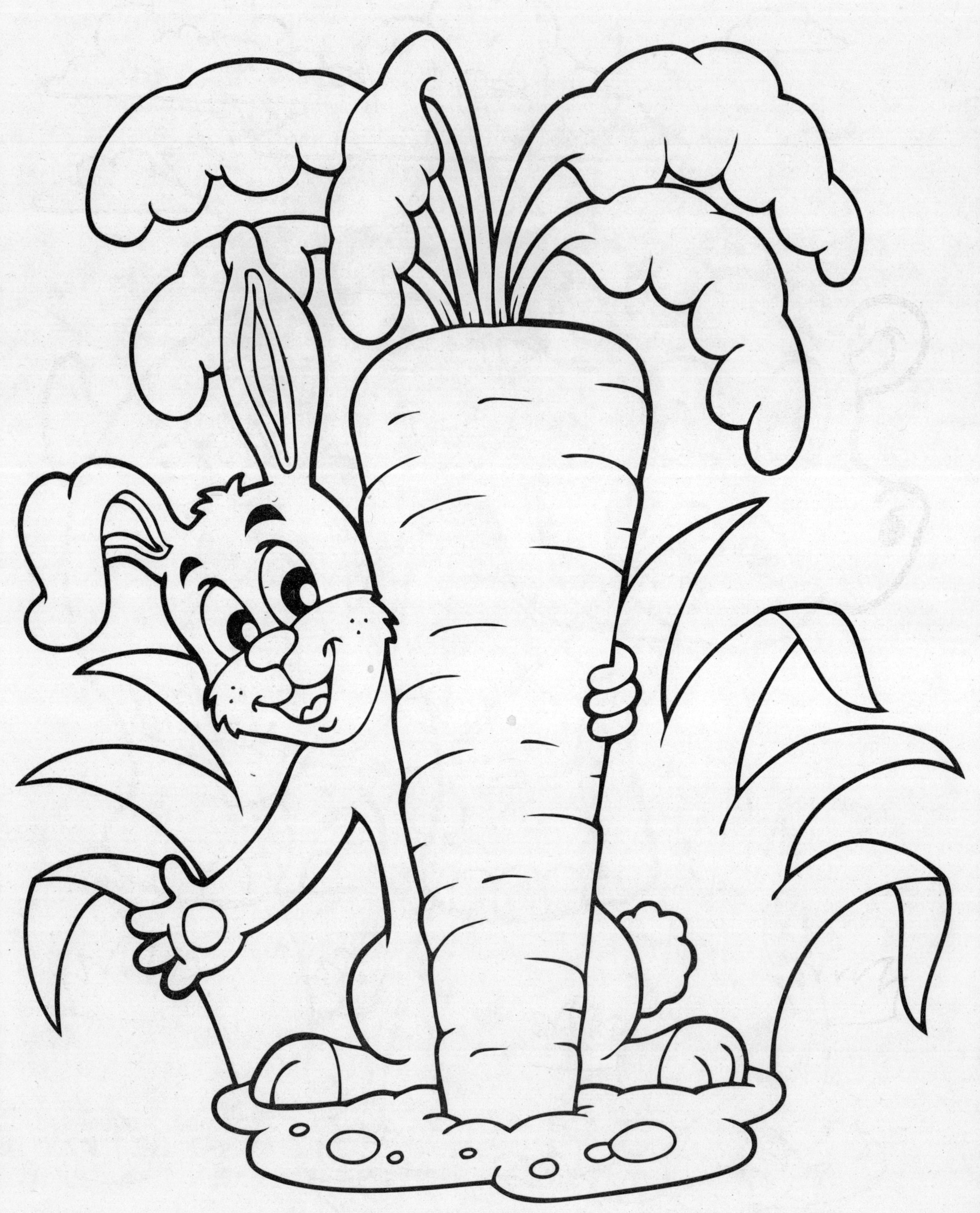

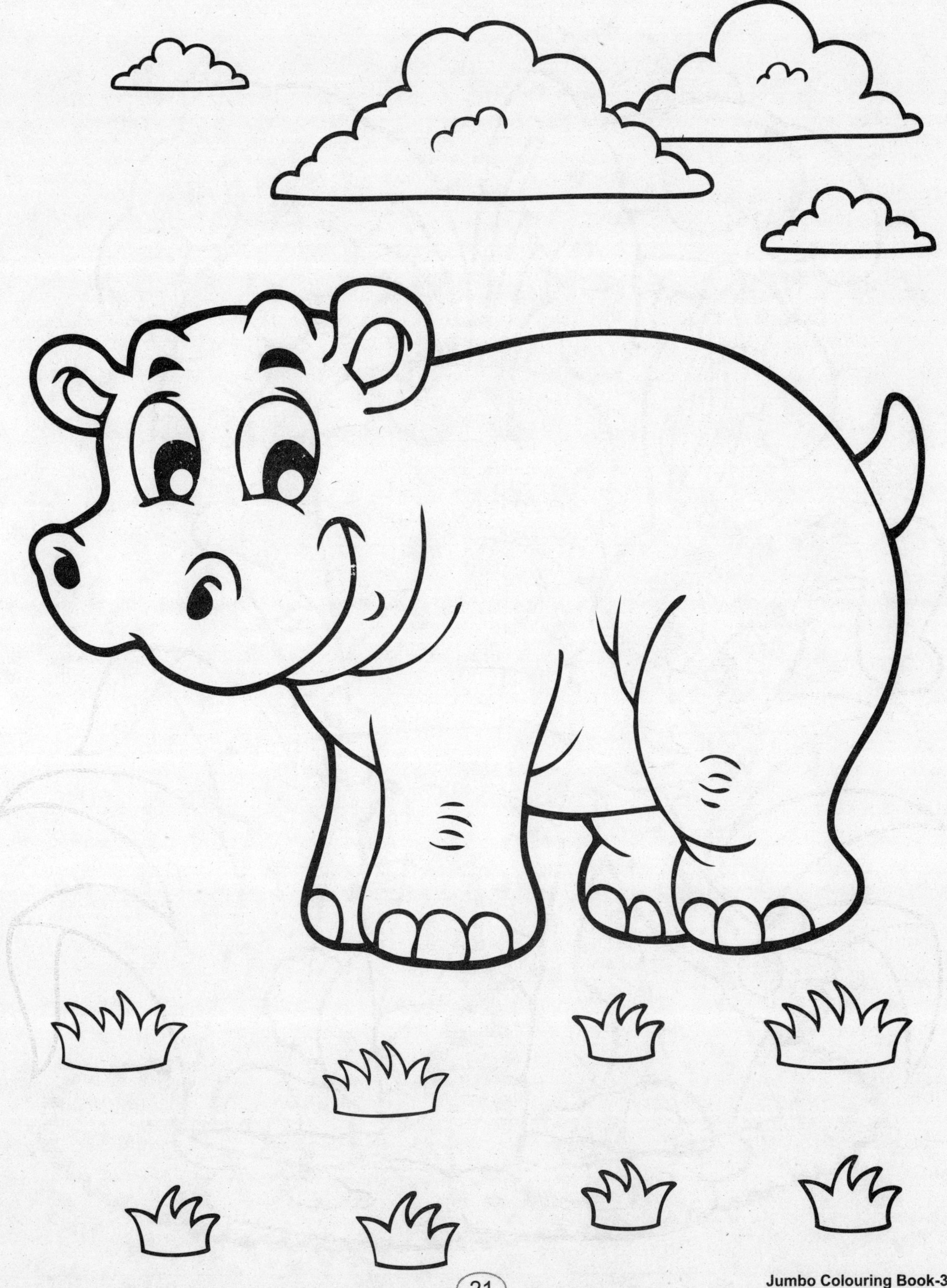

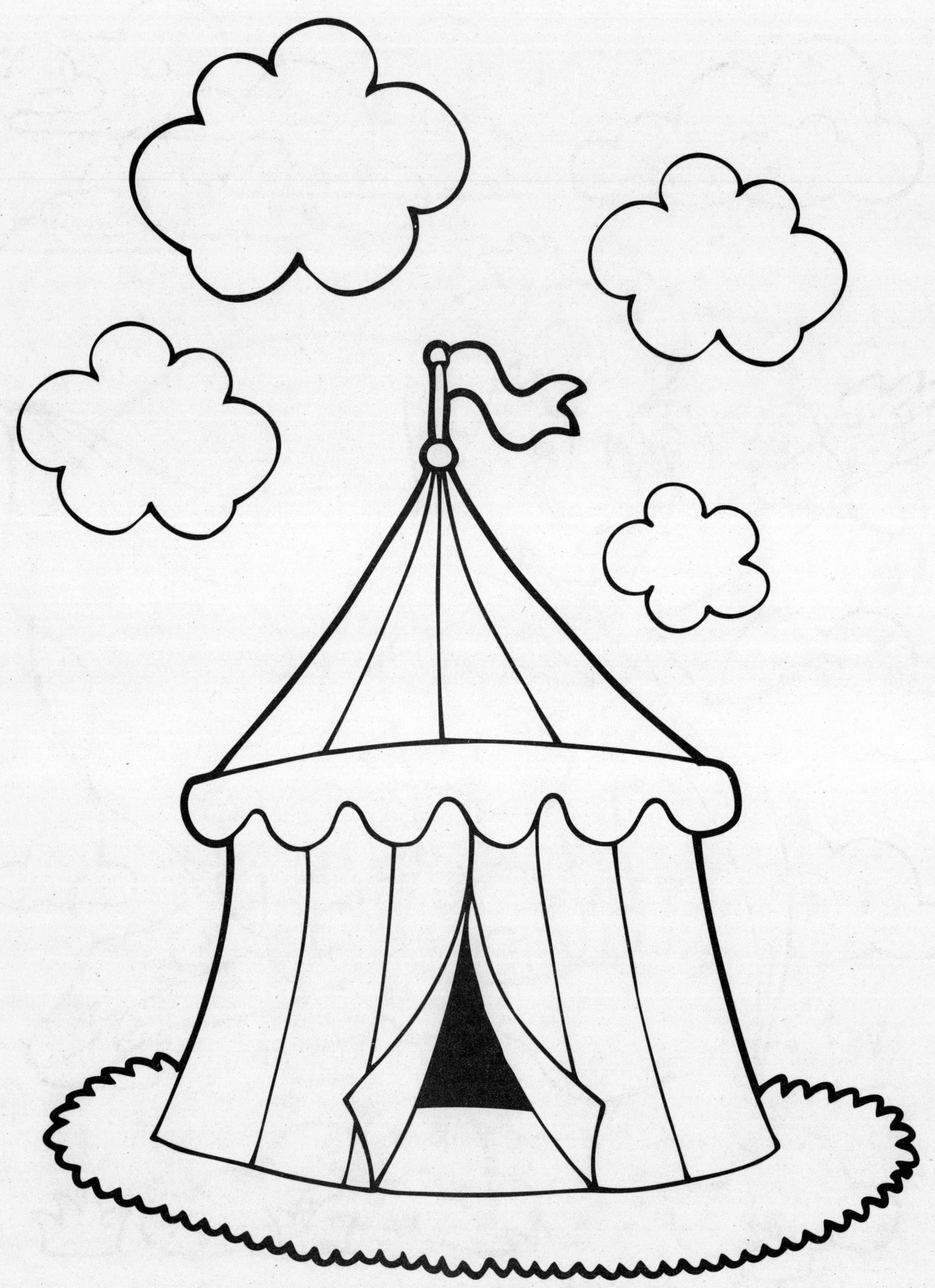

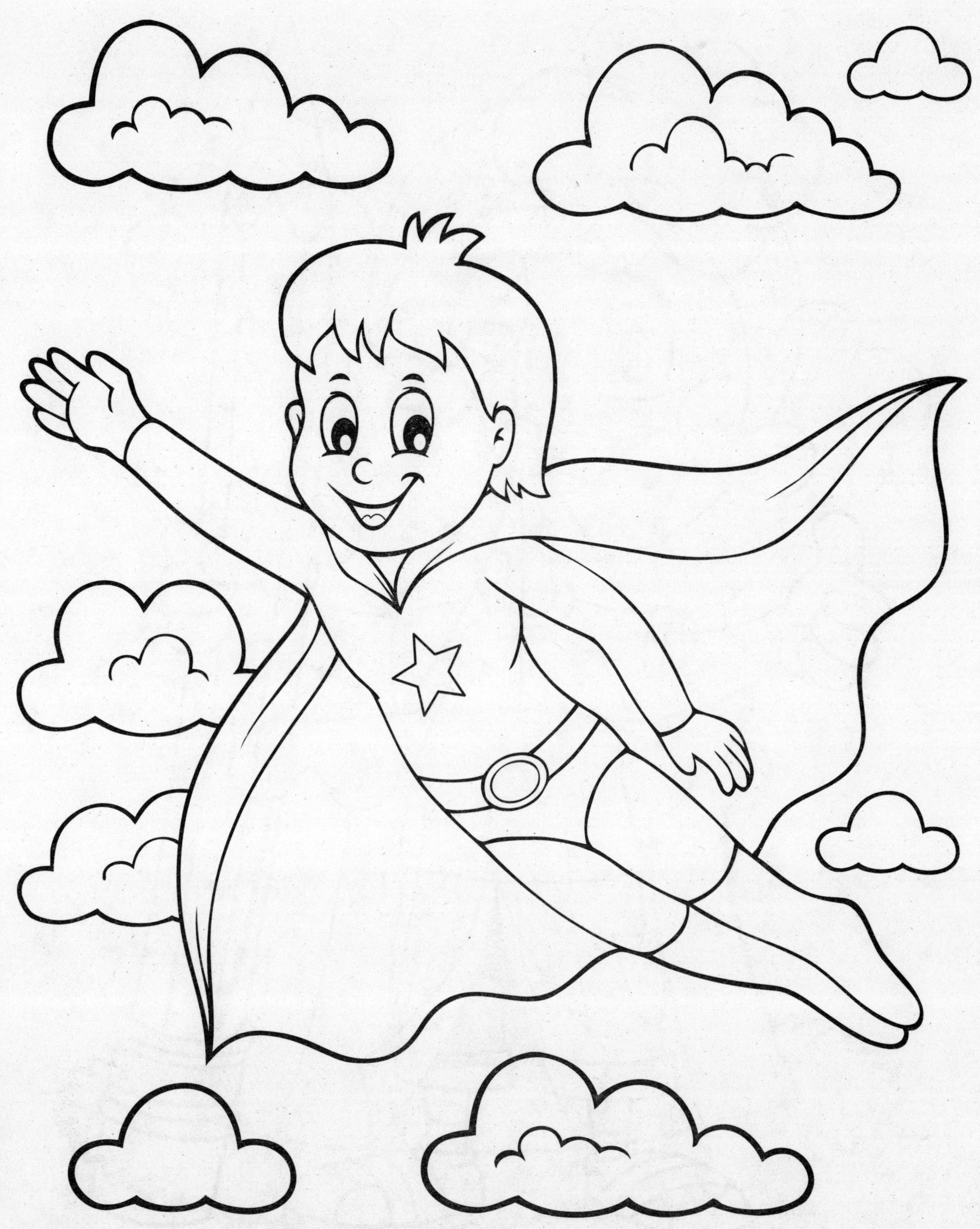

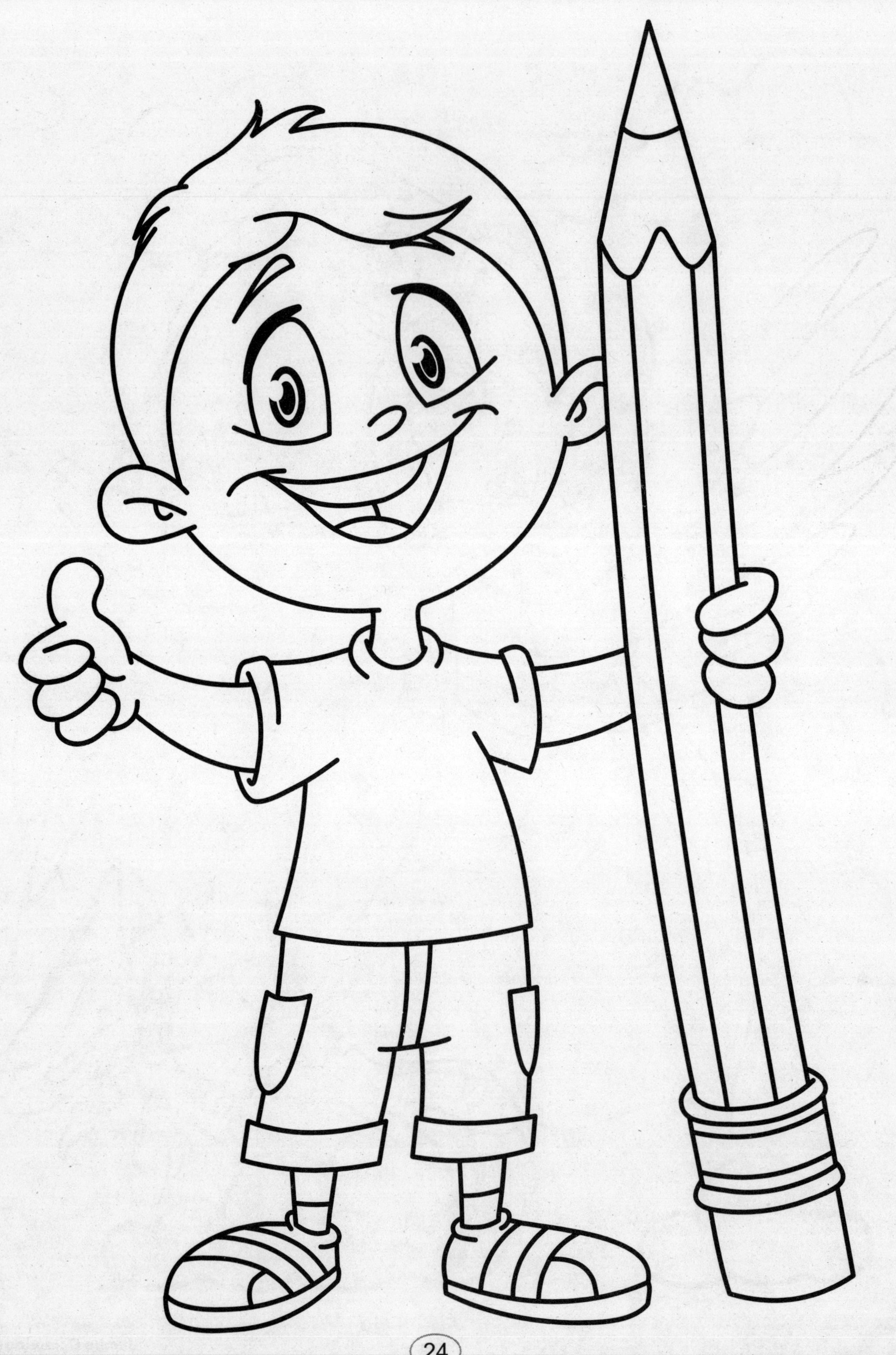

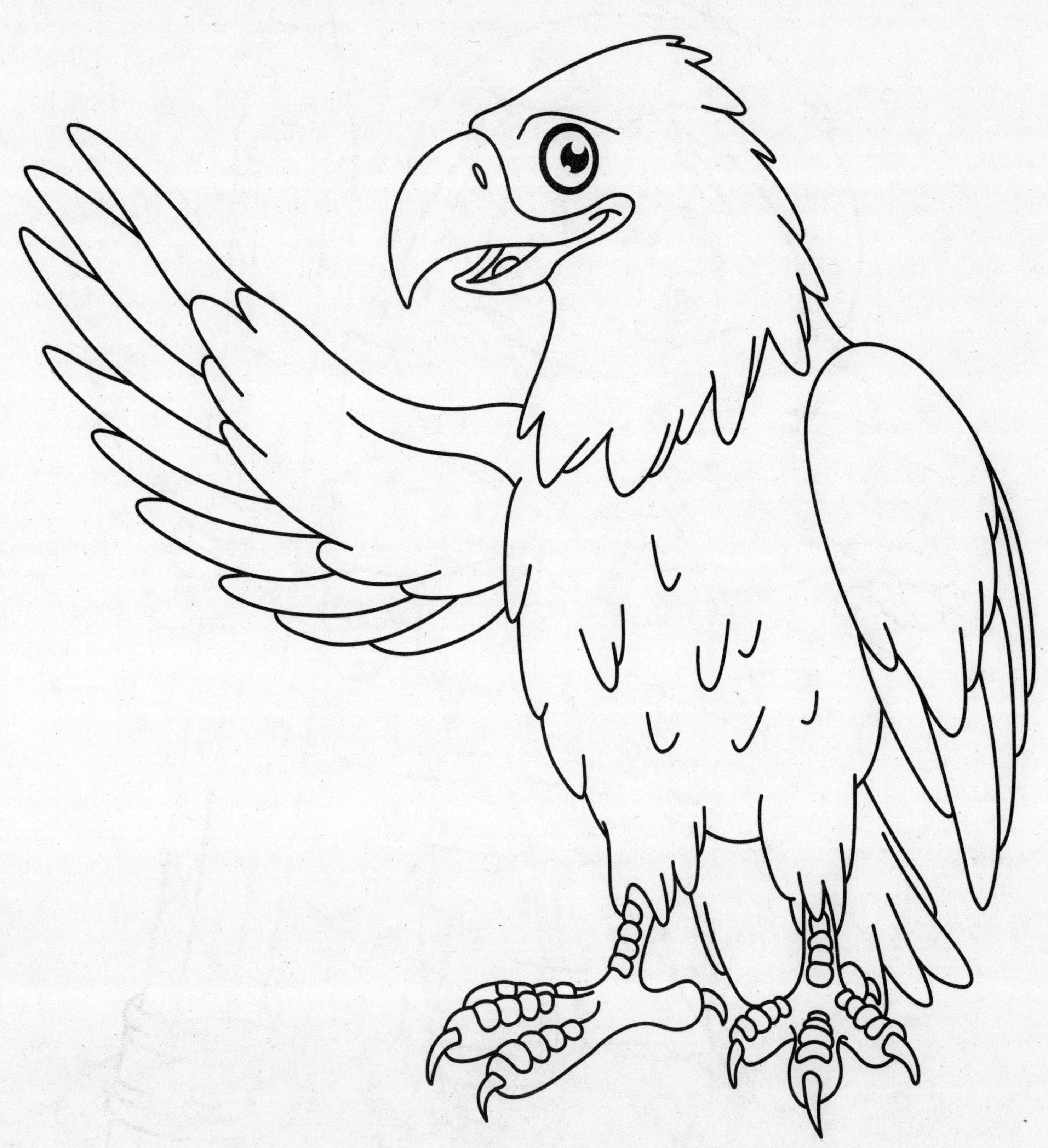

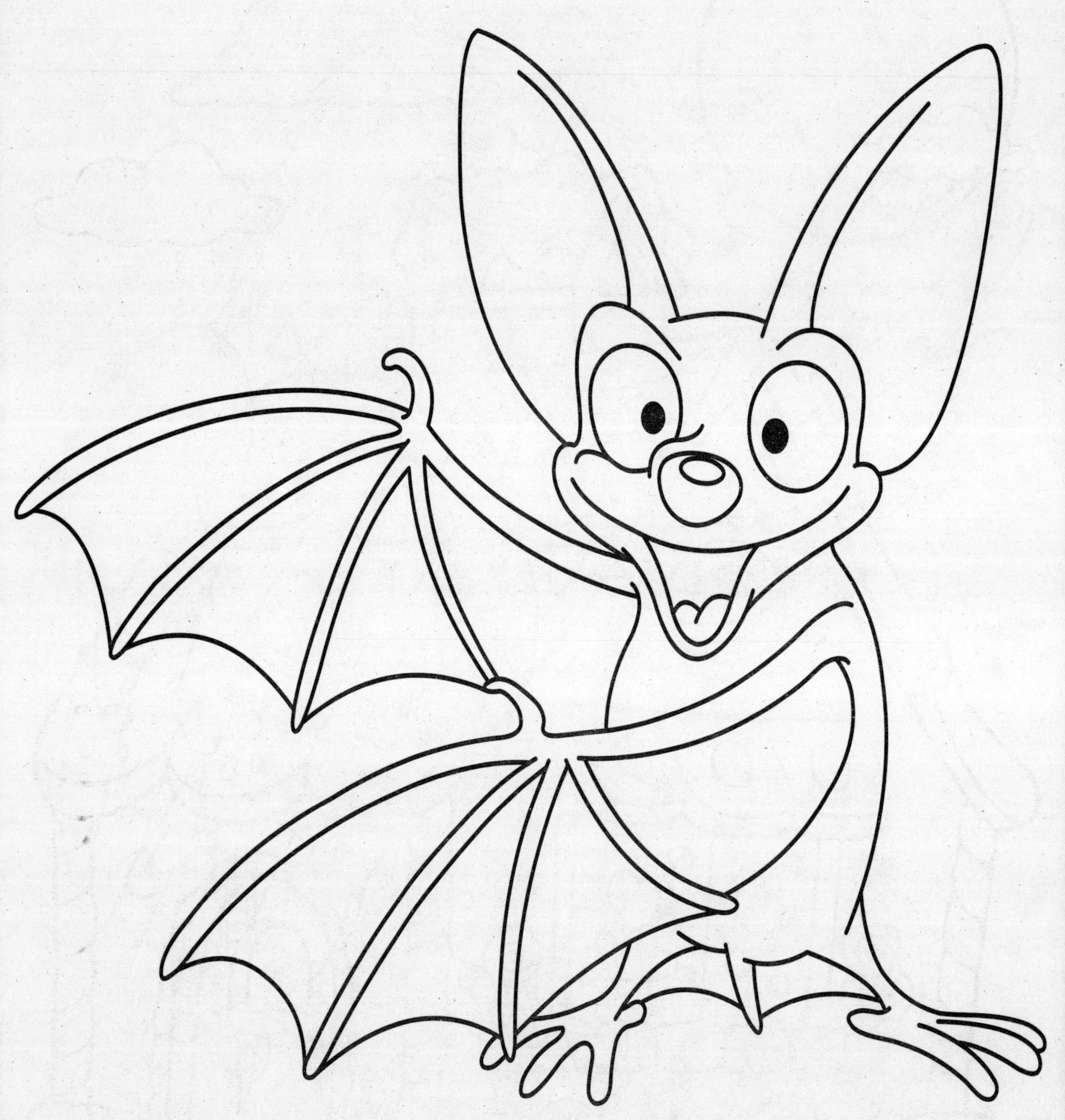

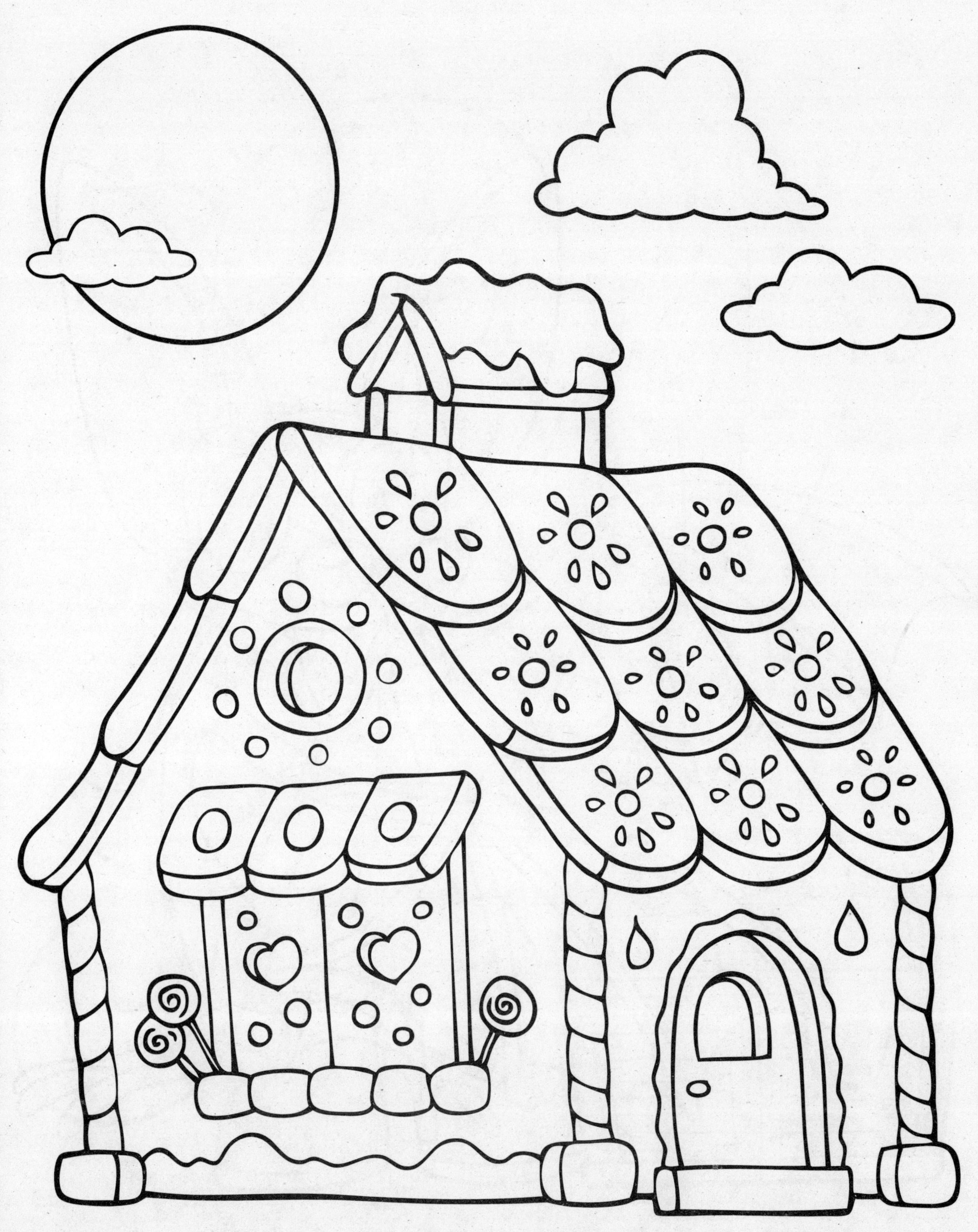

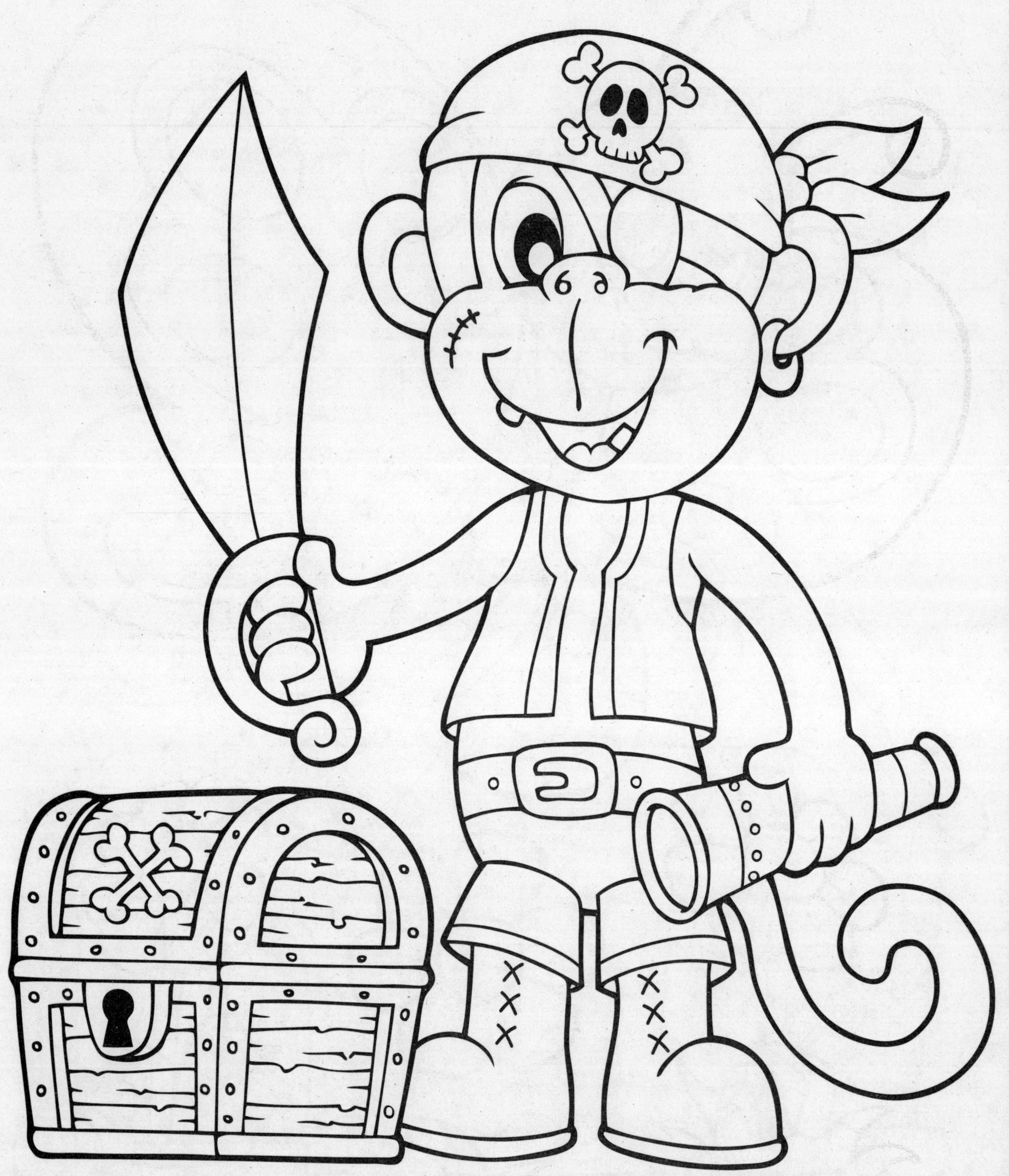

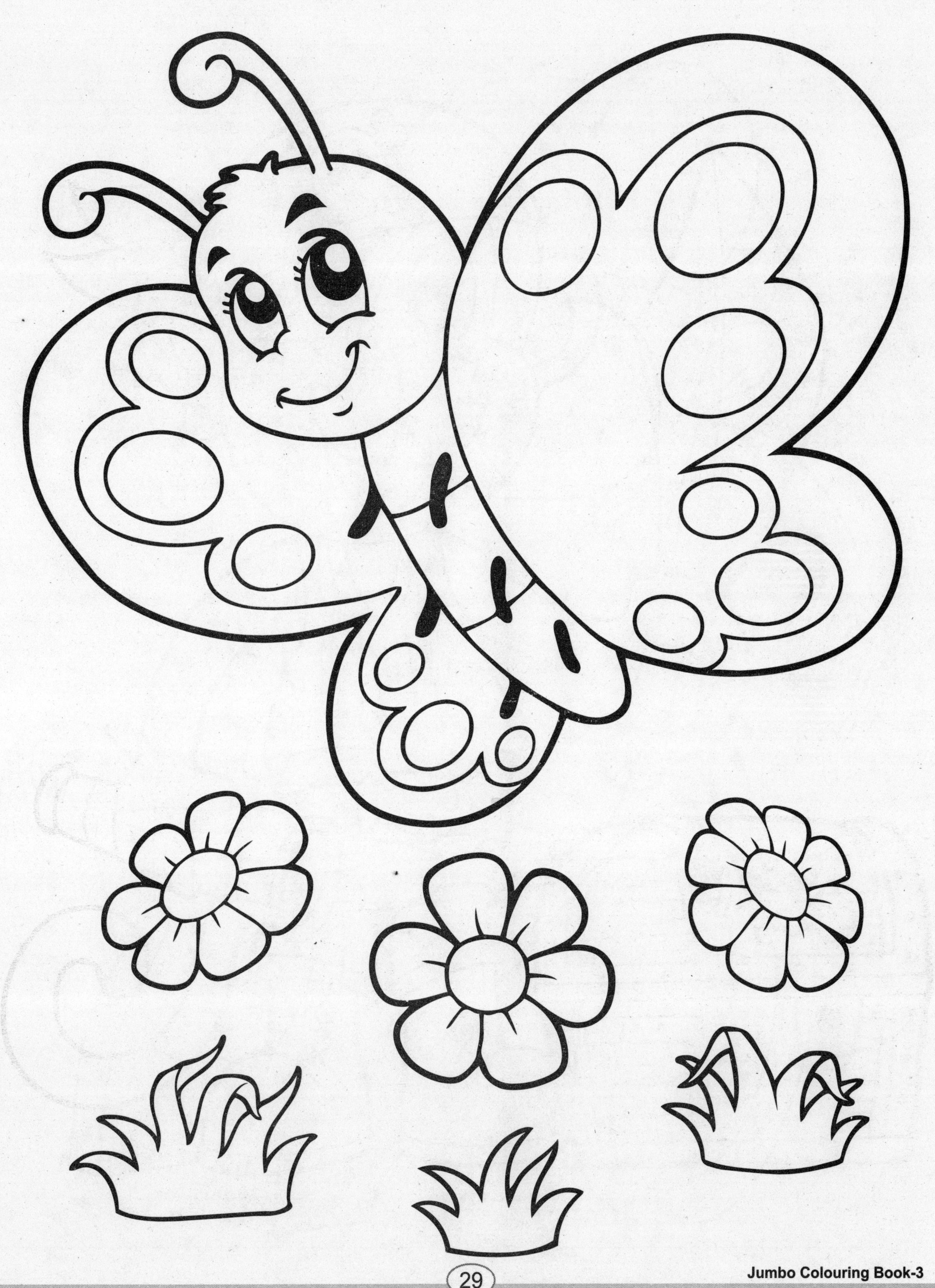

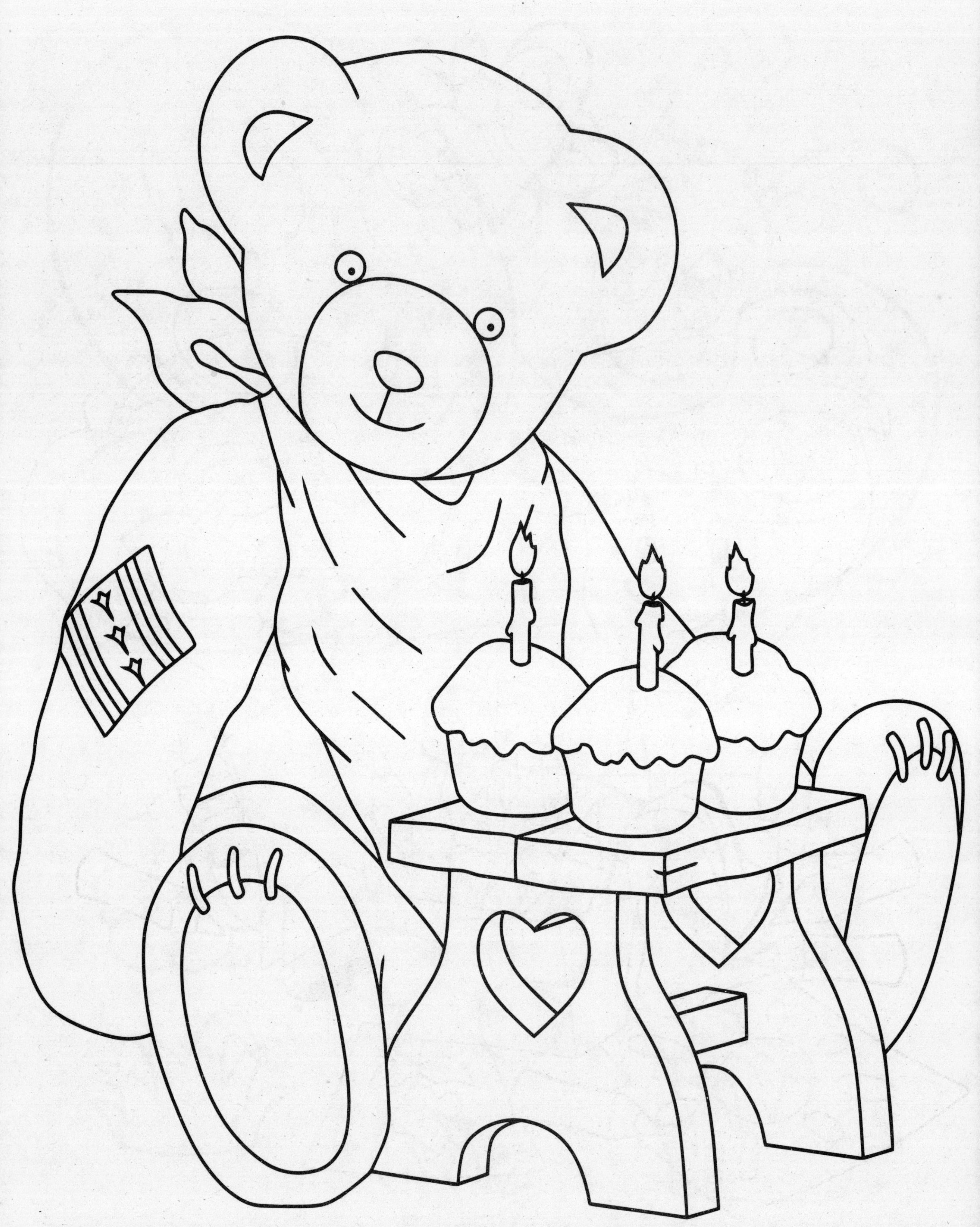

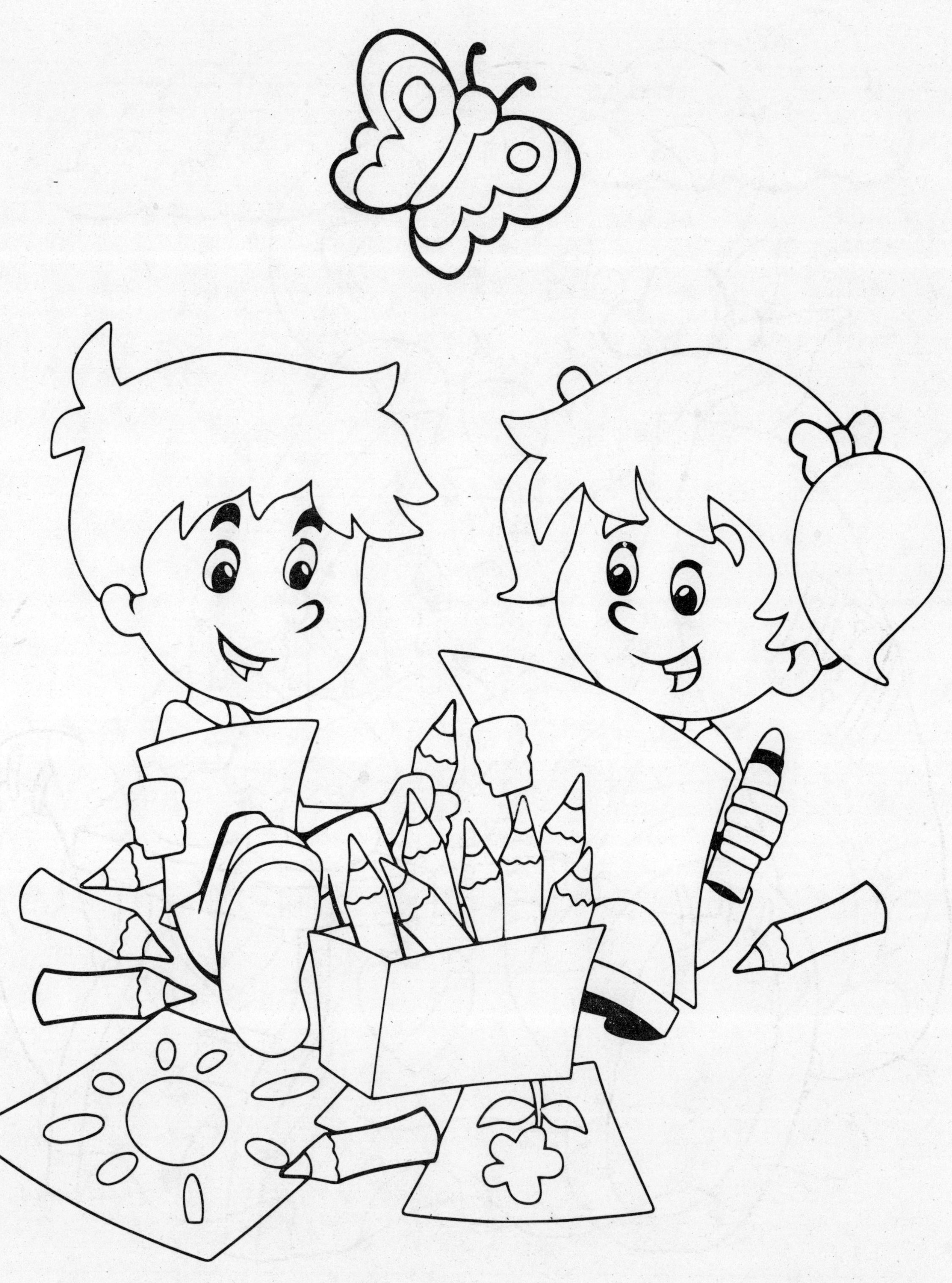

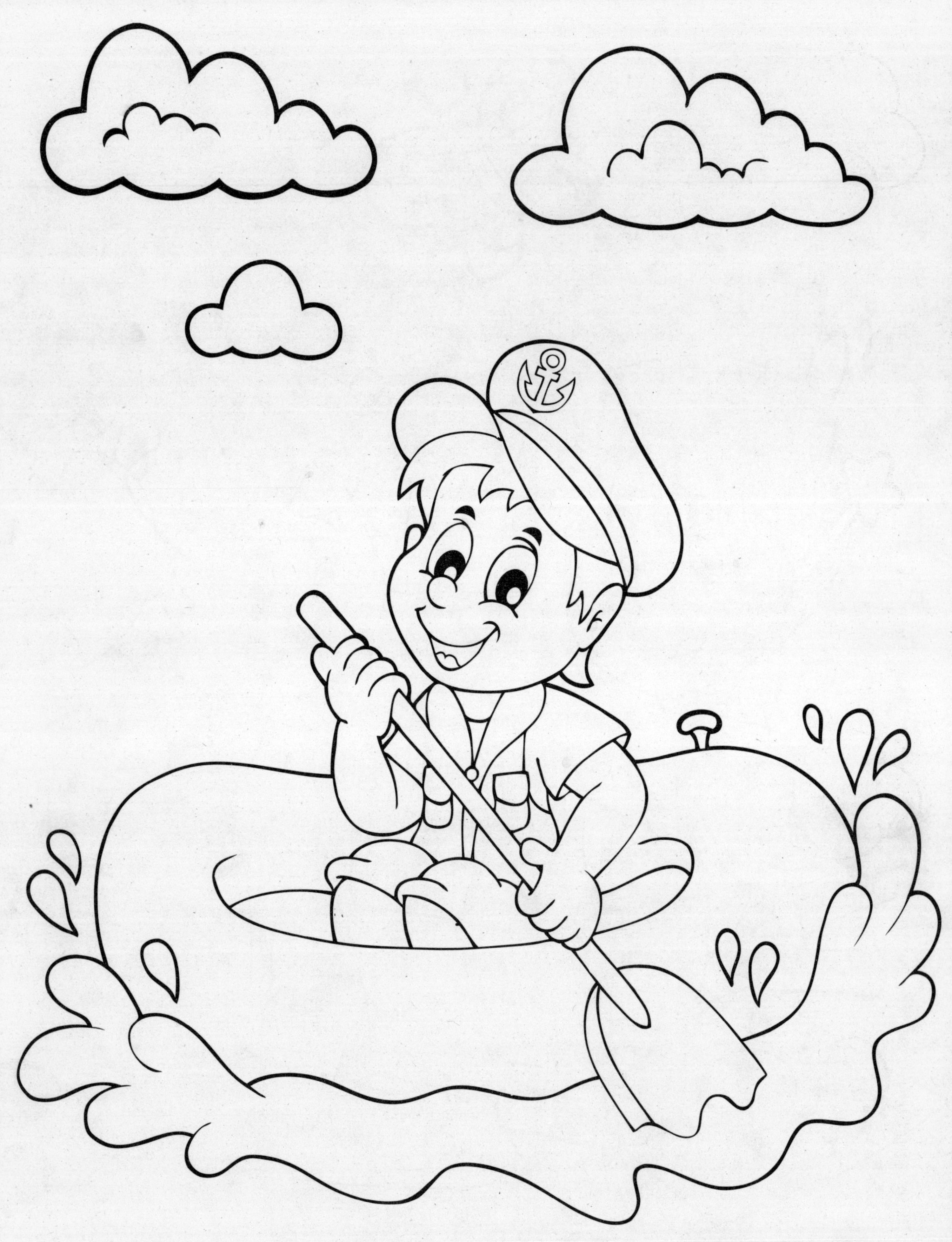

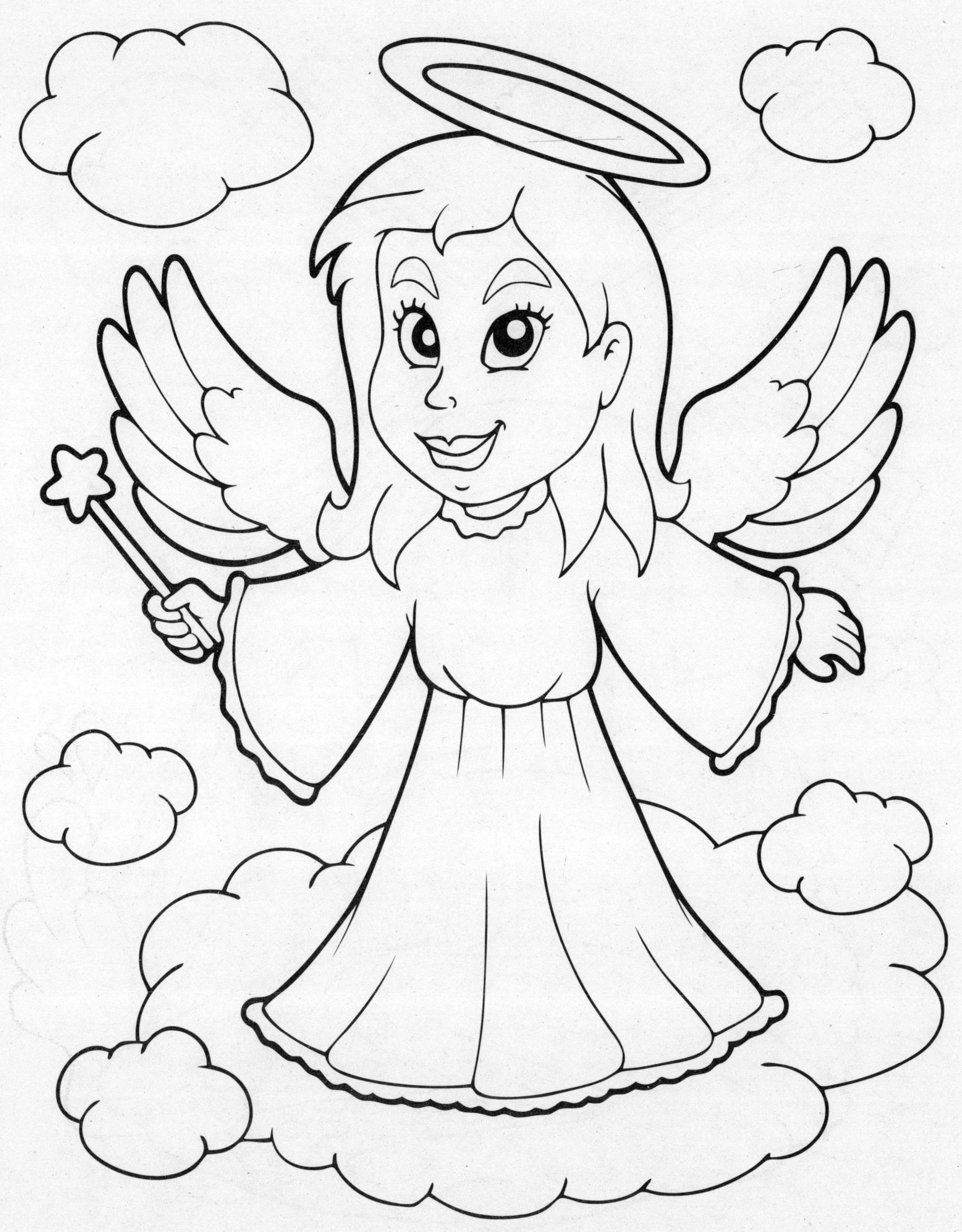

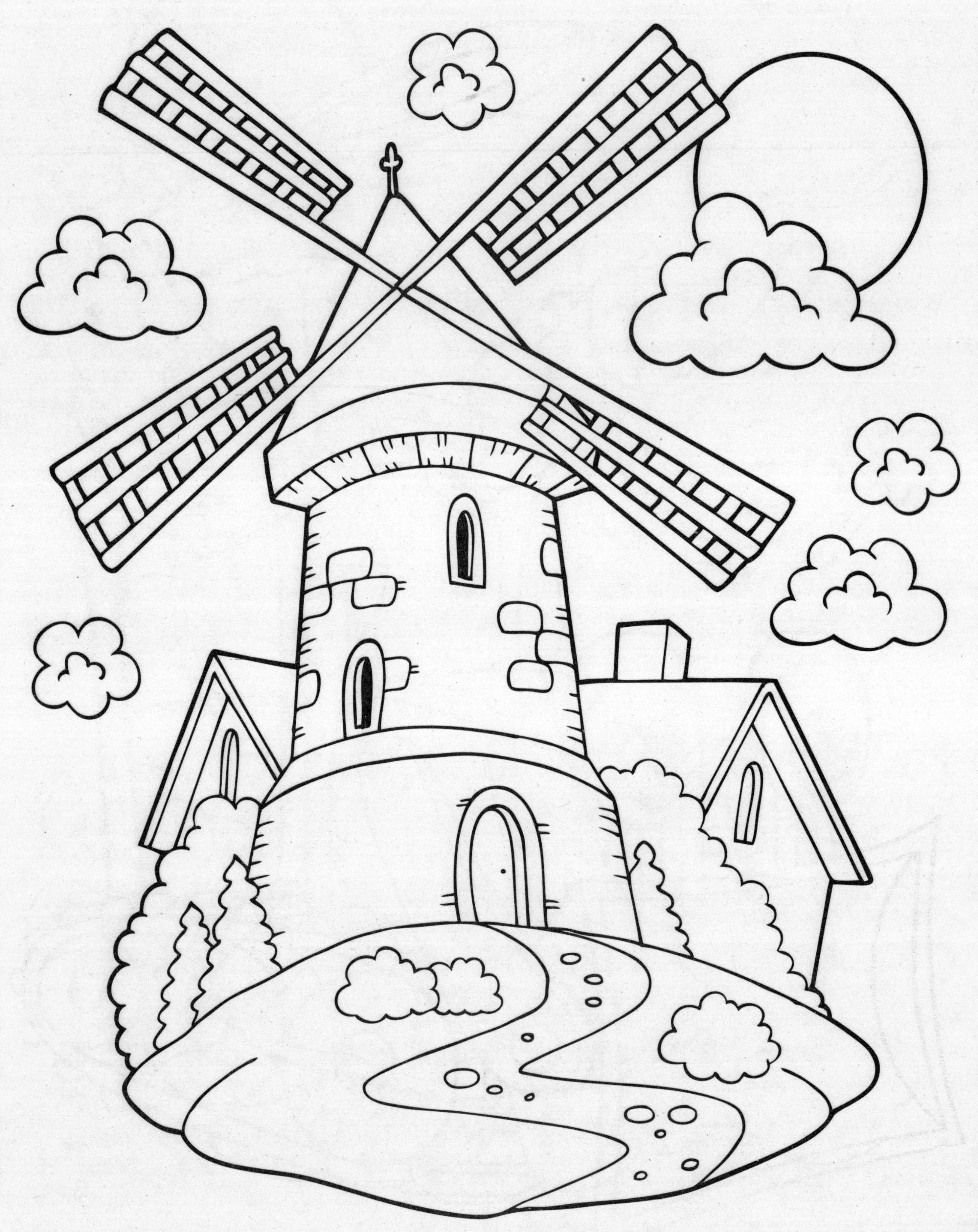

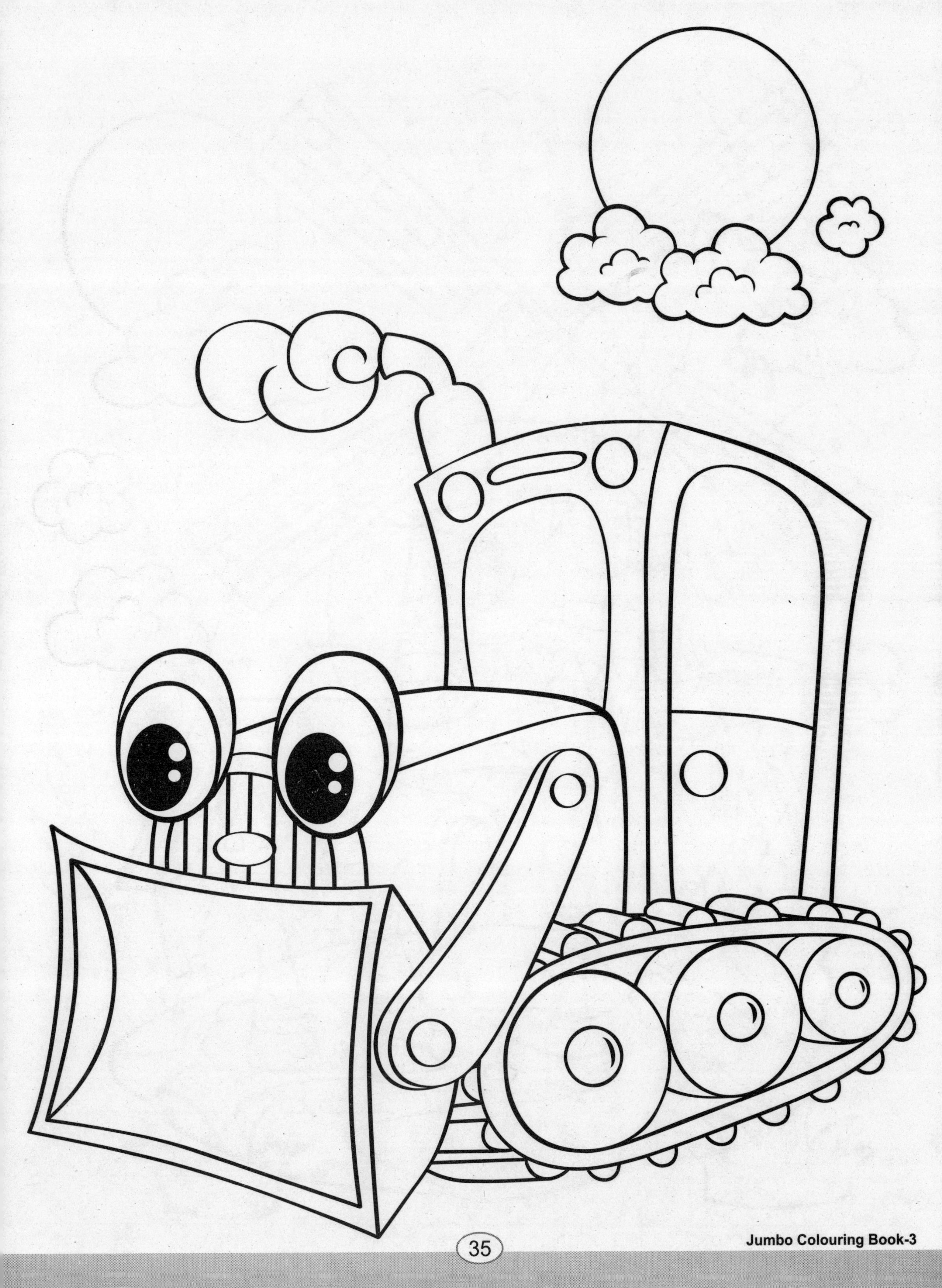

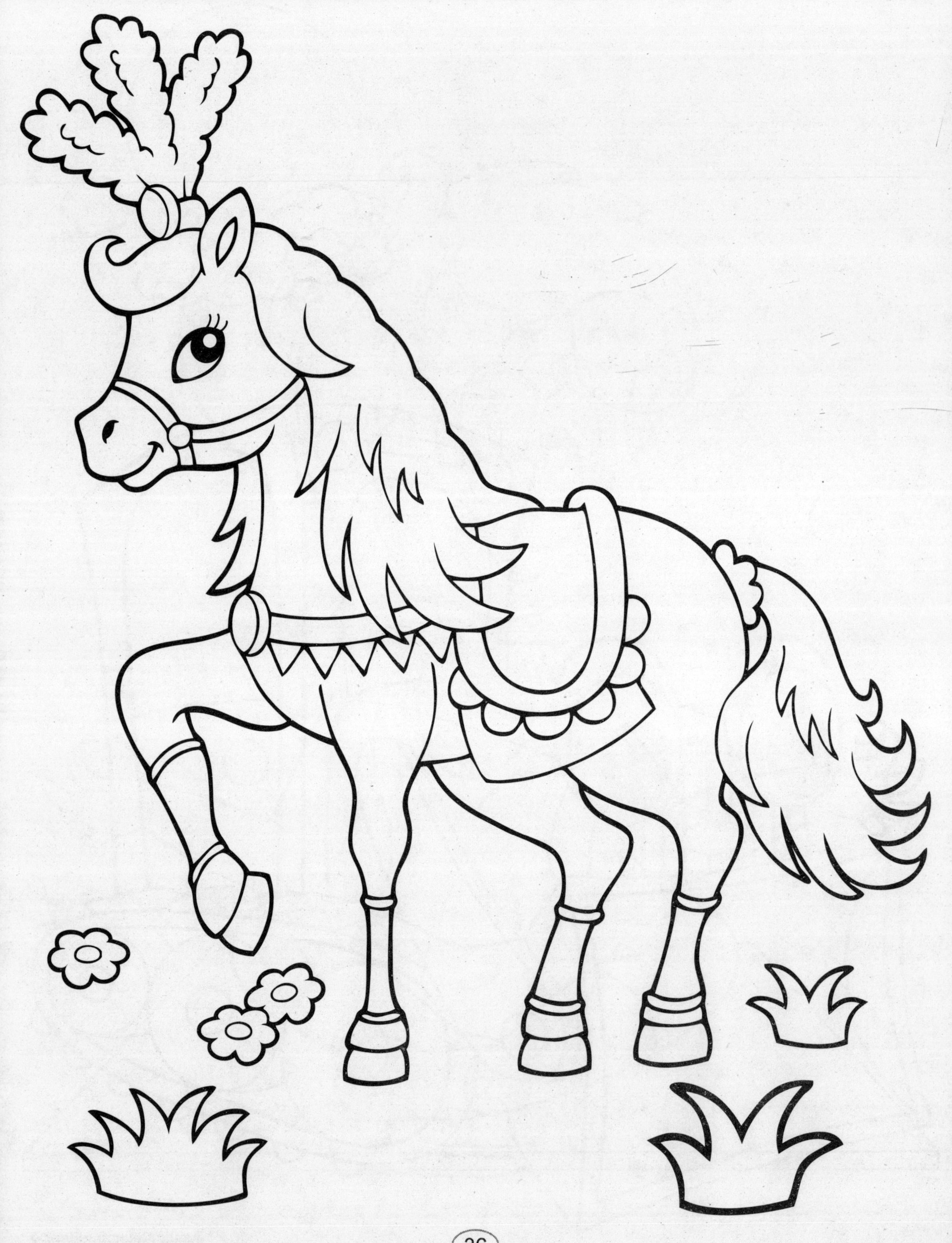

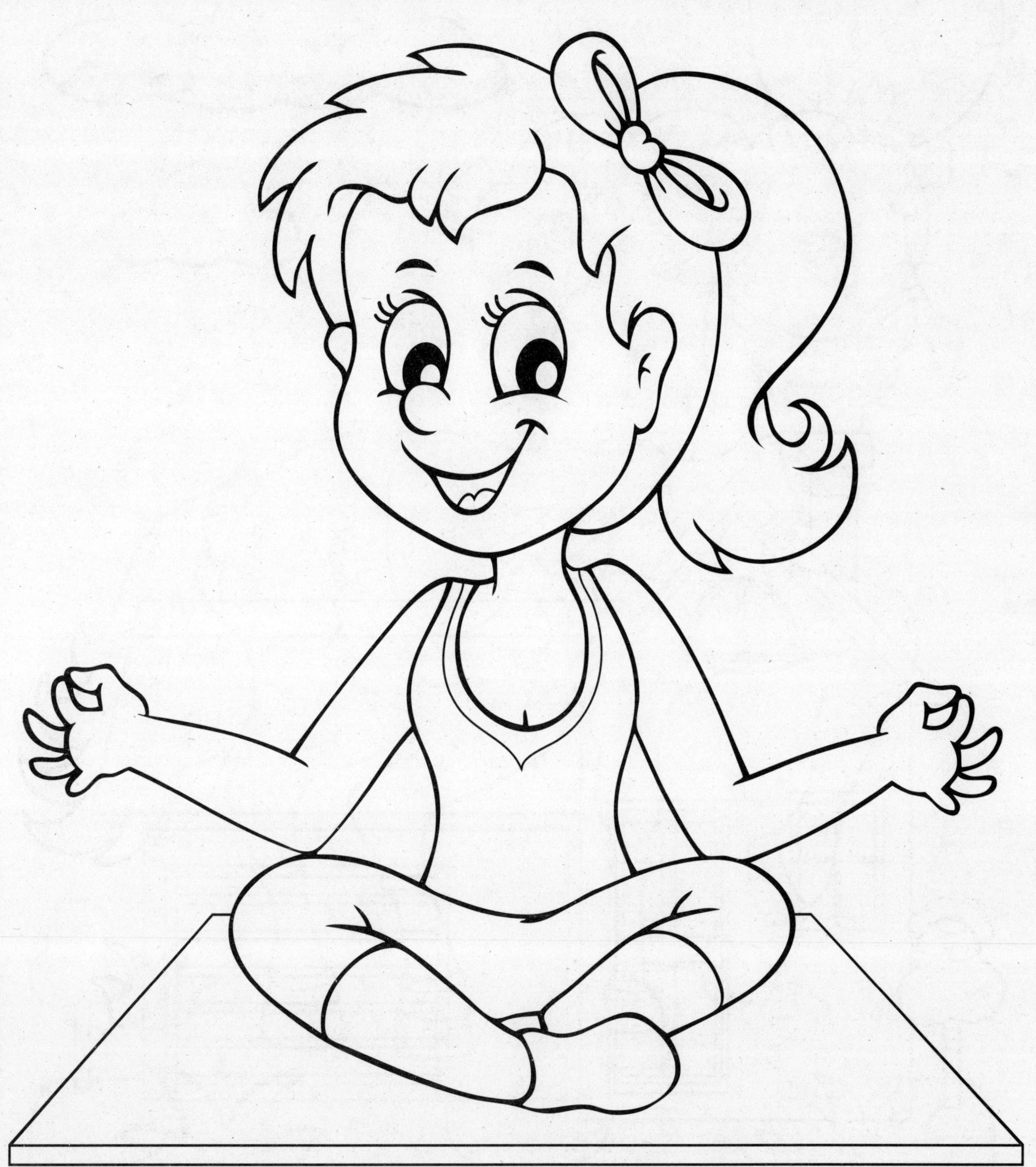

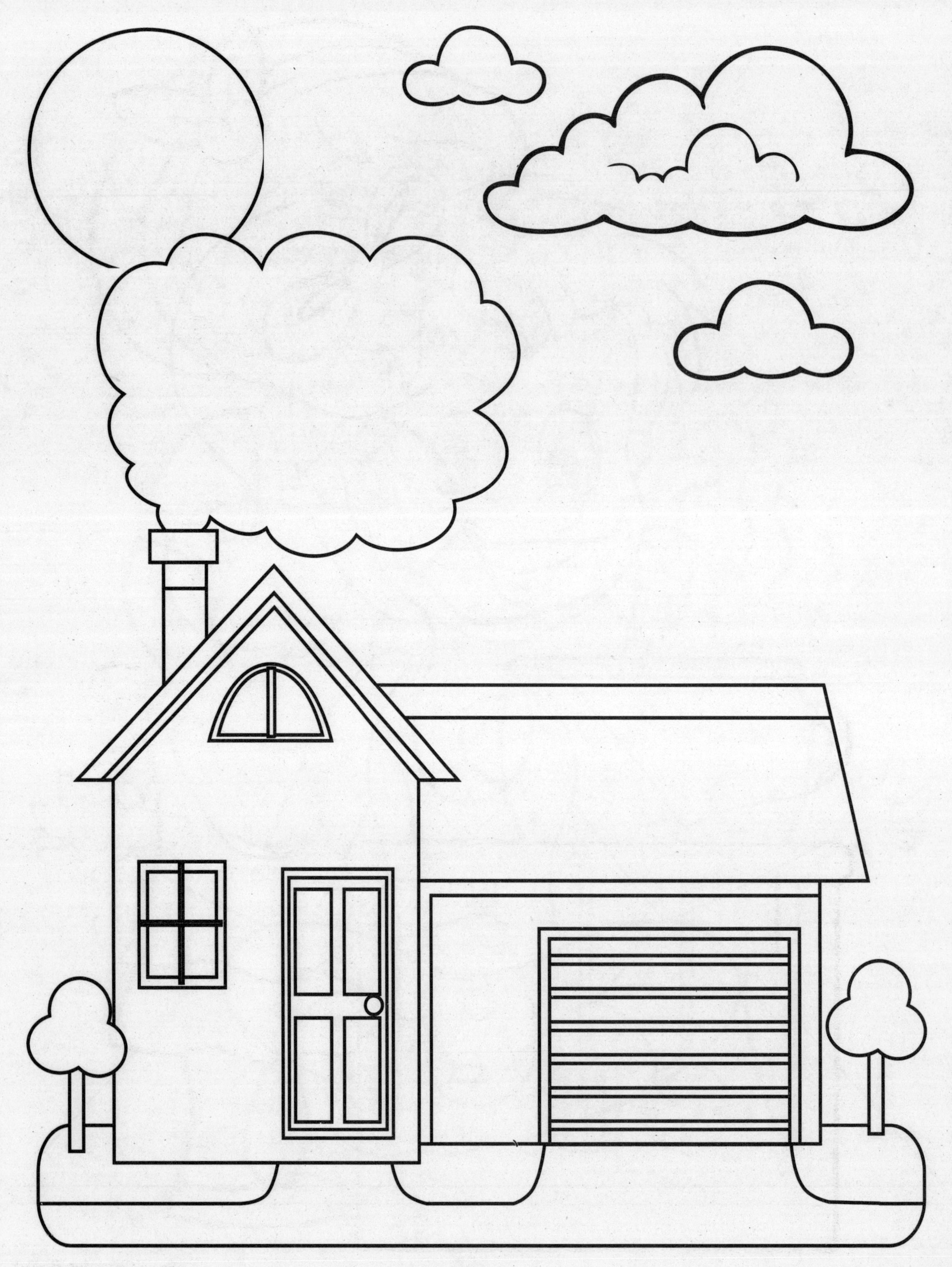

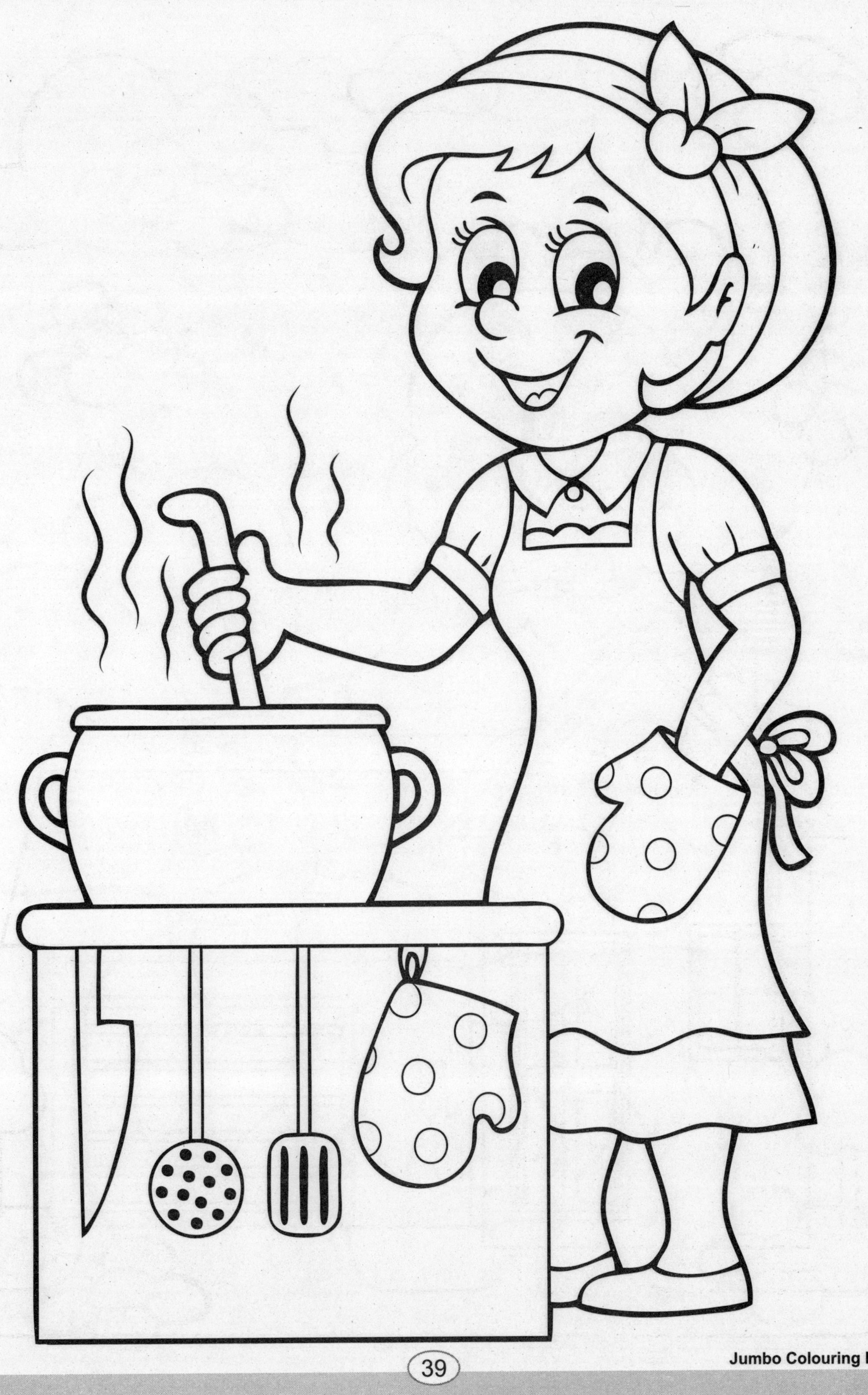

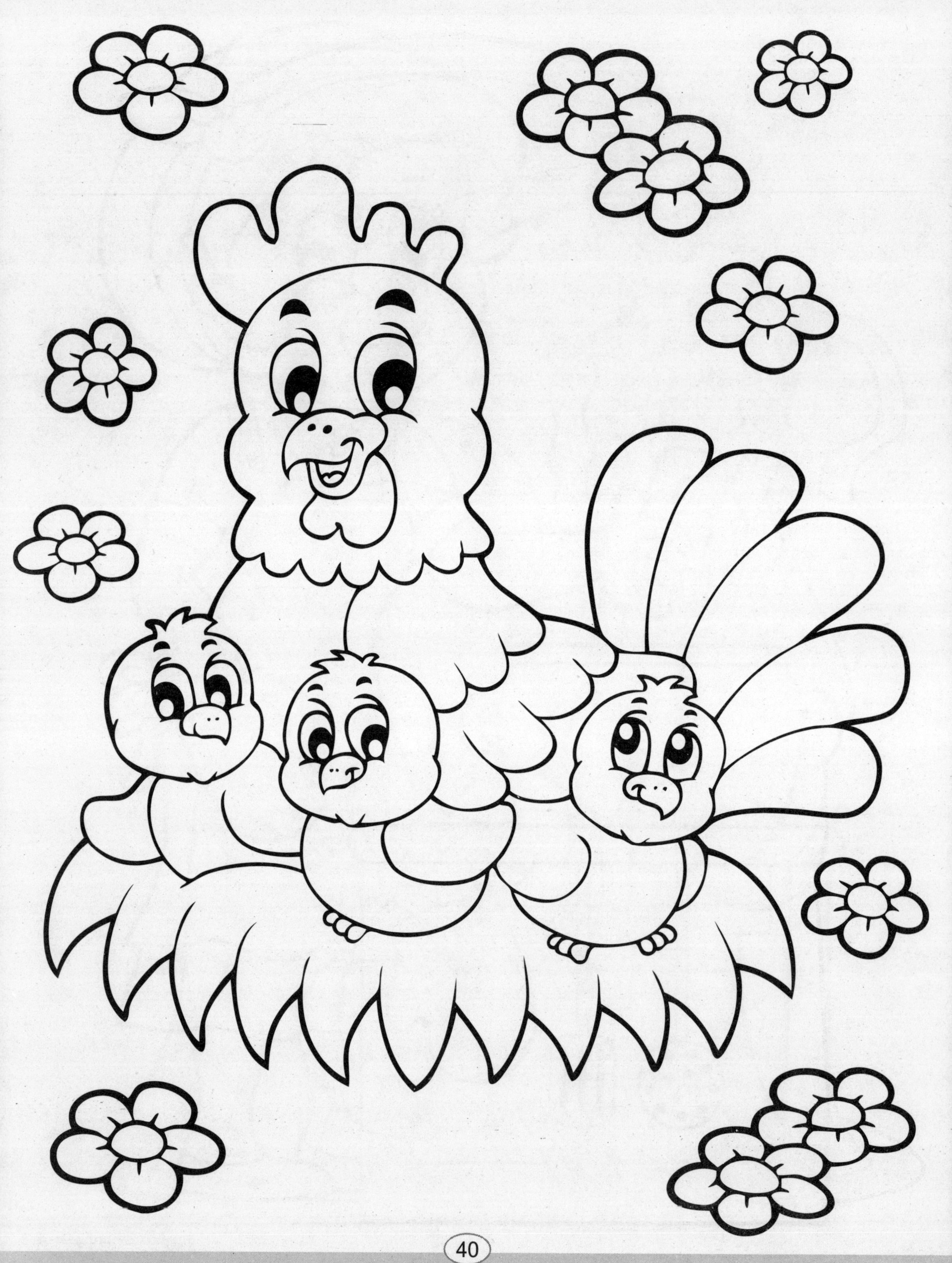

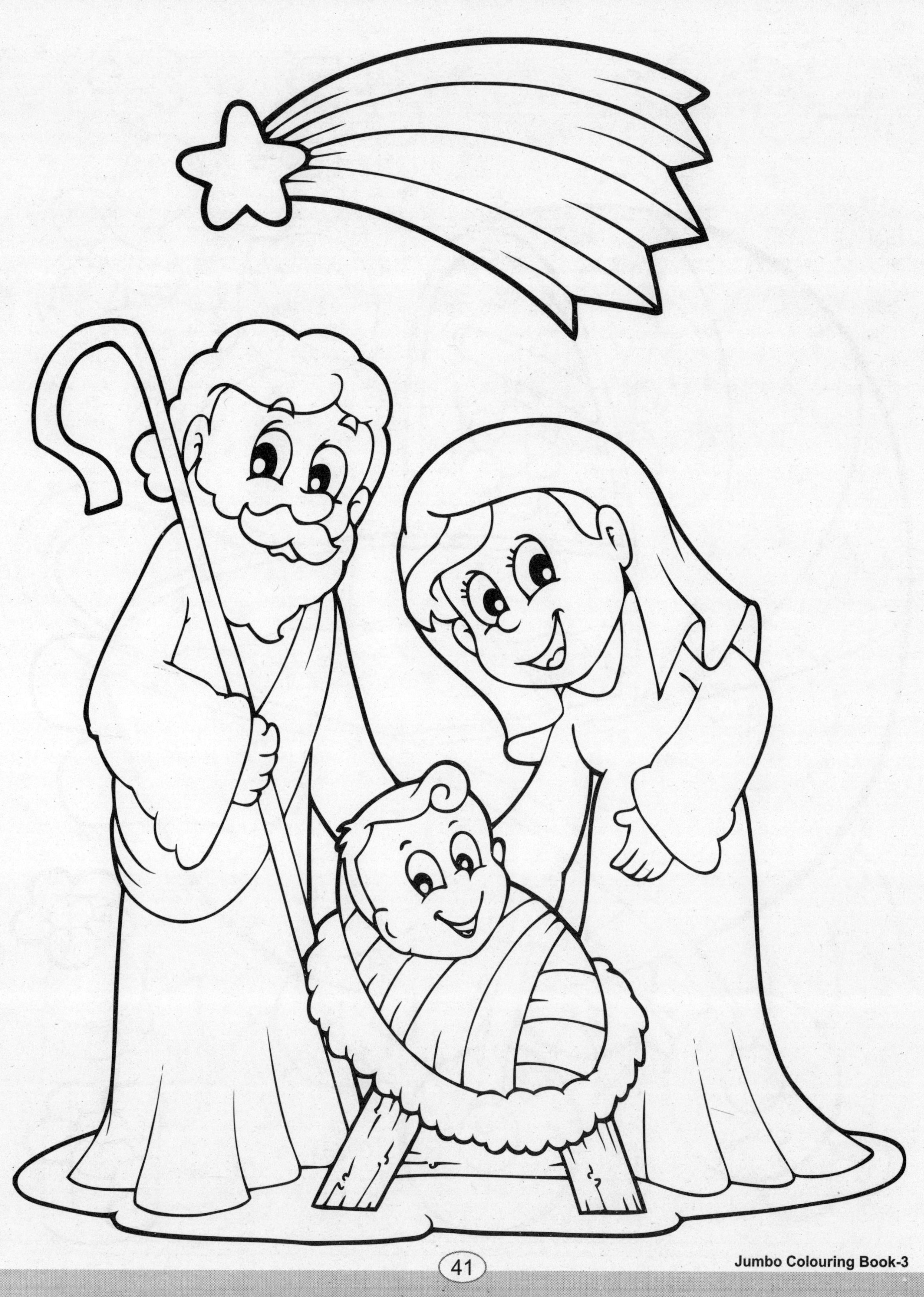

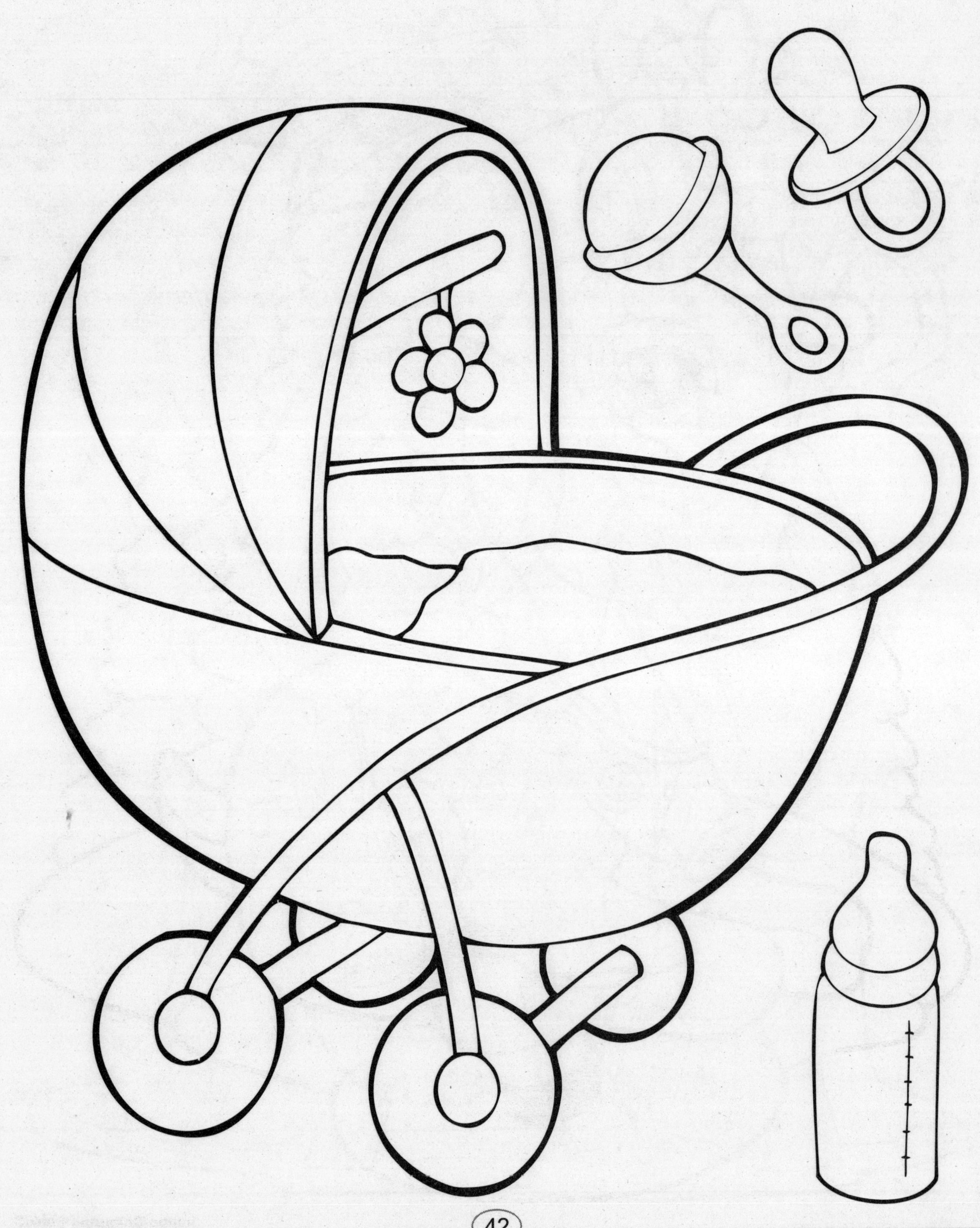

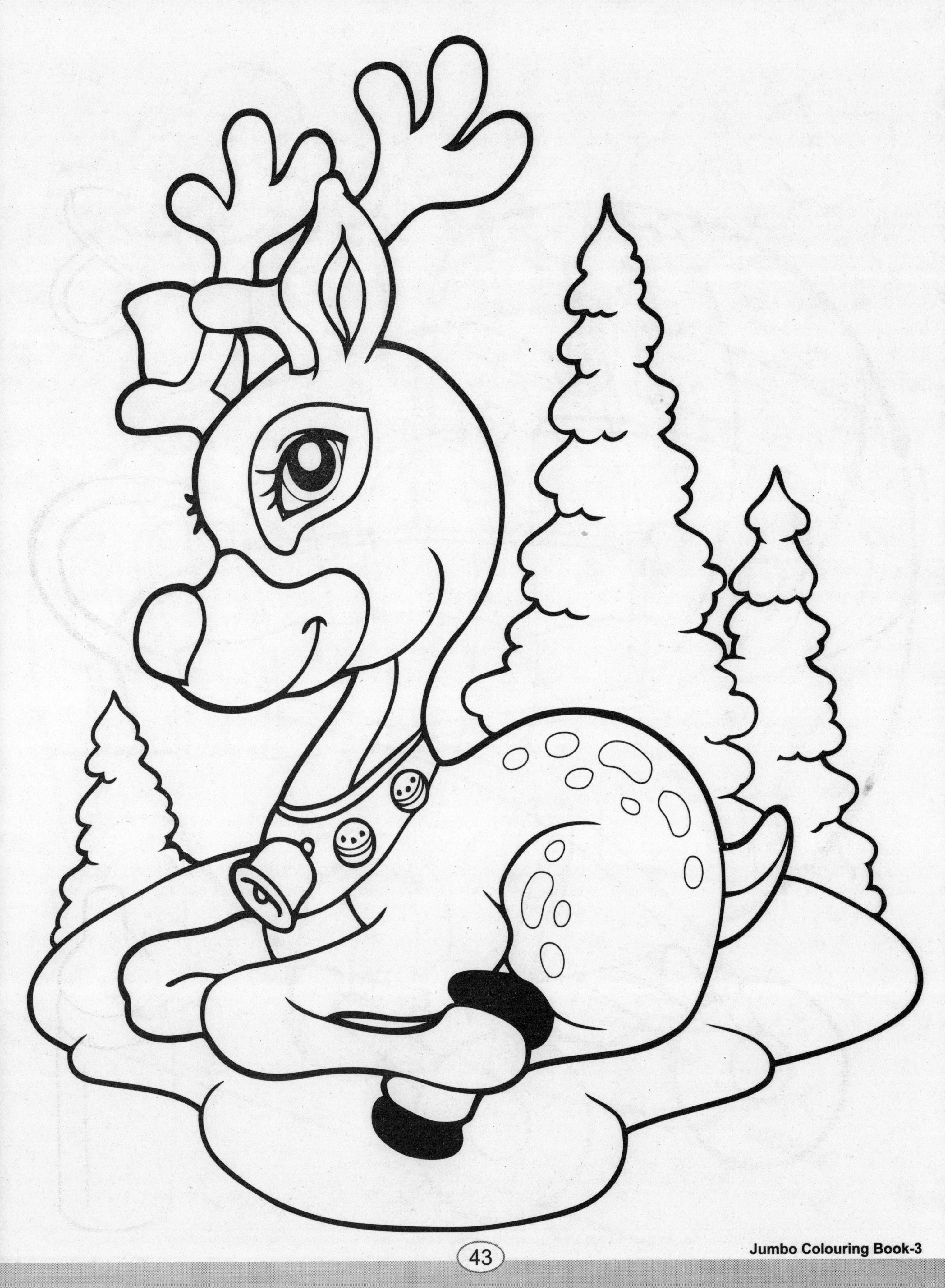

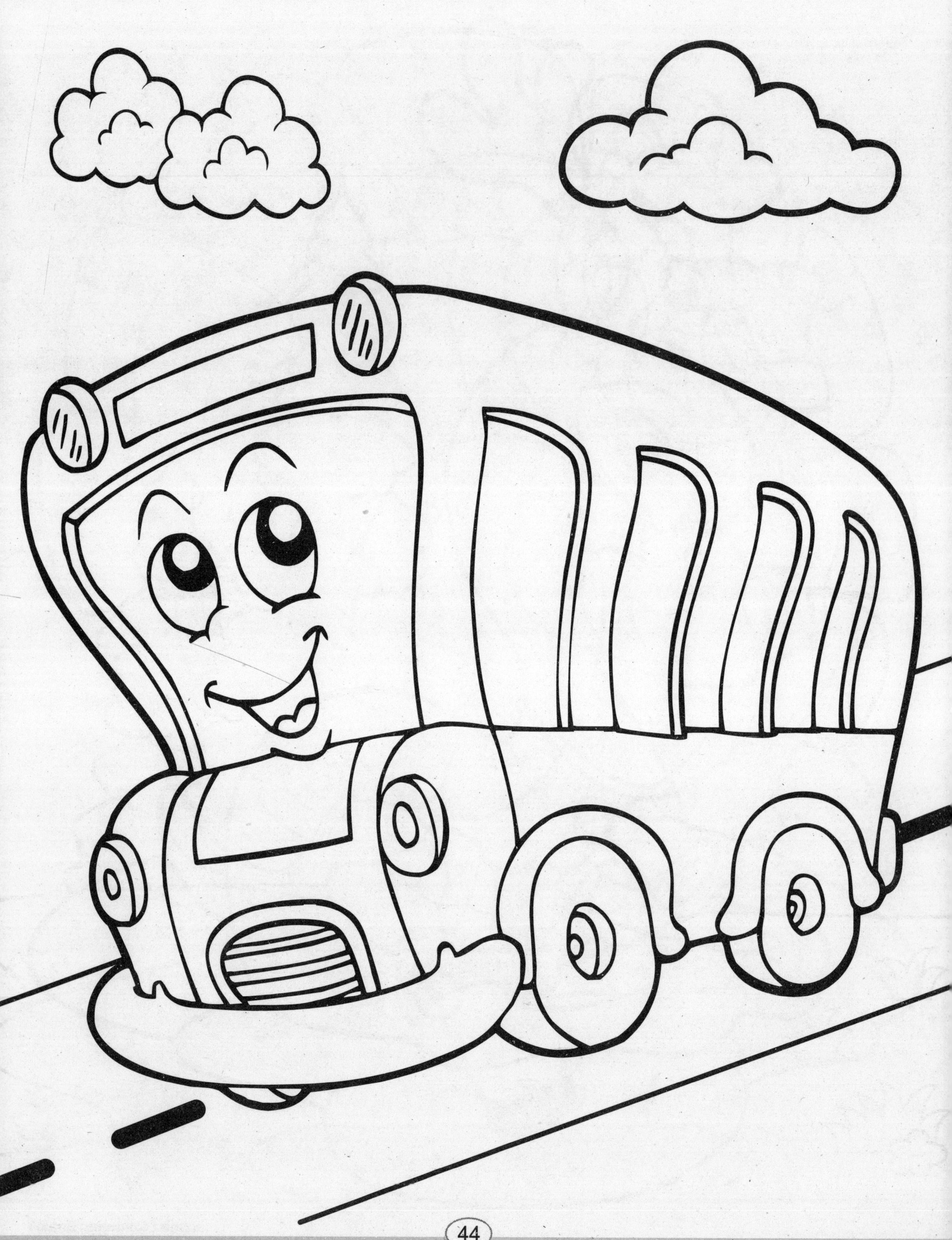

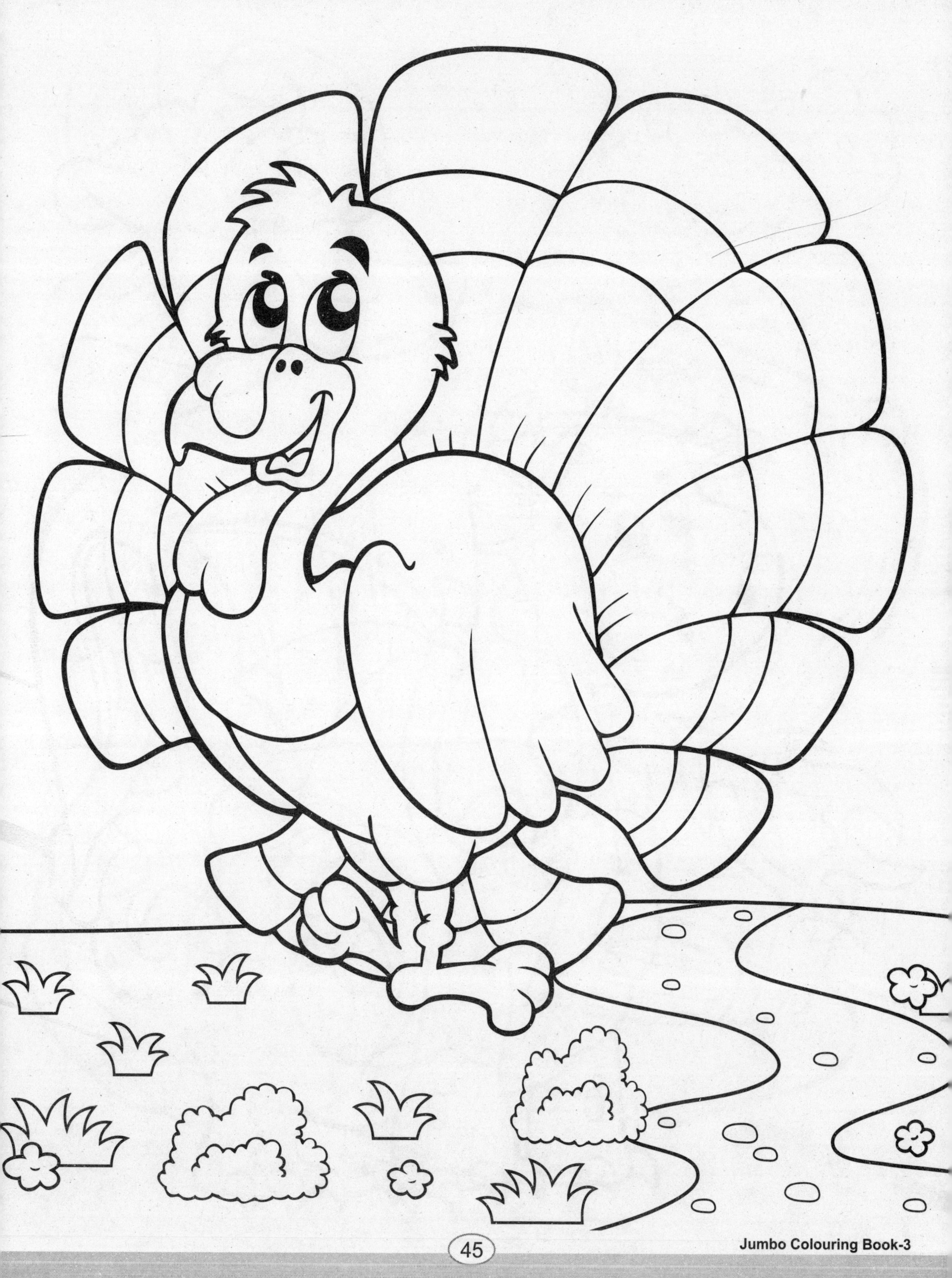

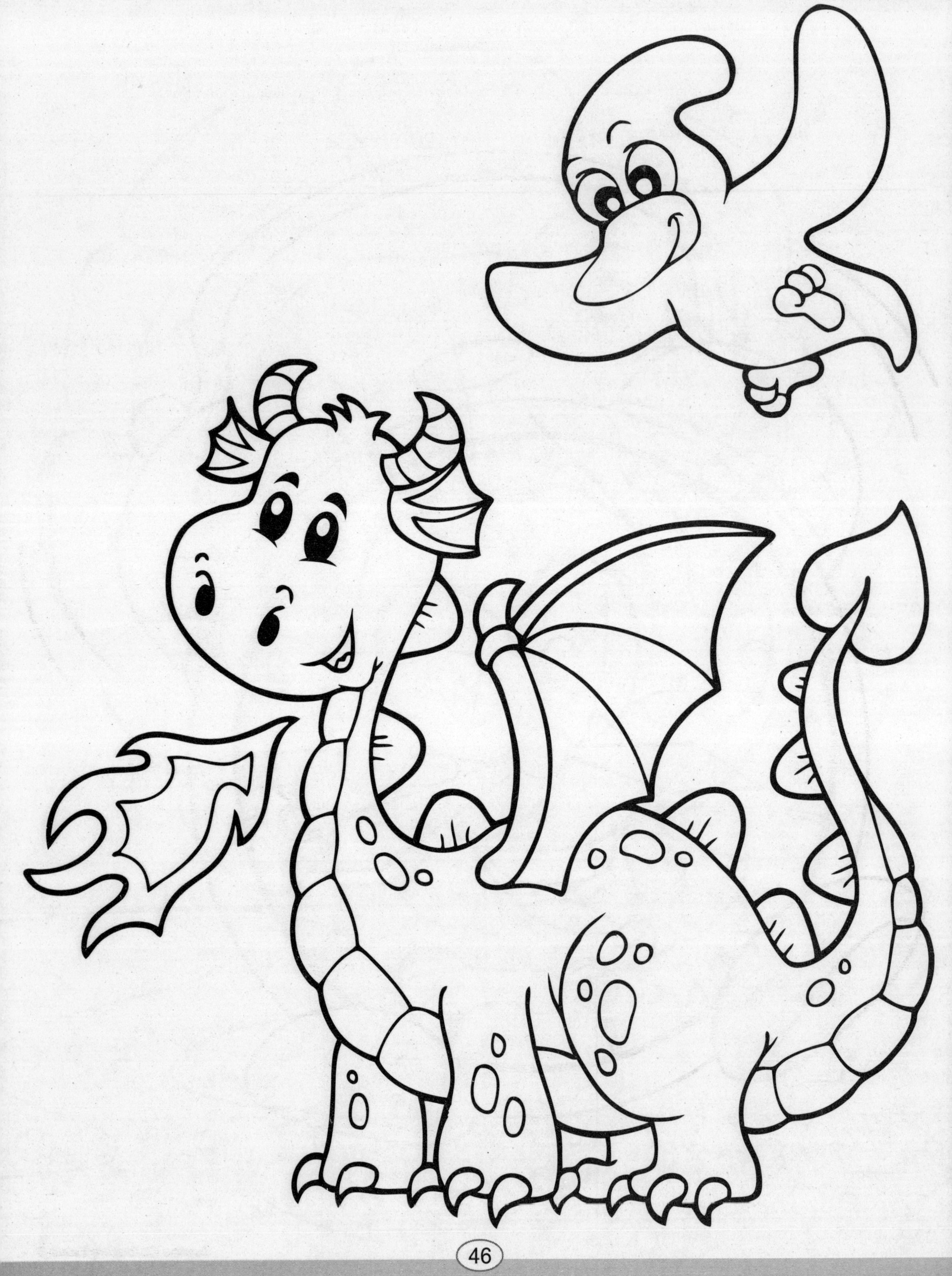

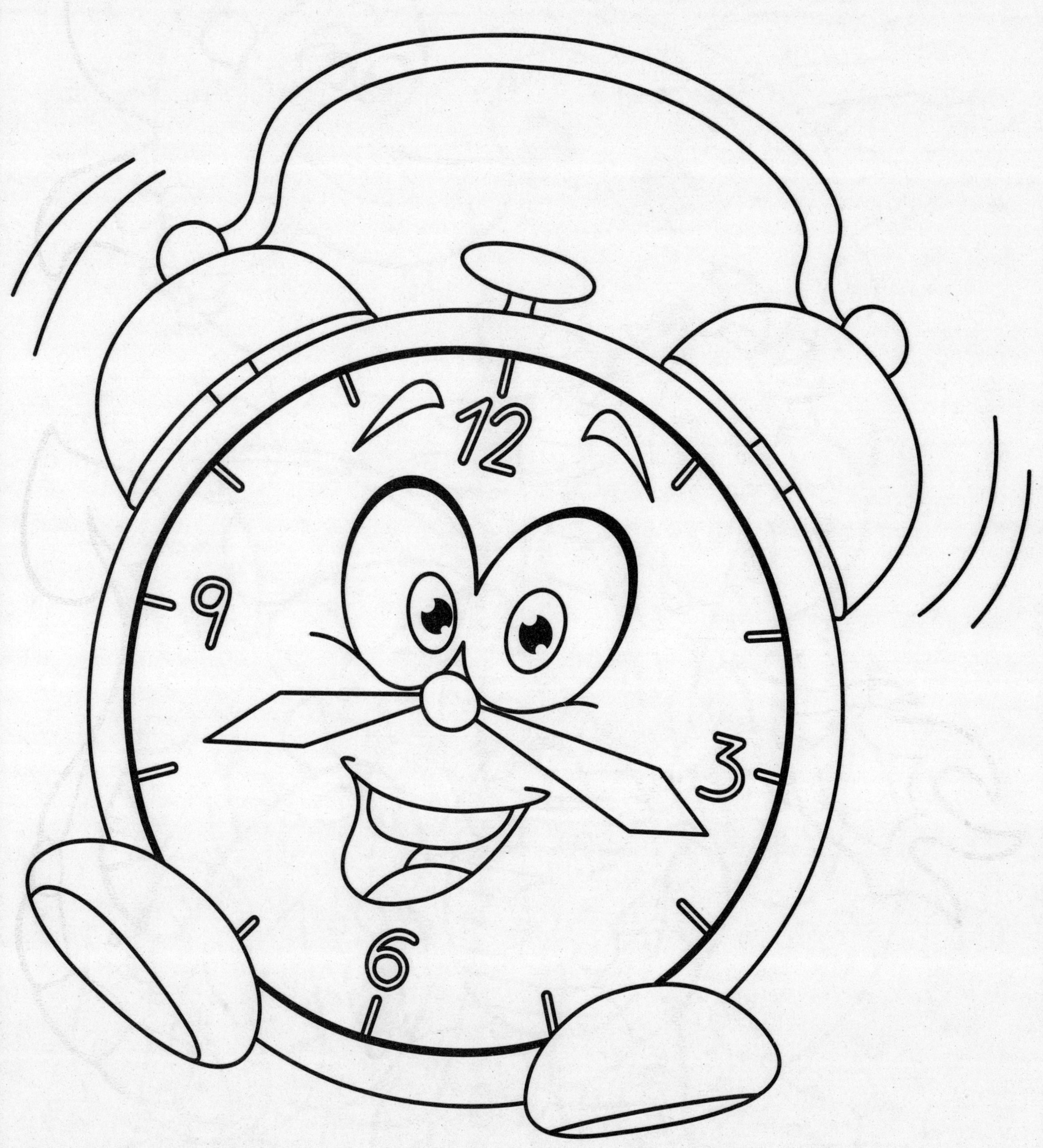

12
9
3
6

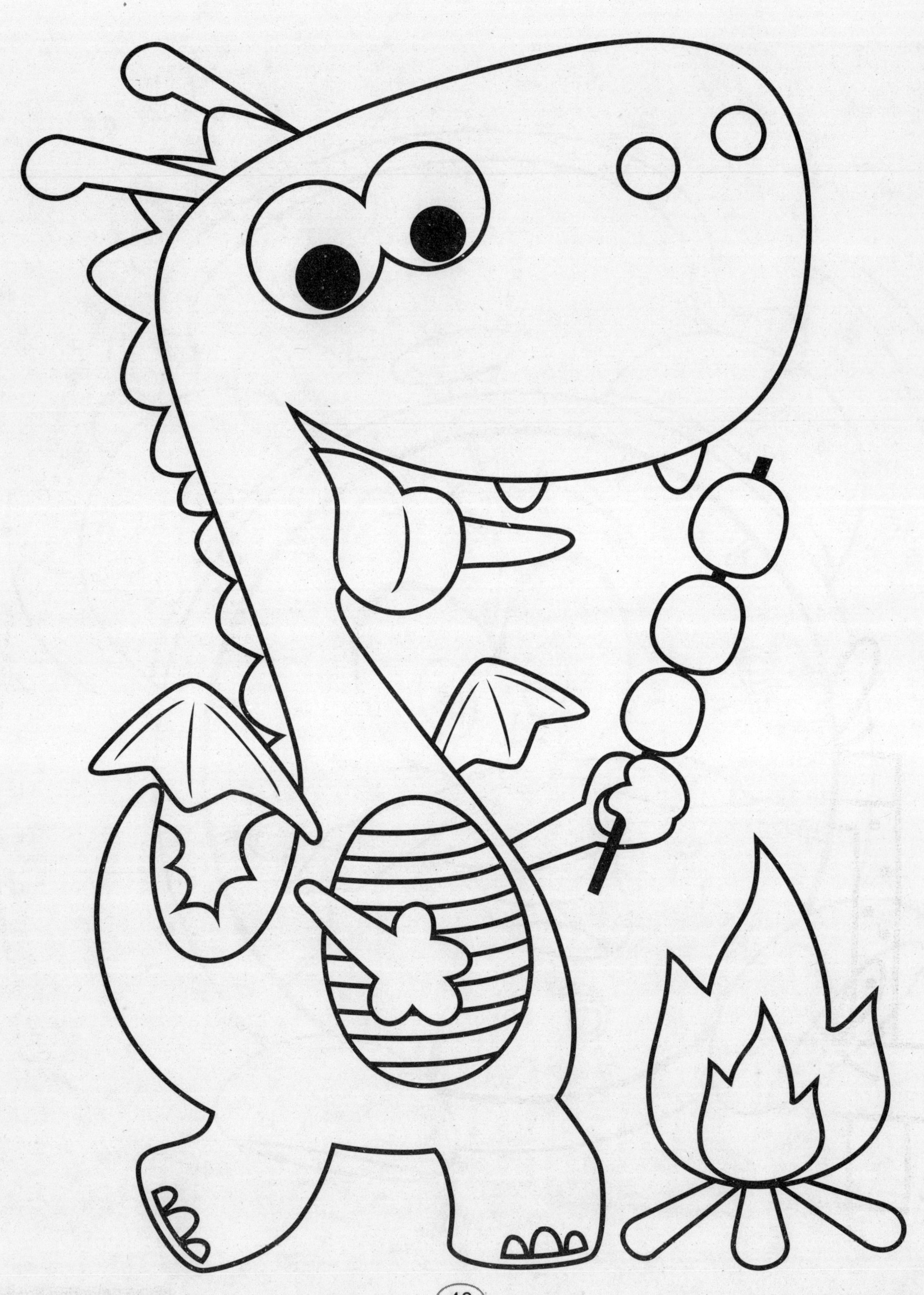

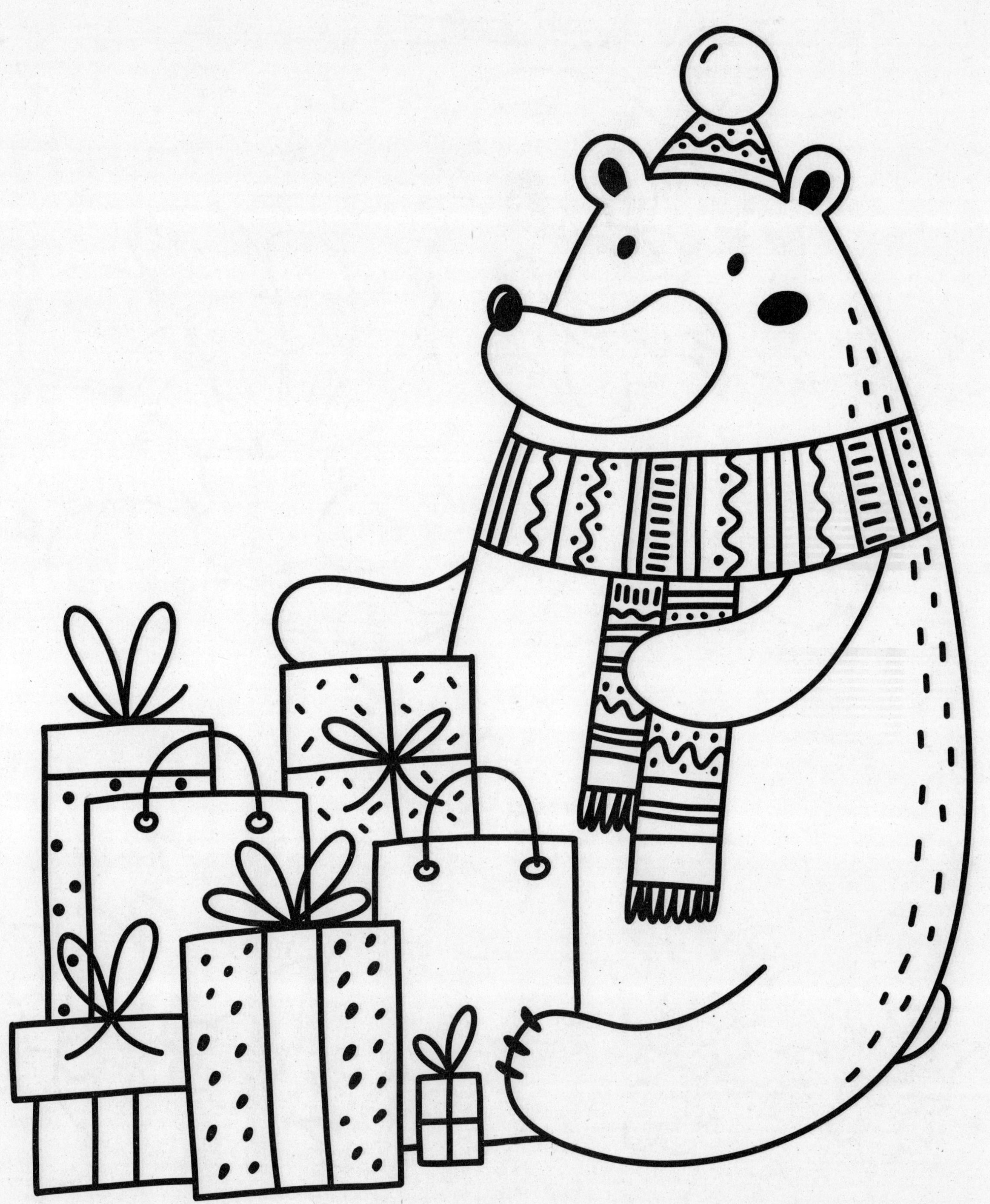

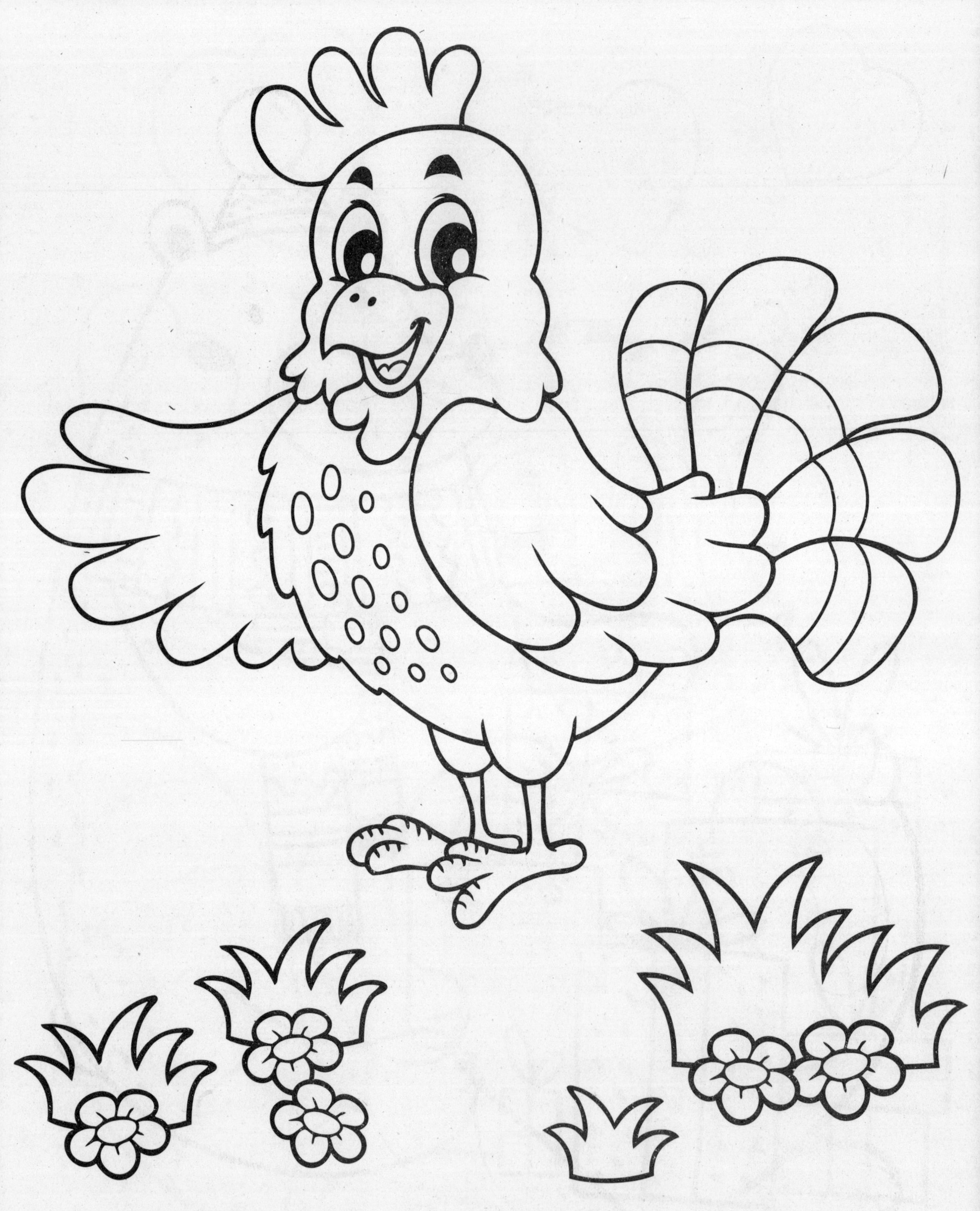

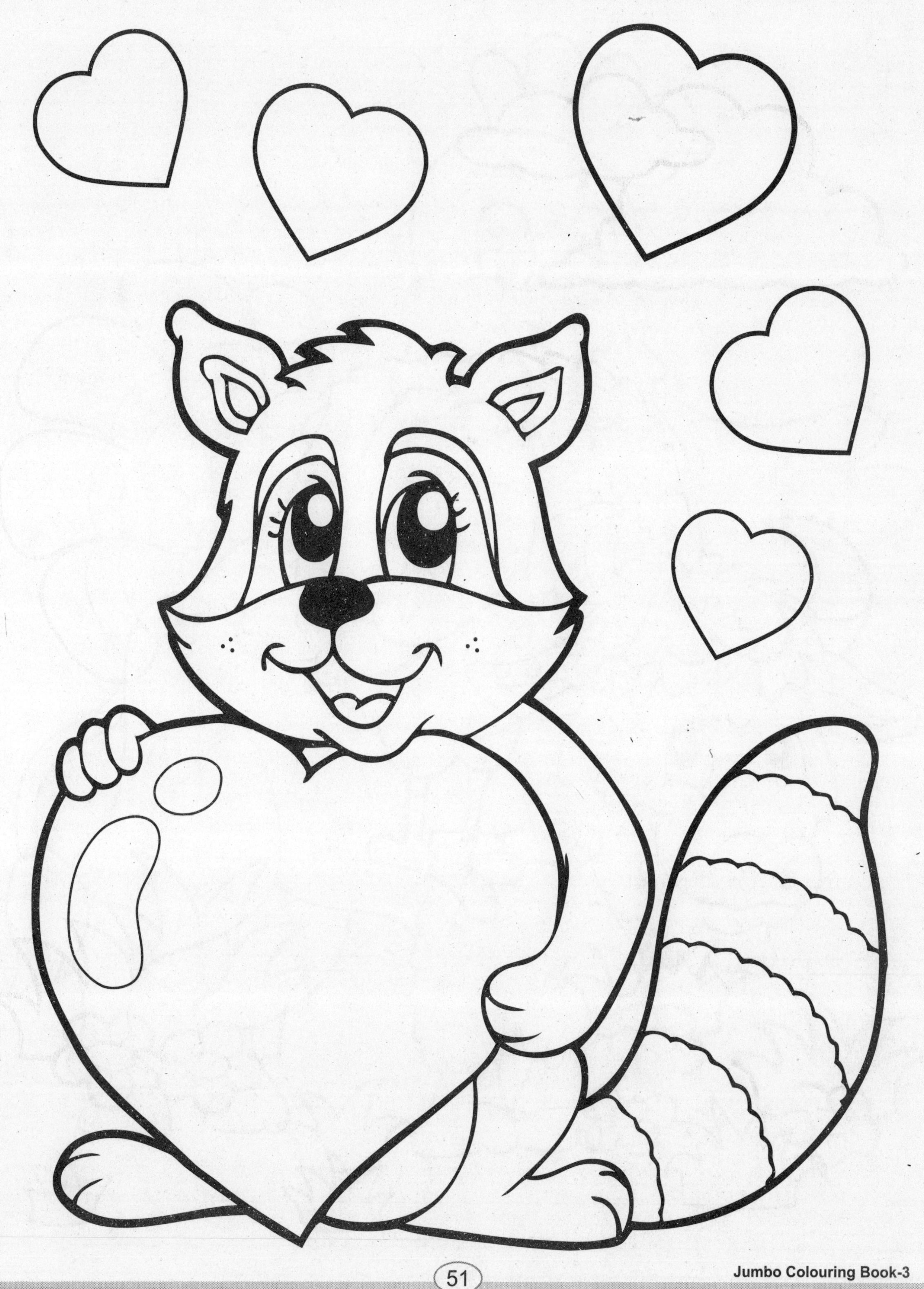

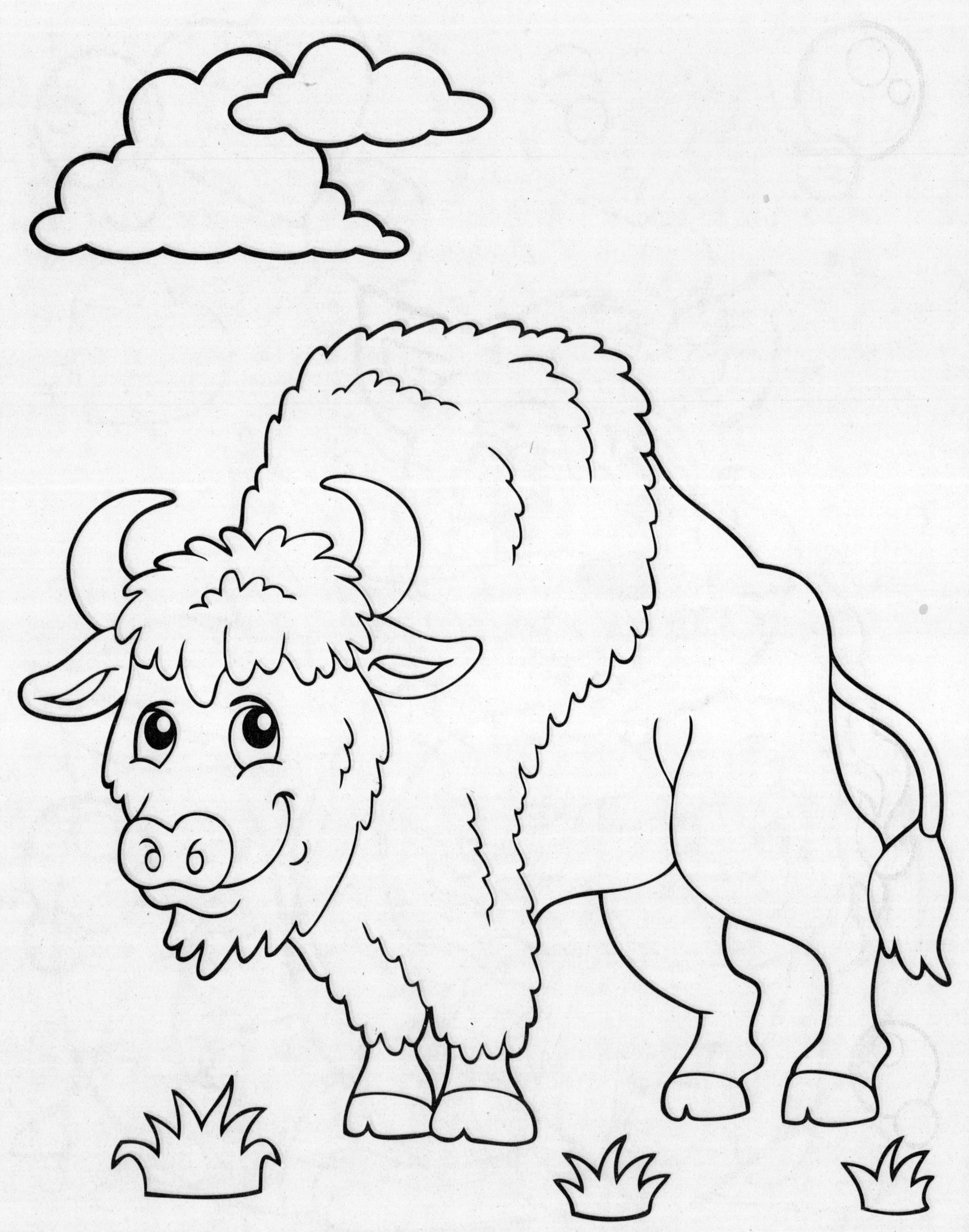

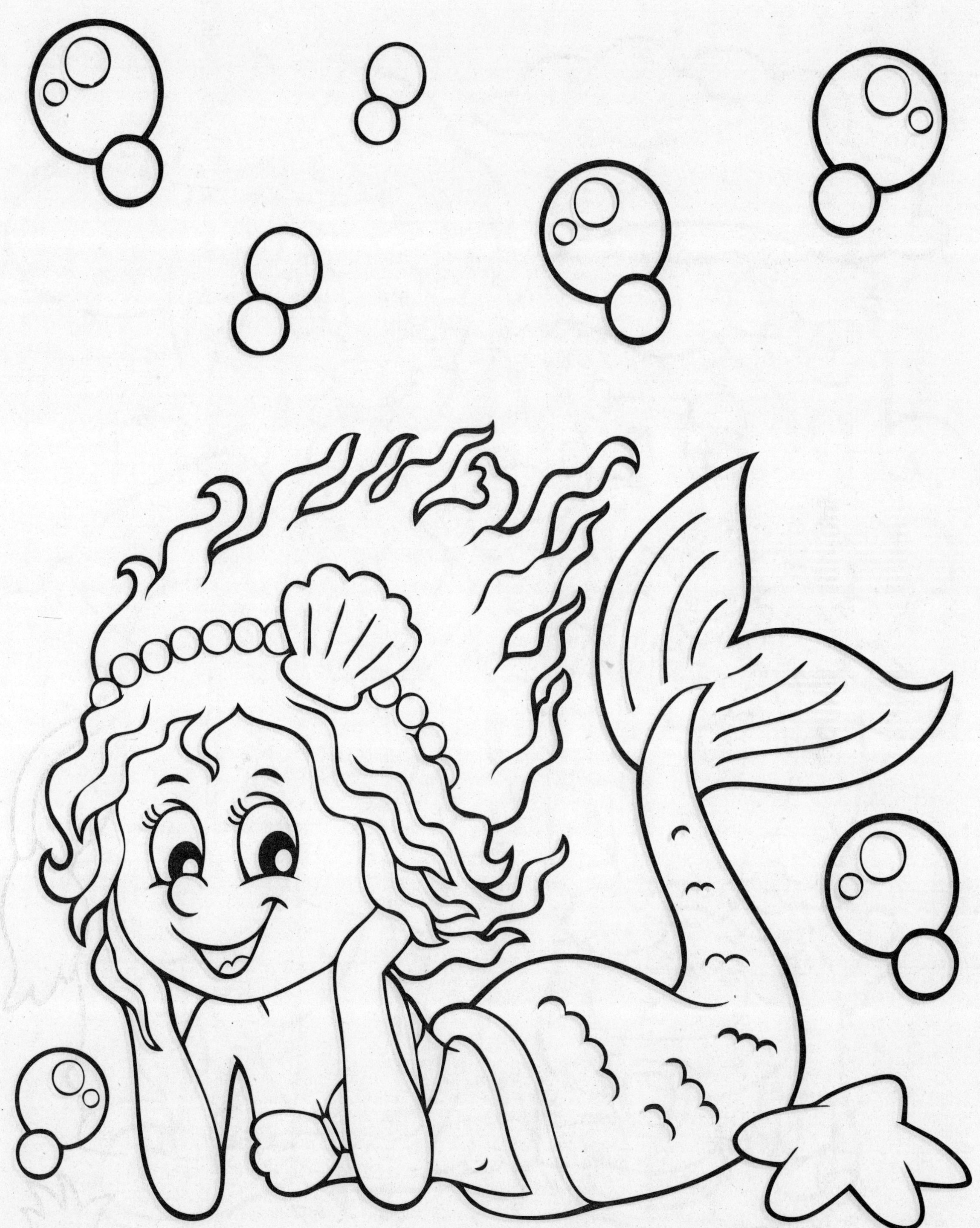

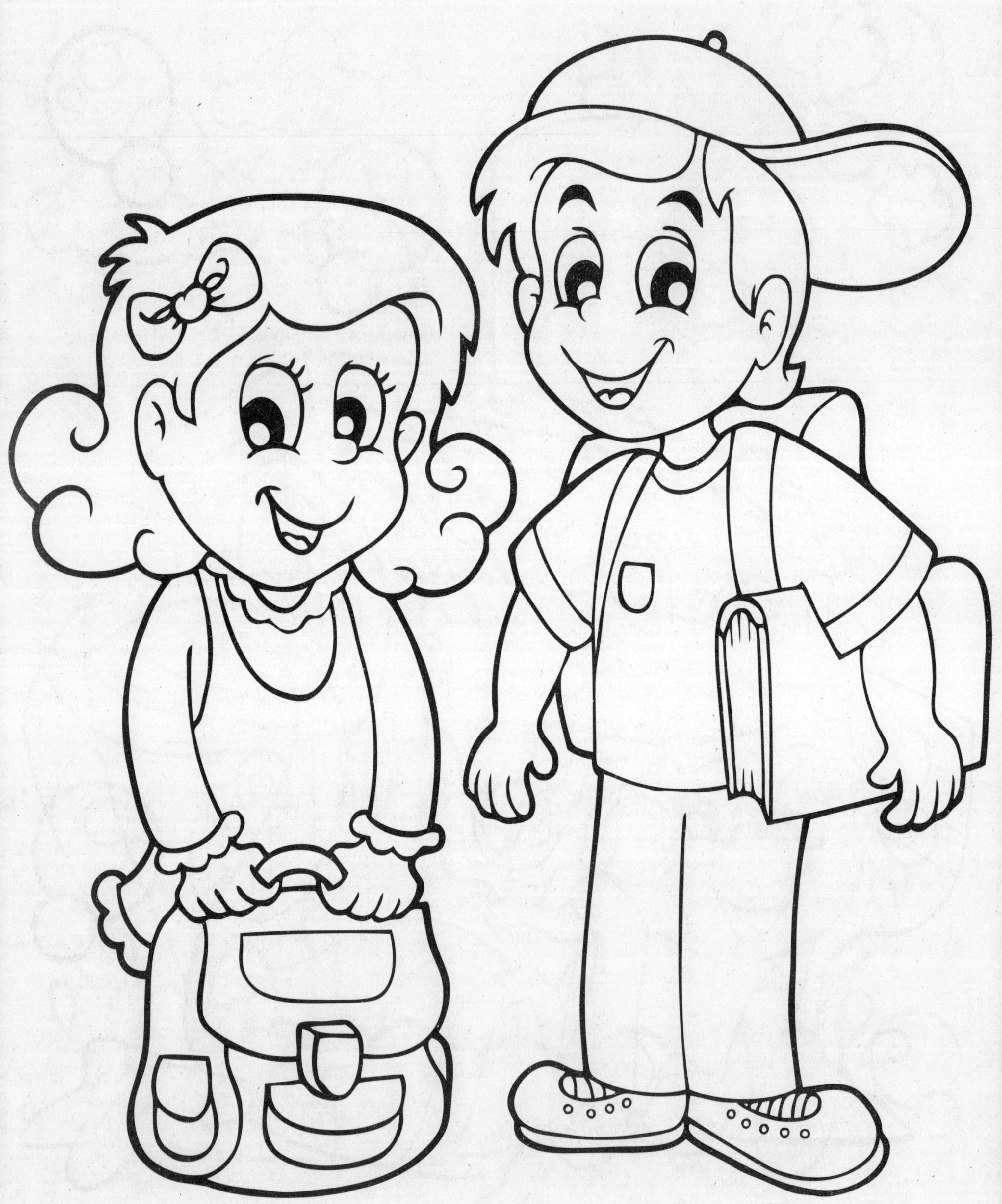

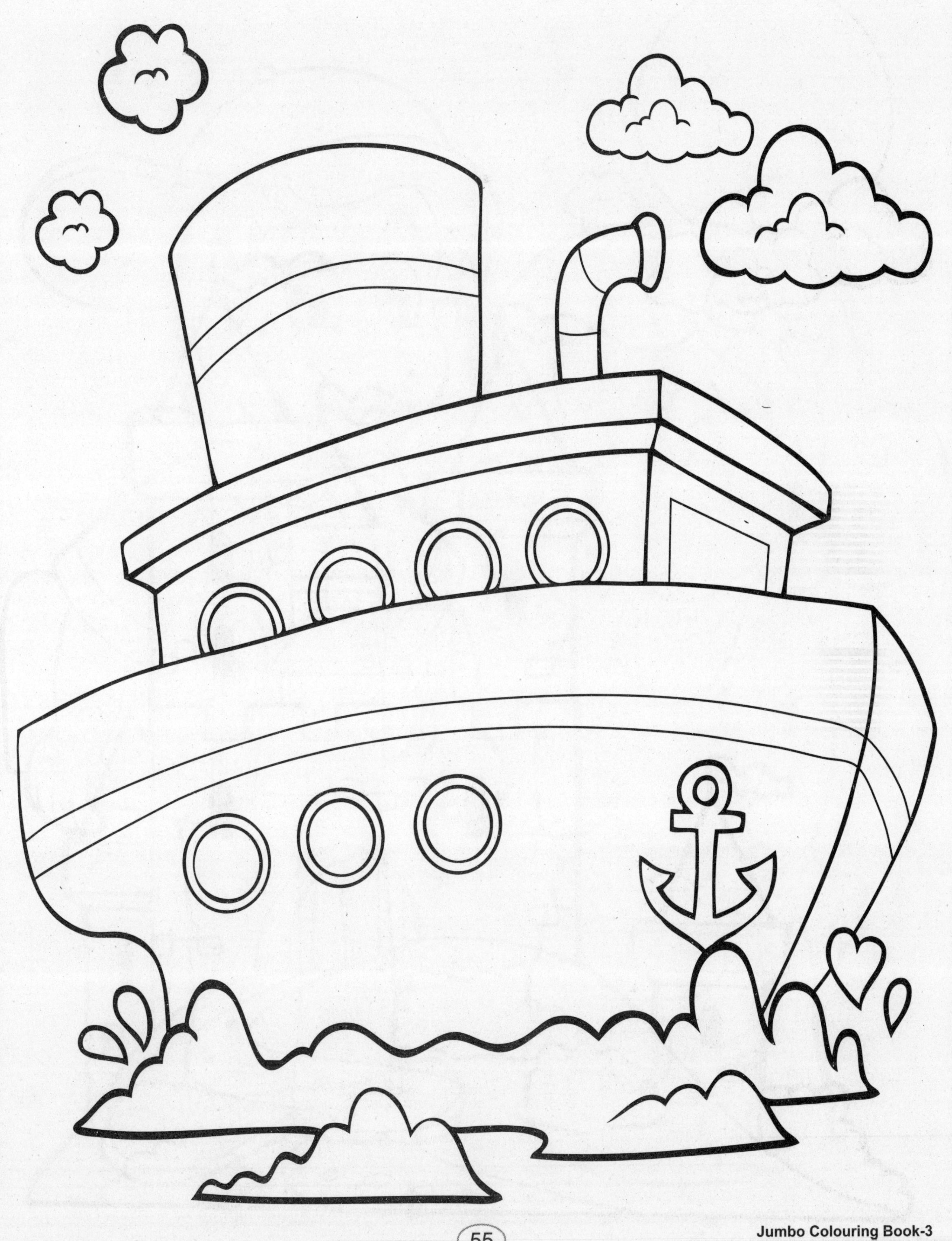

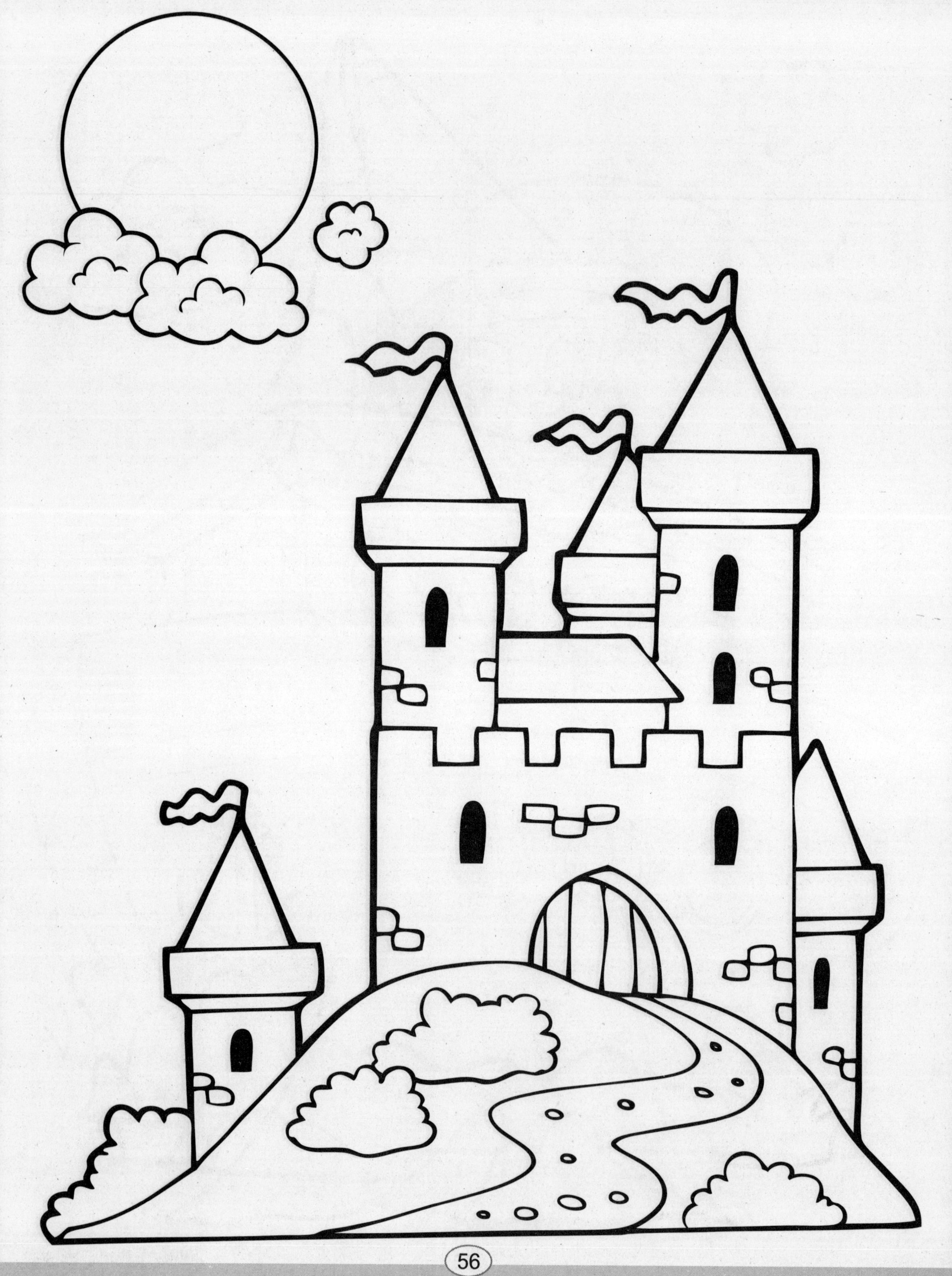

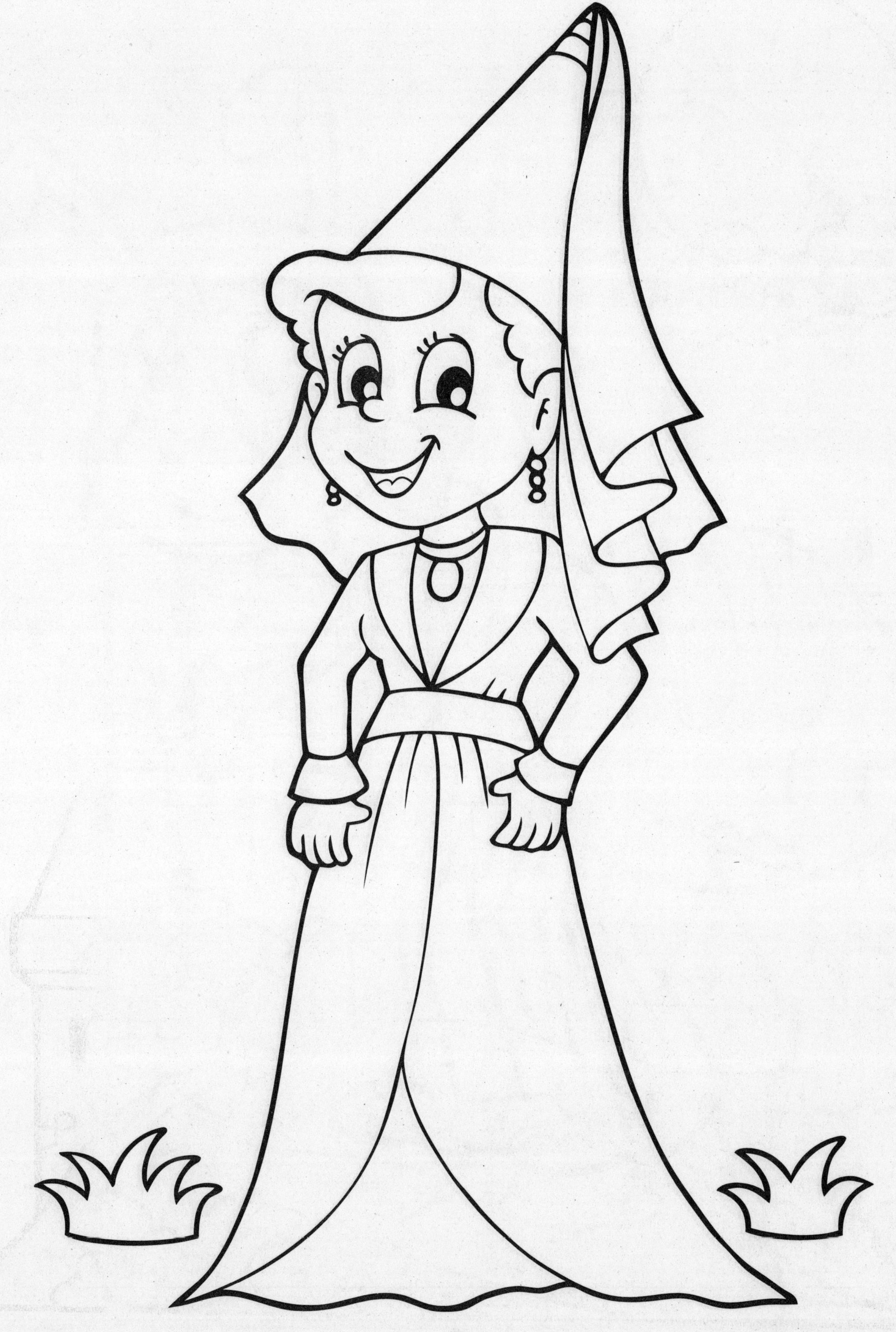

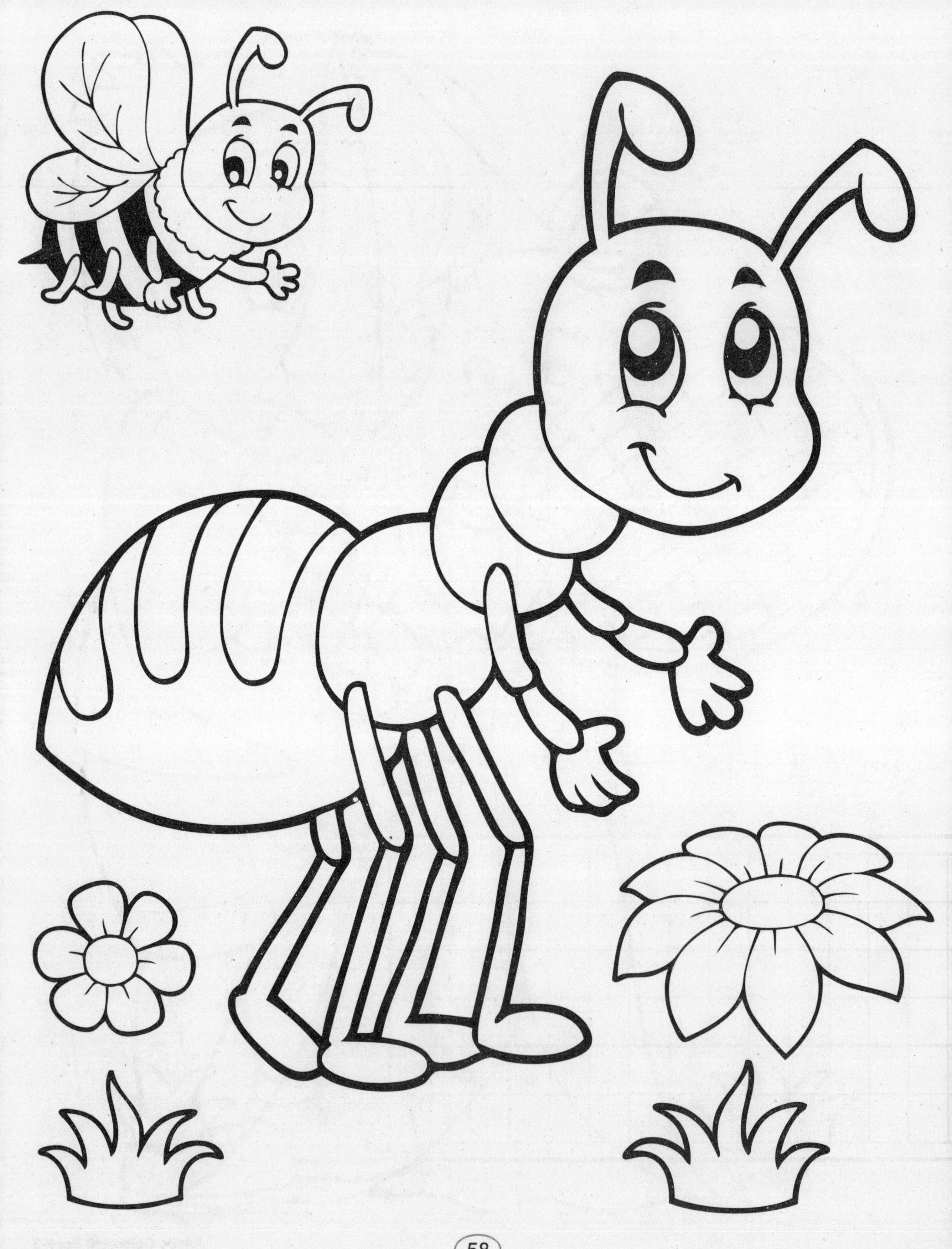

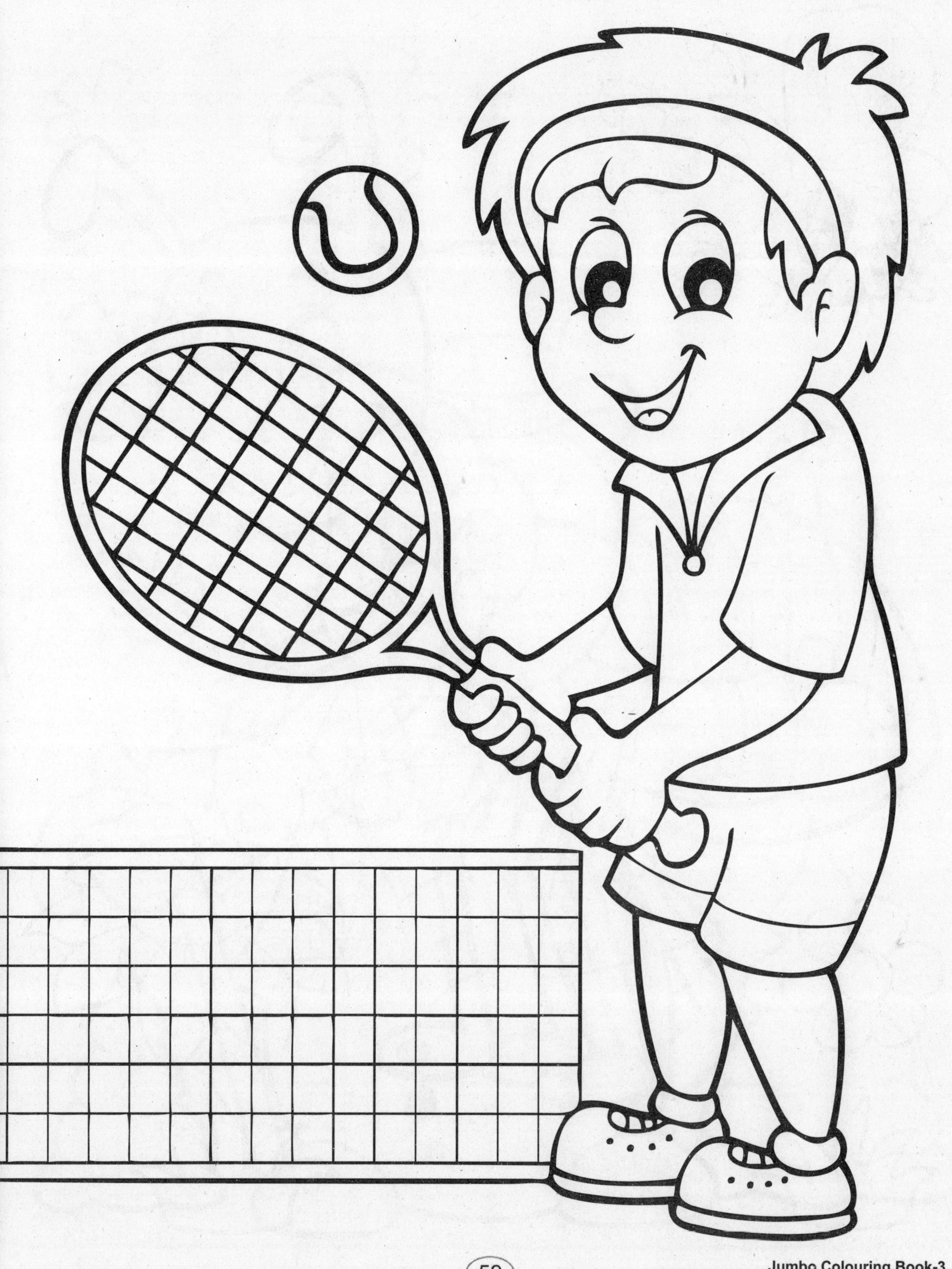

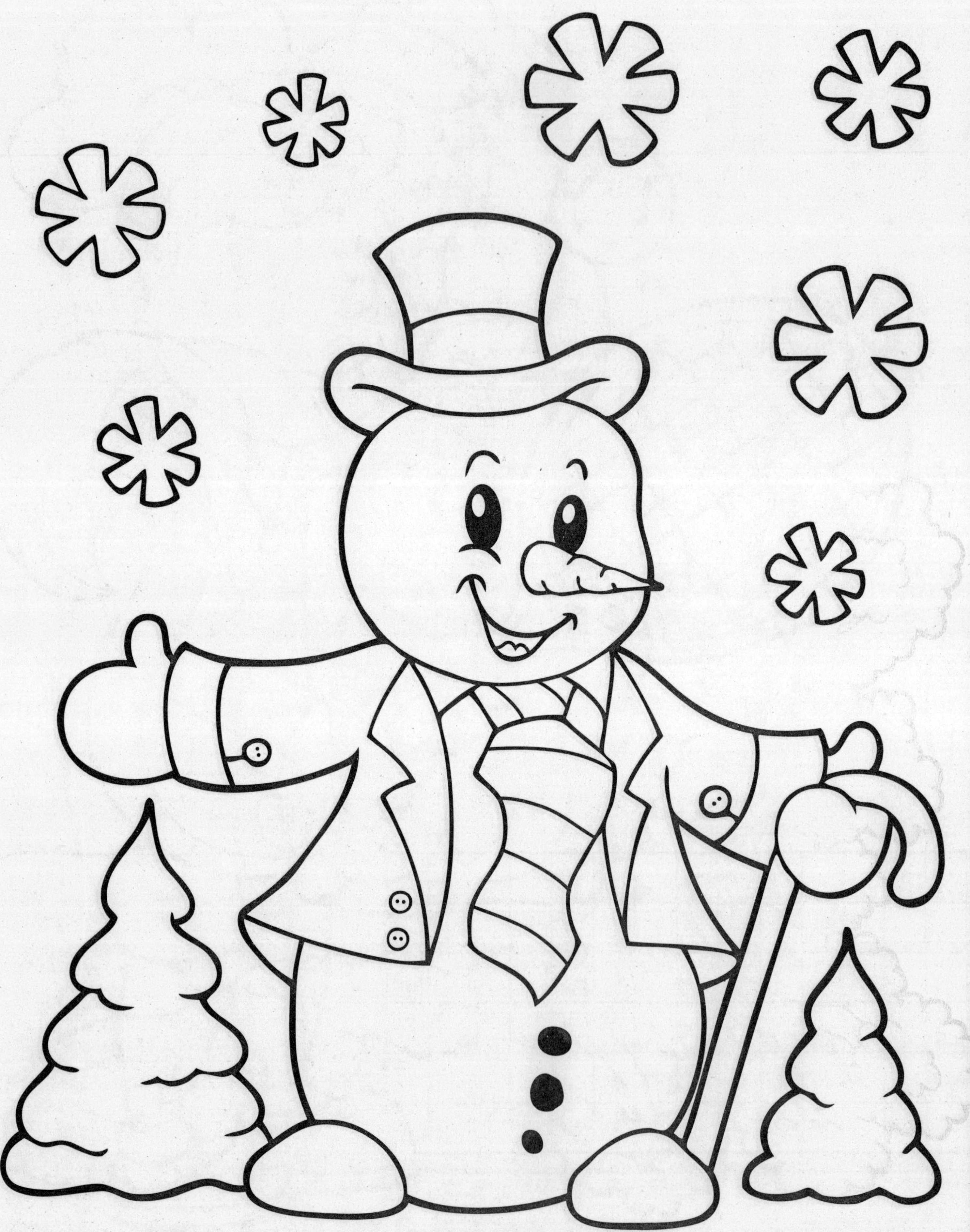

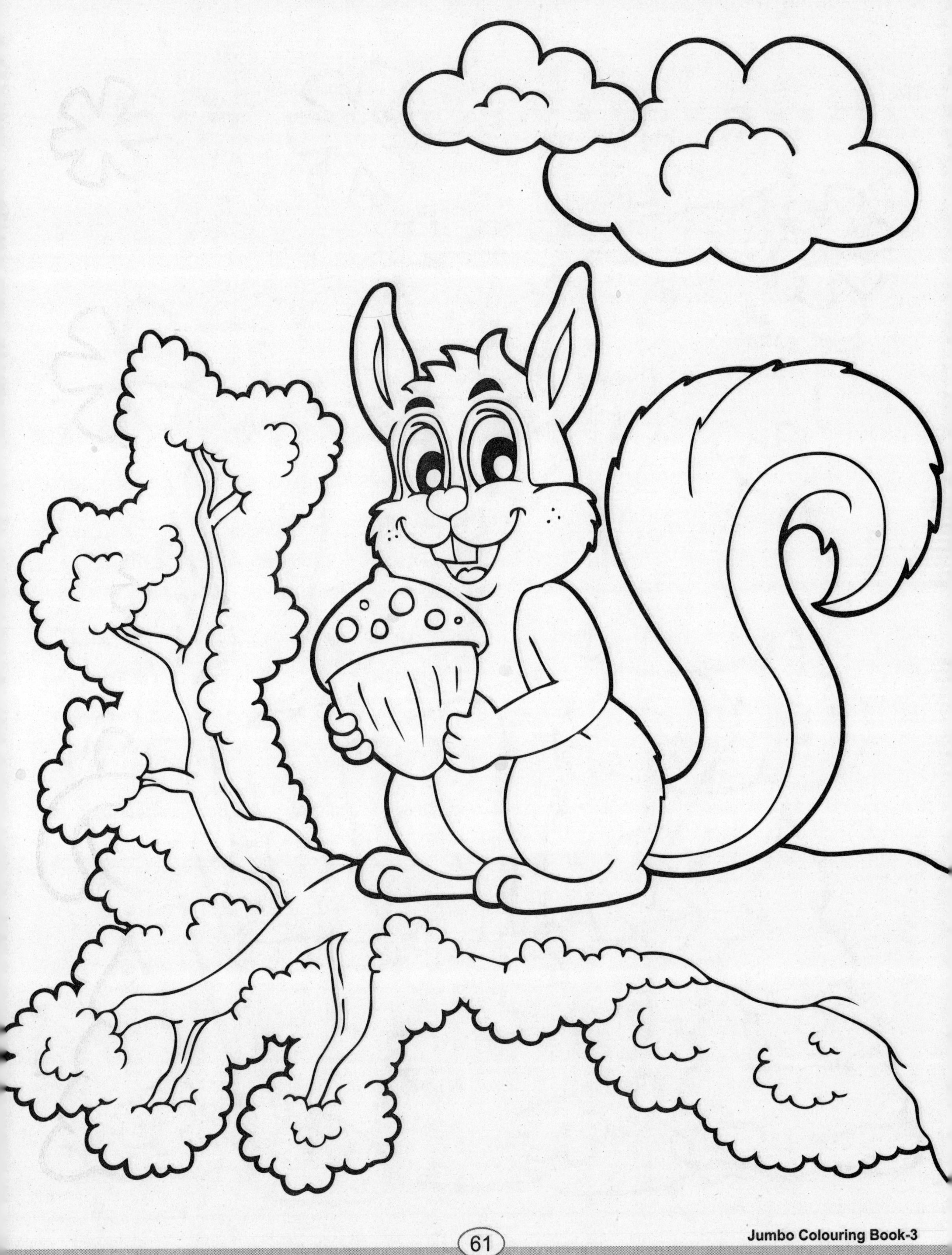

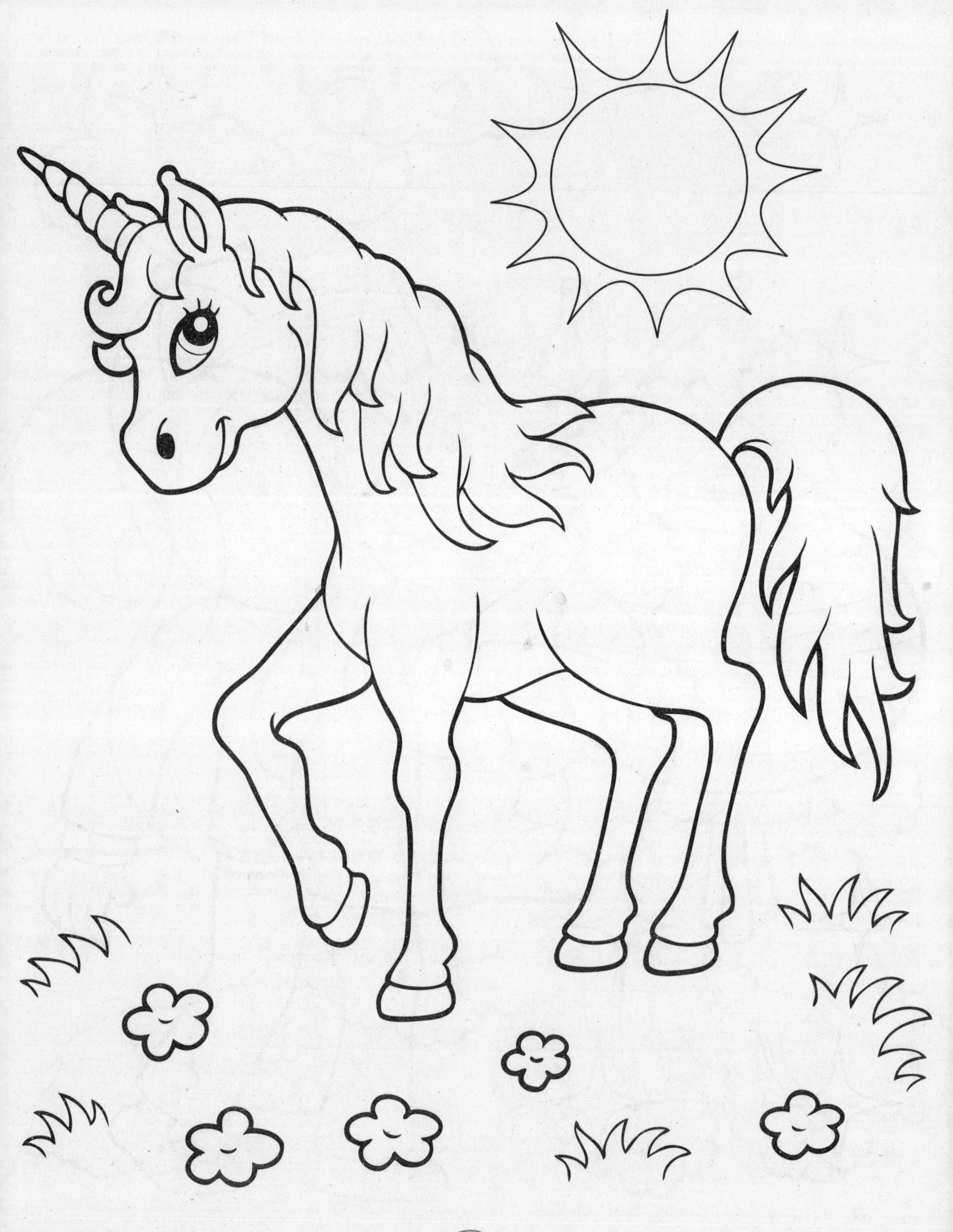

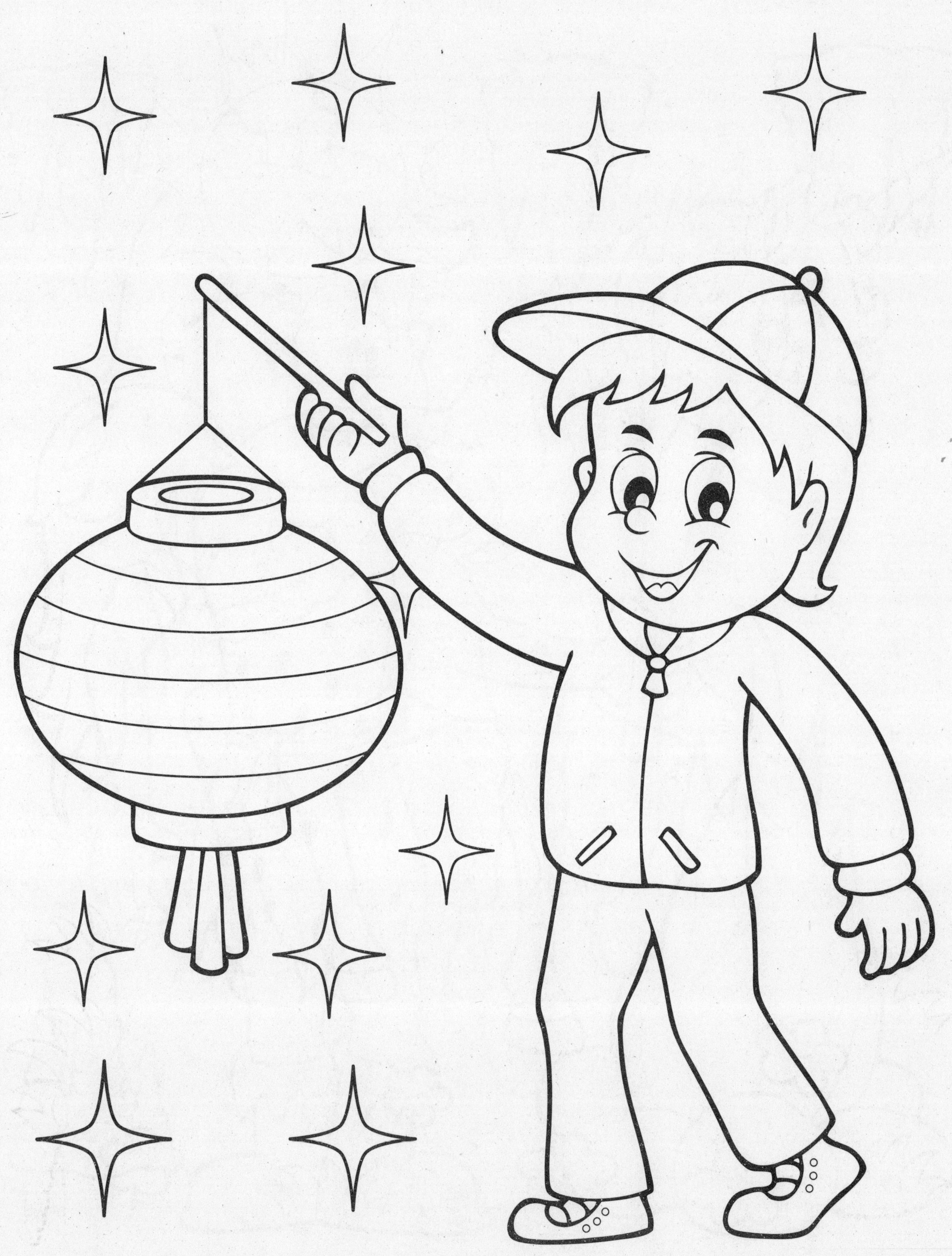

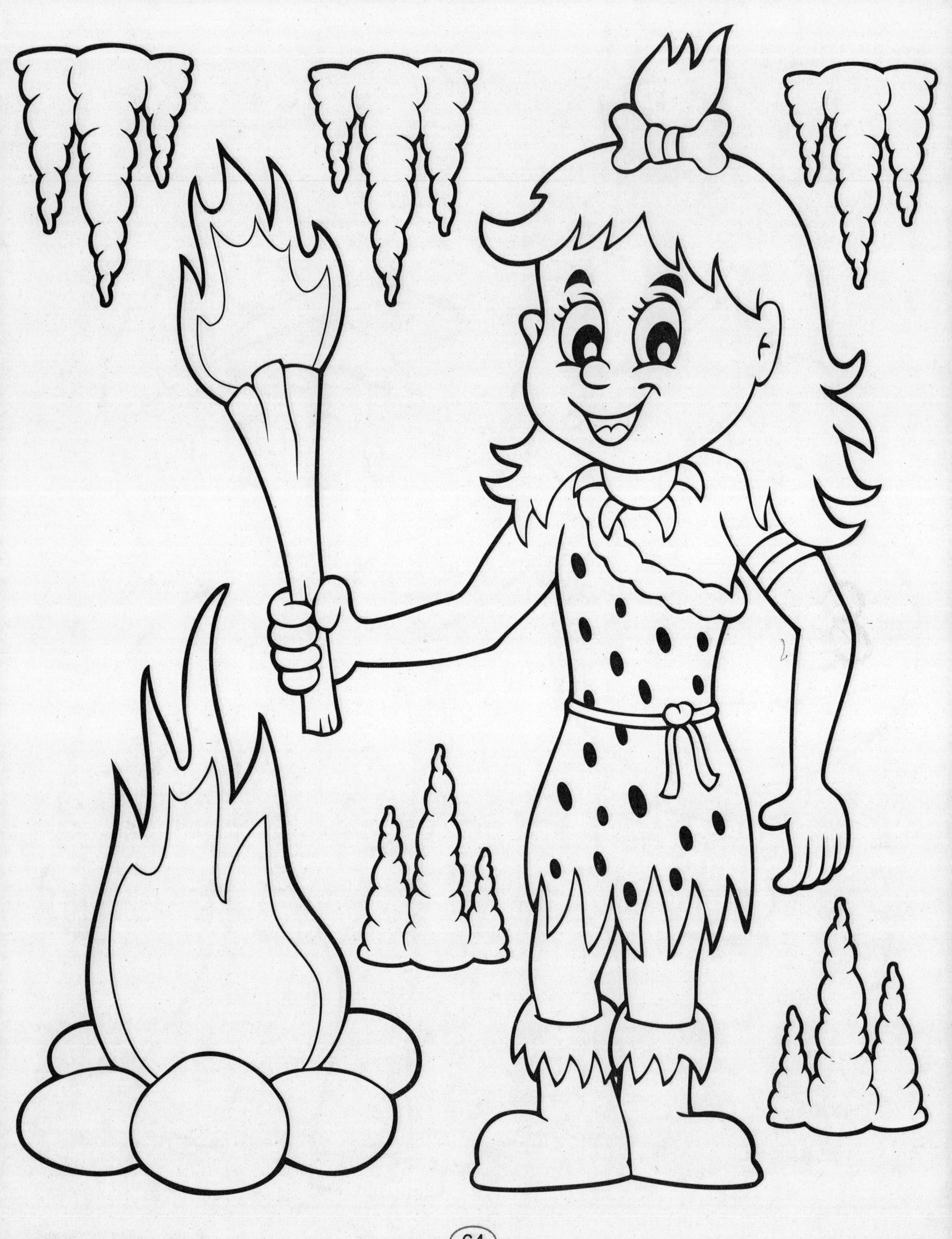

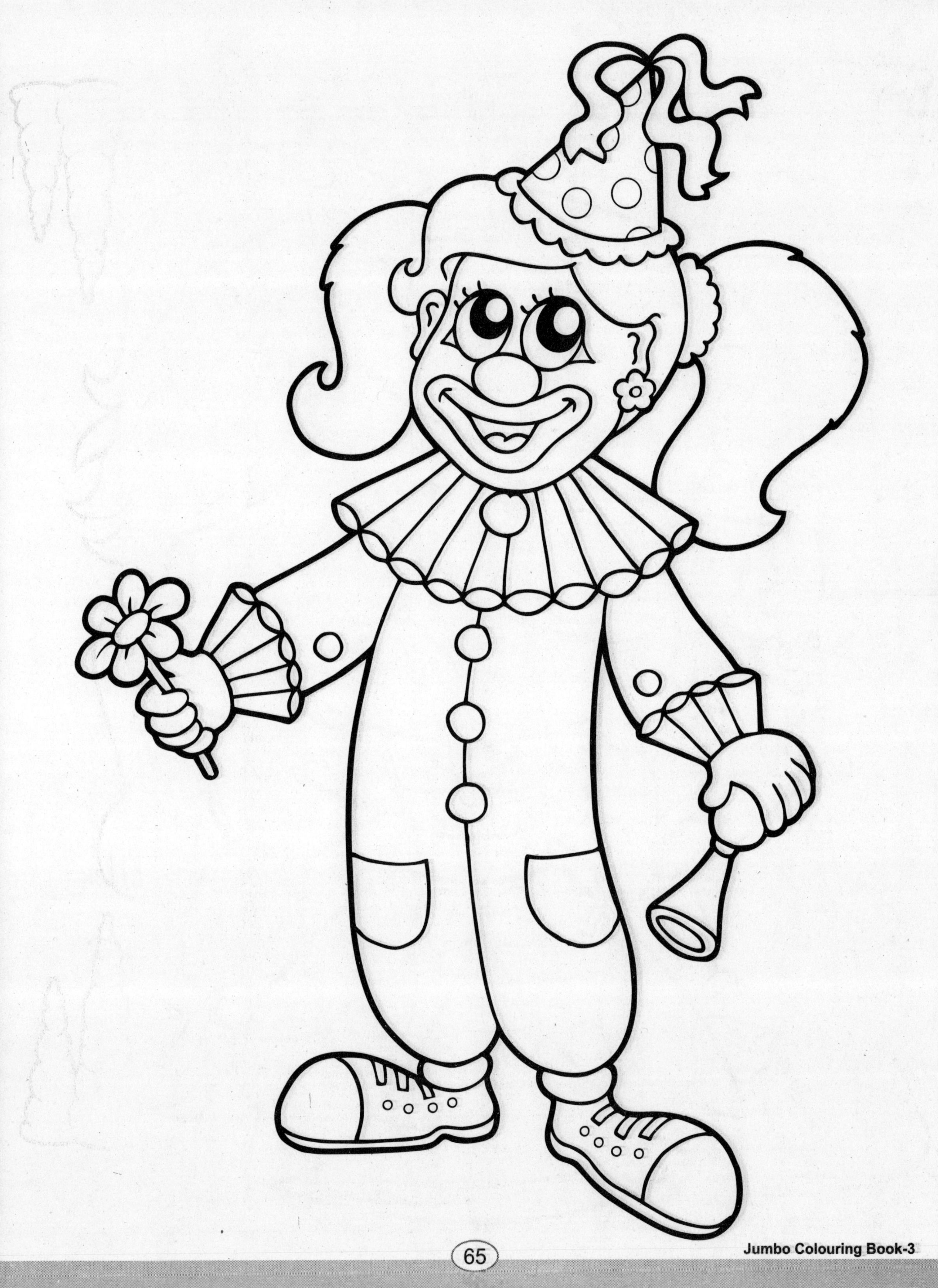

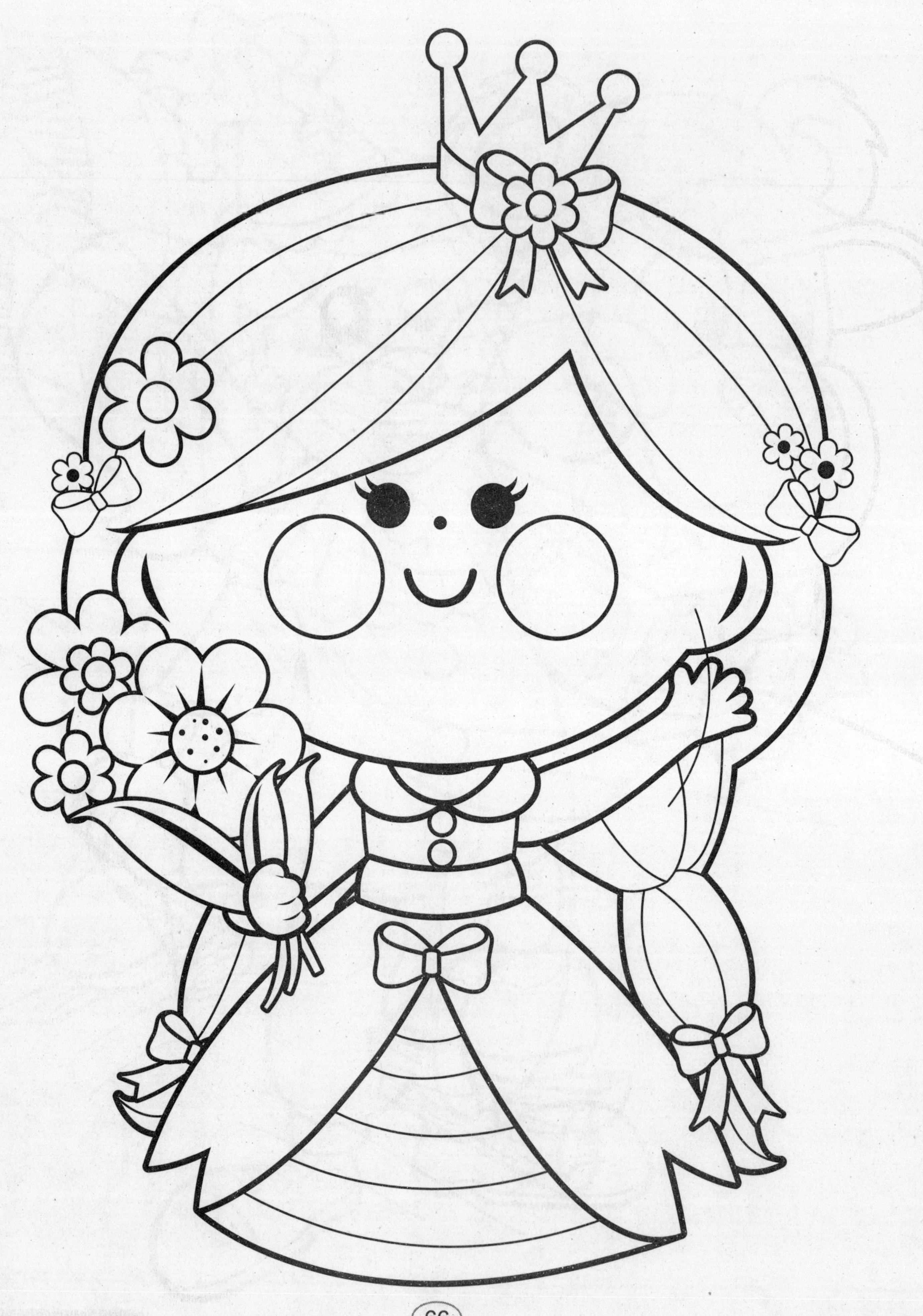

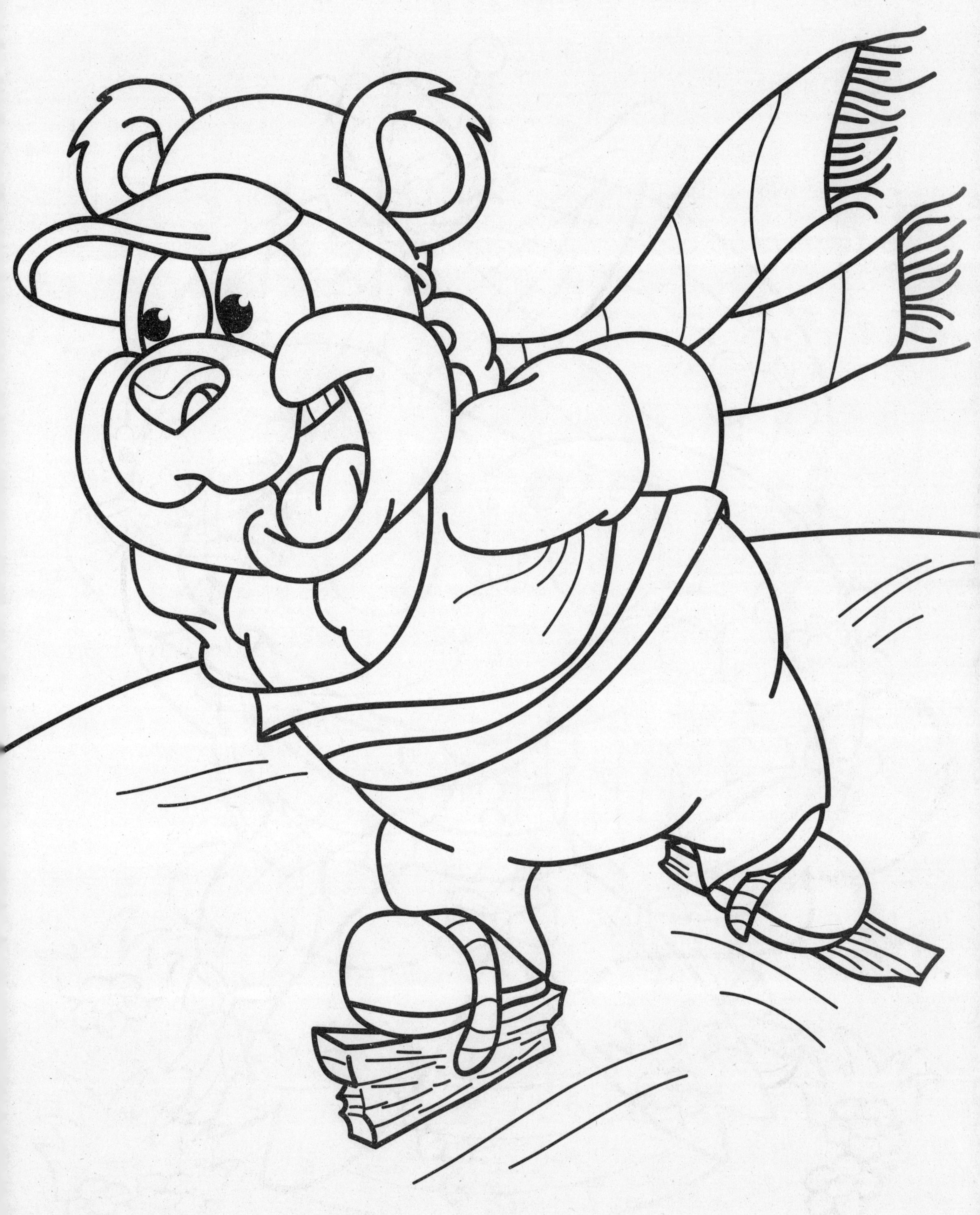

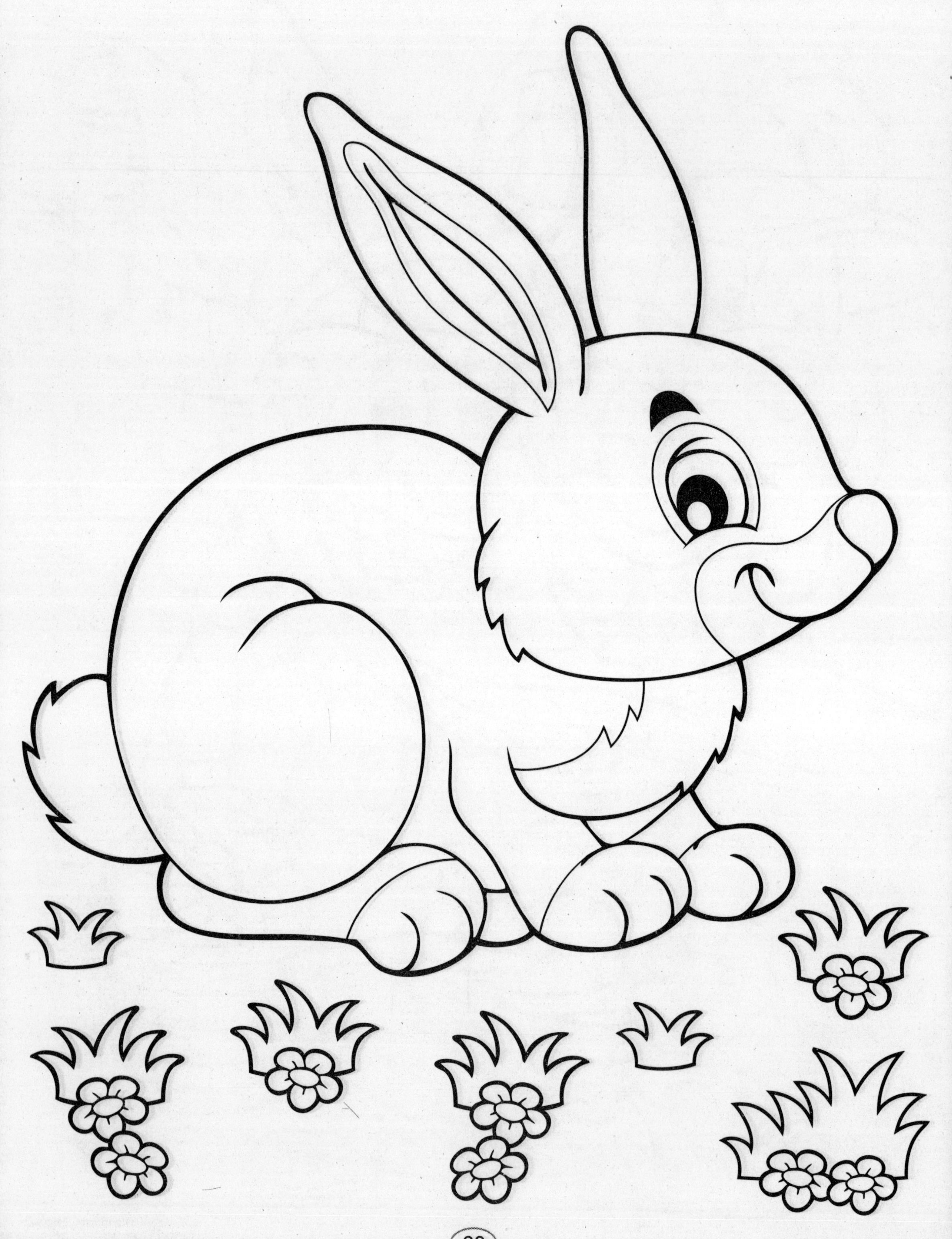

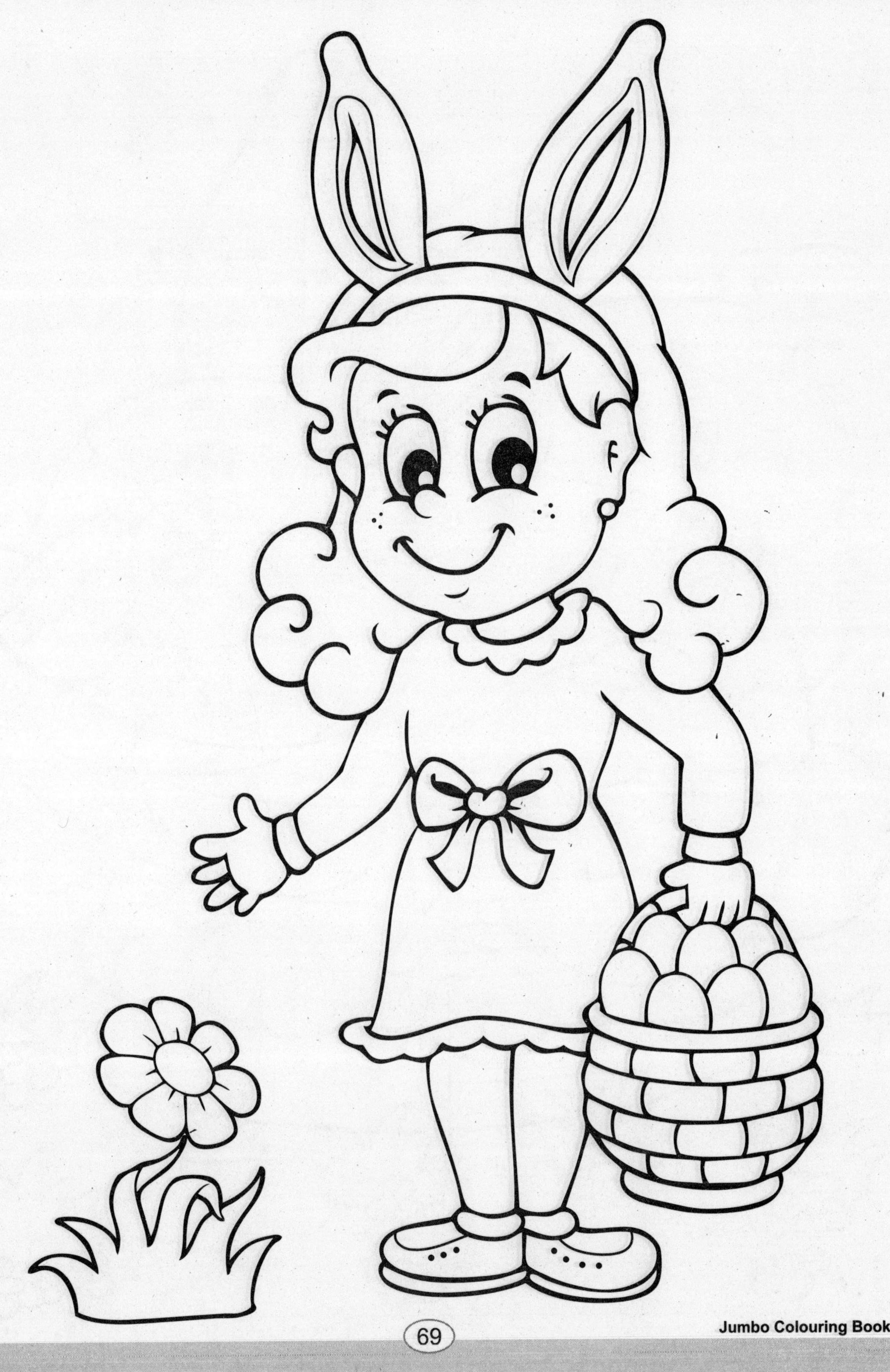

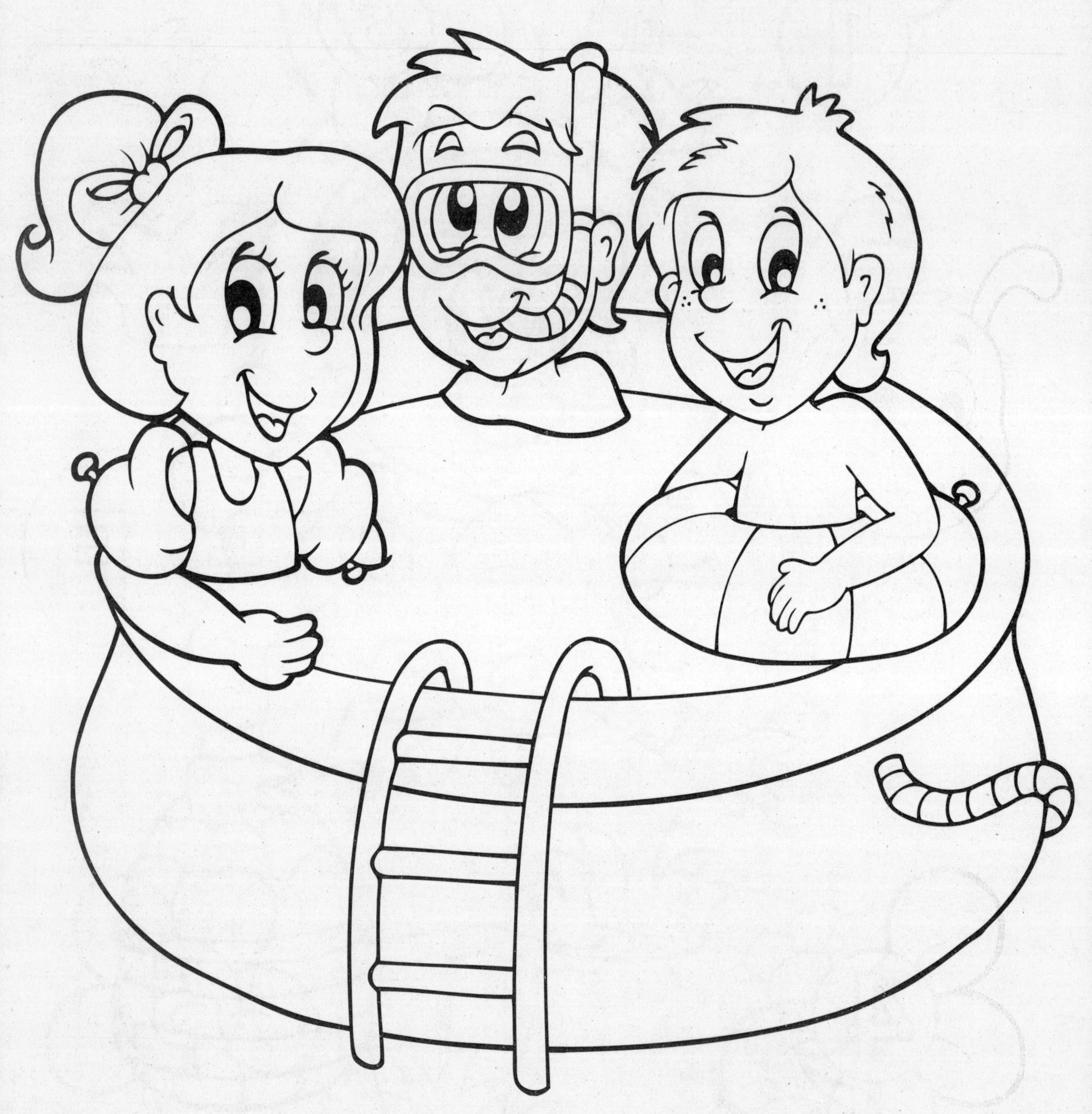

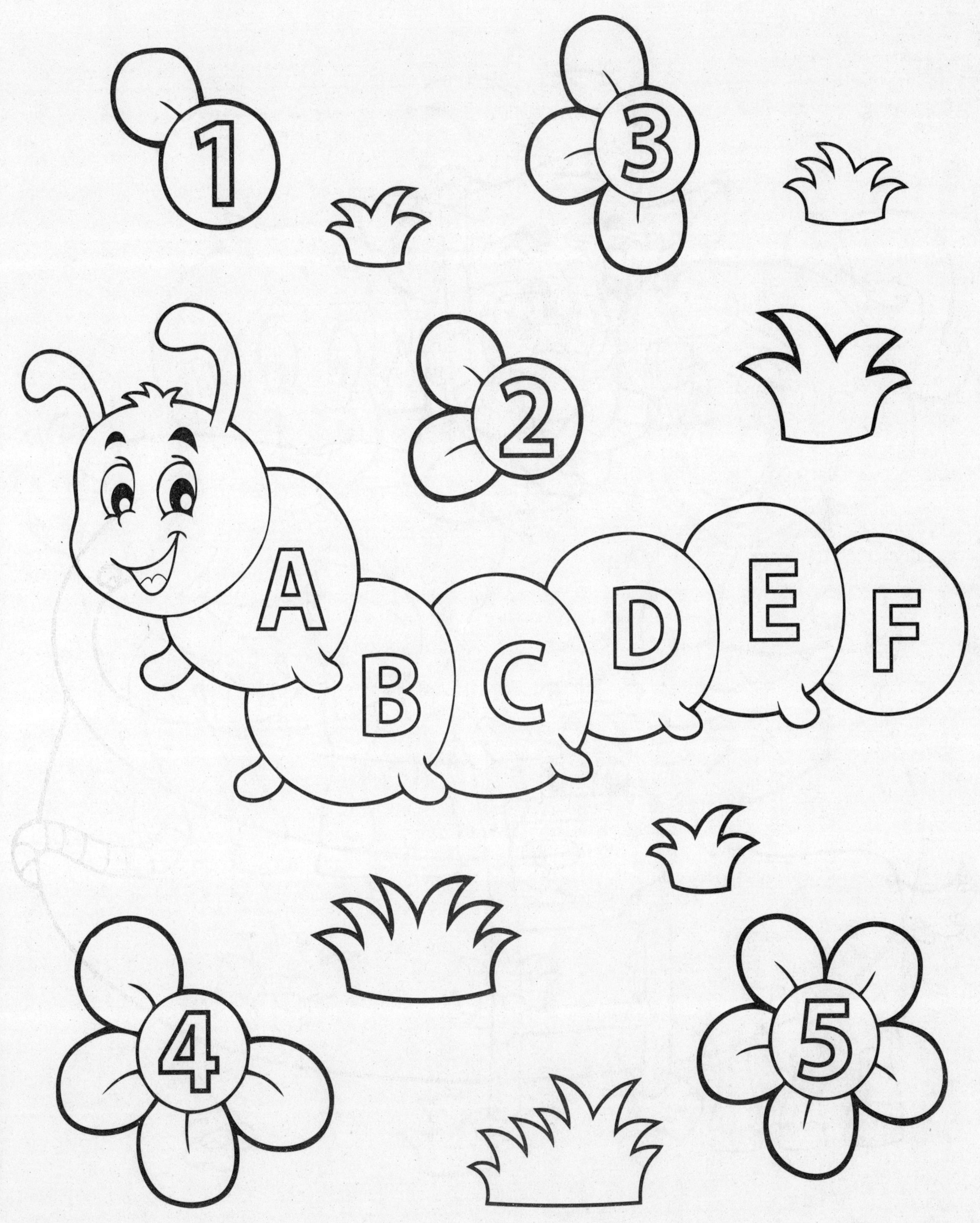
1
3
2
A
B
C
D
E
F
4
5

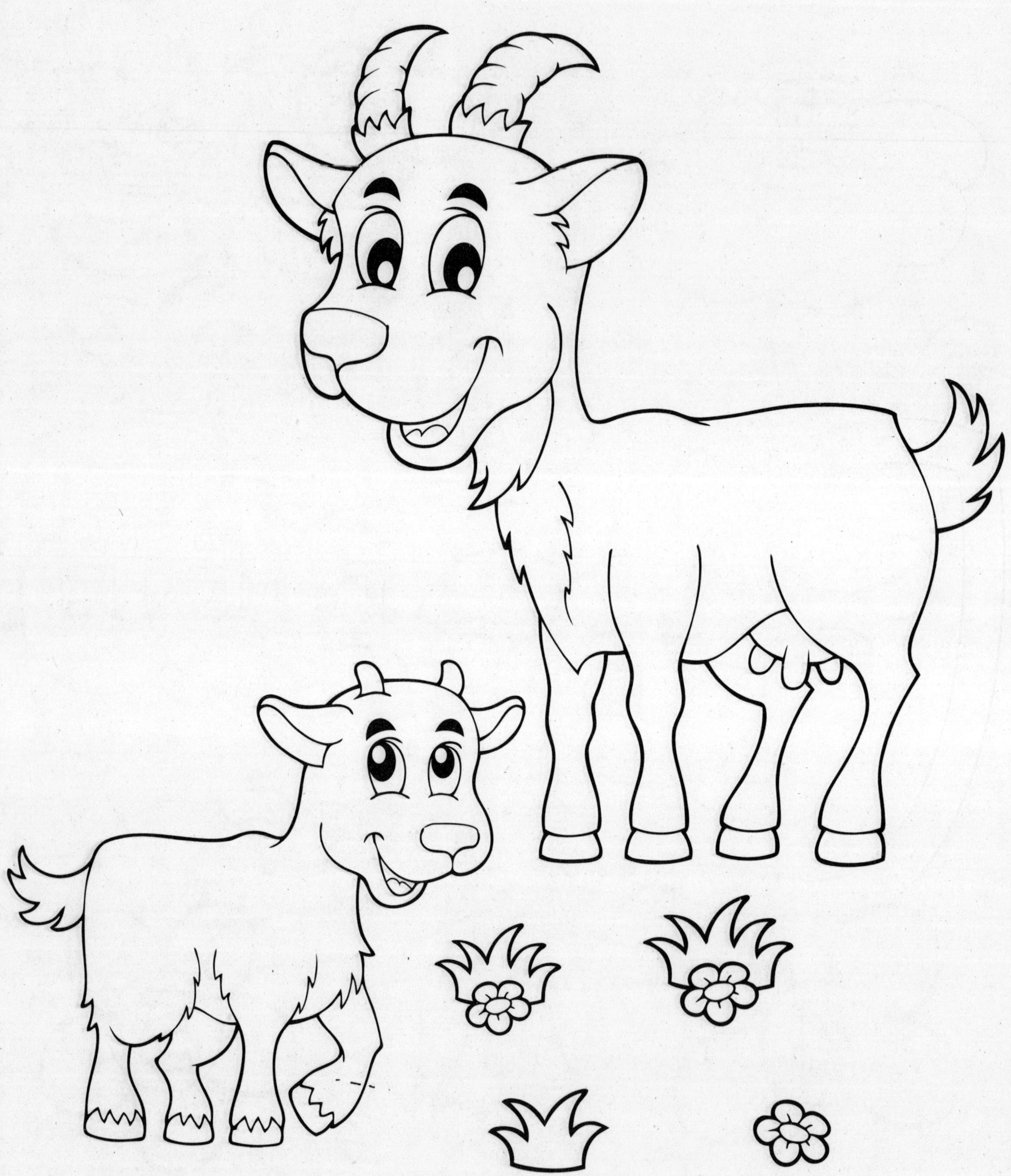

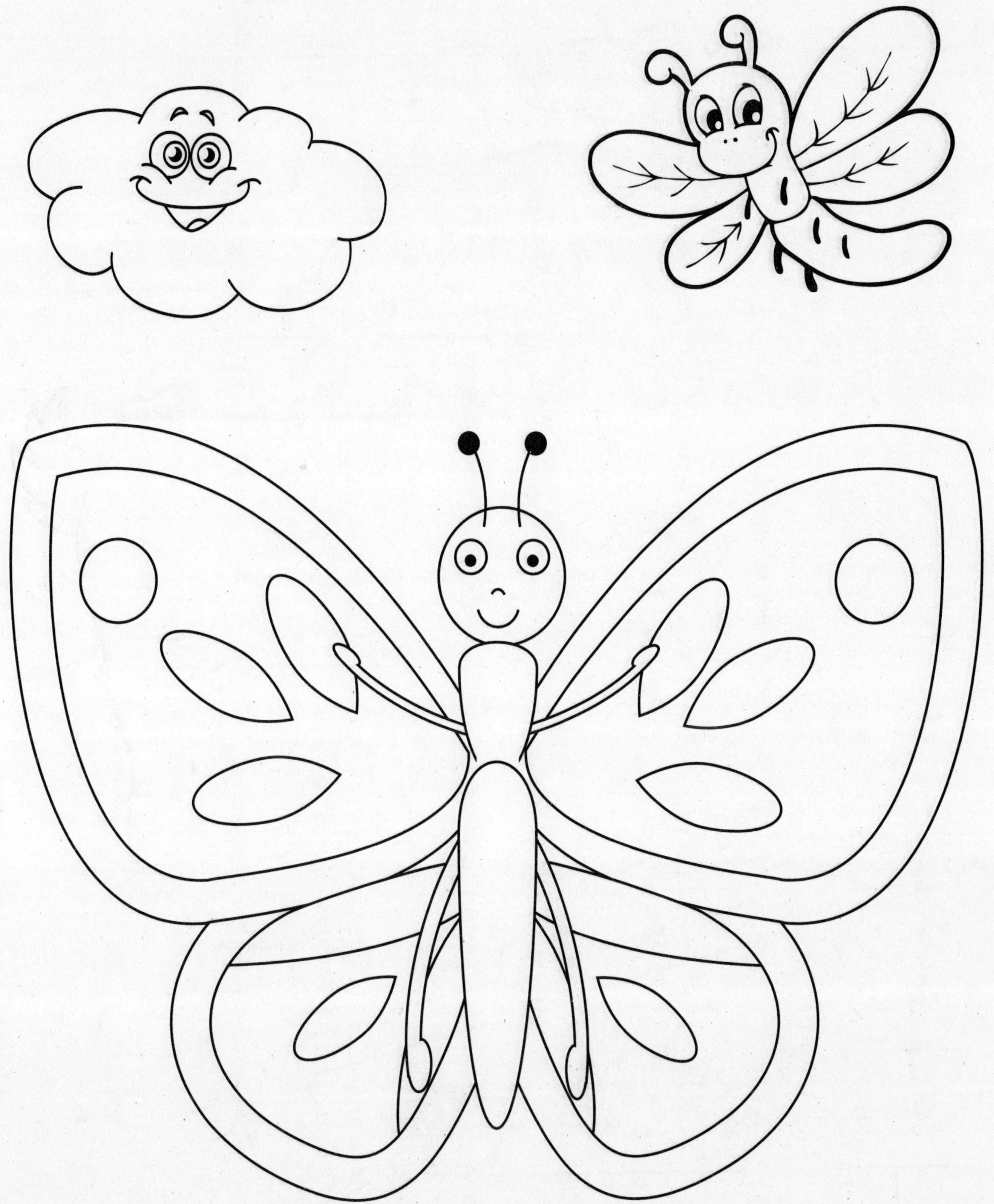

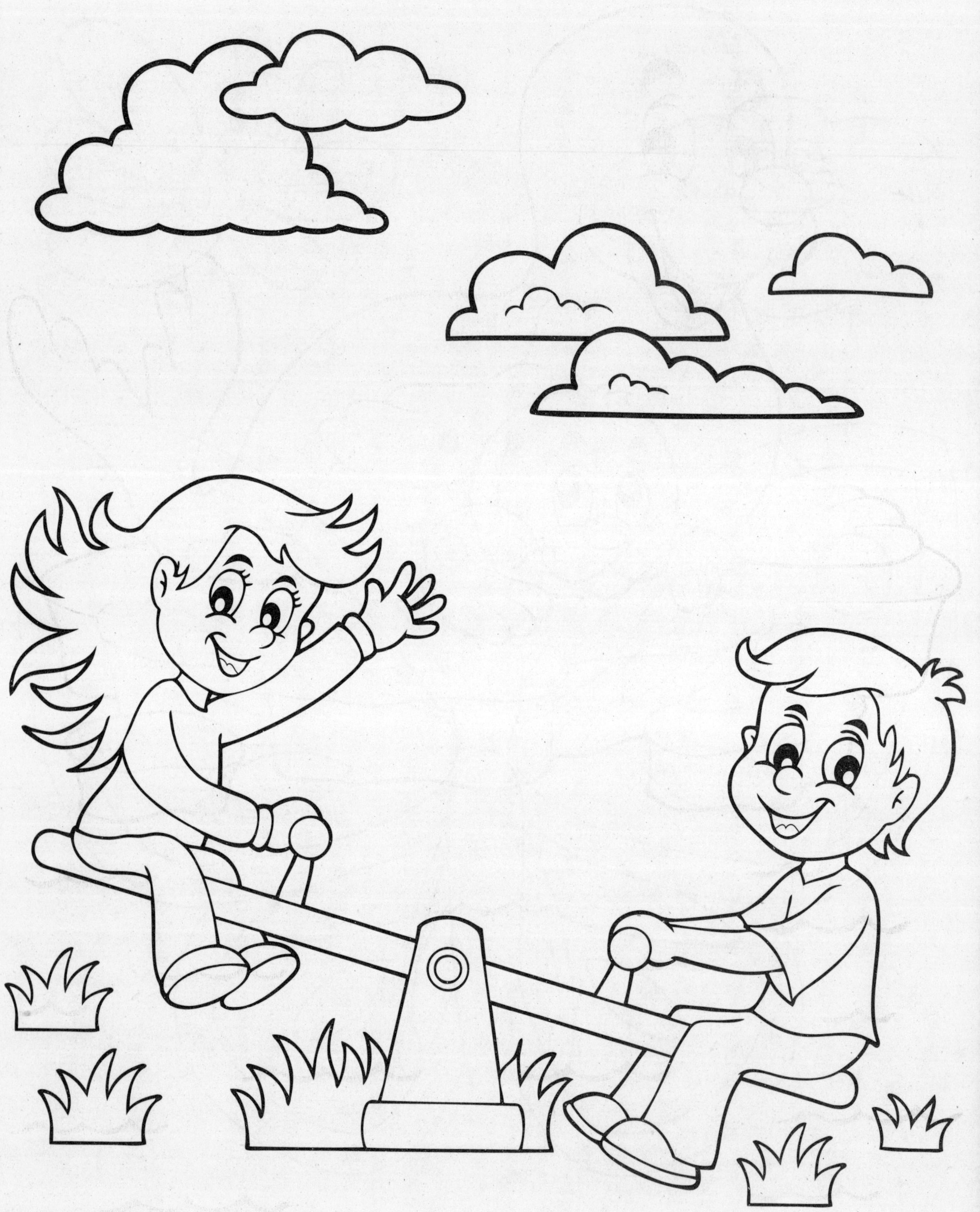

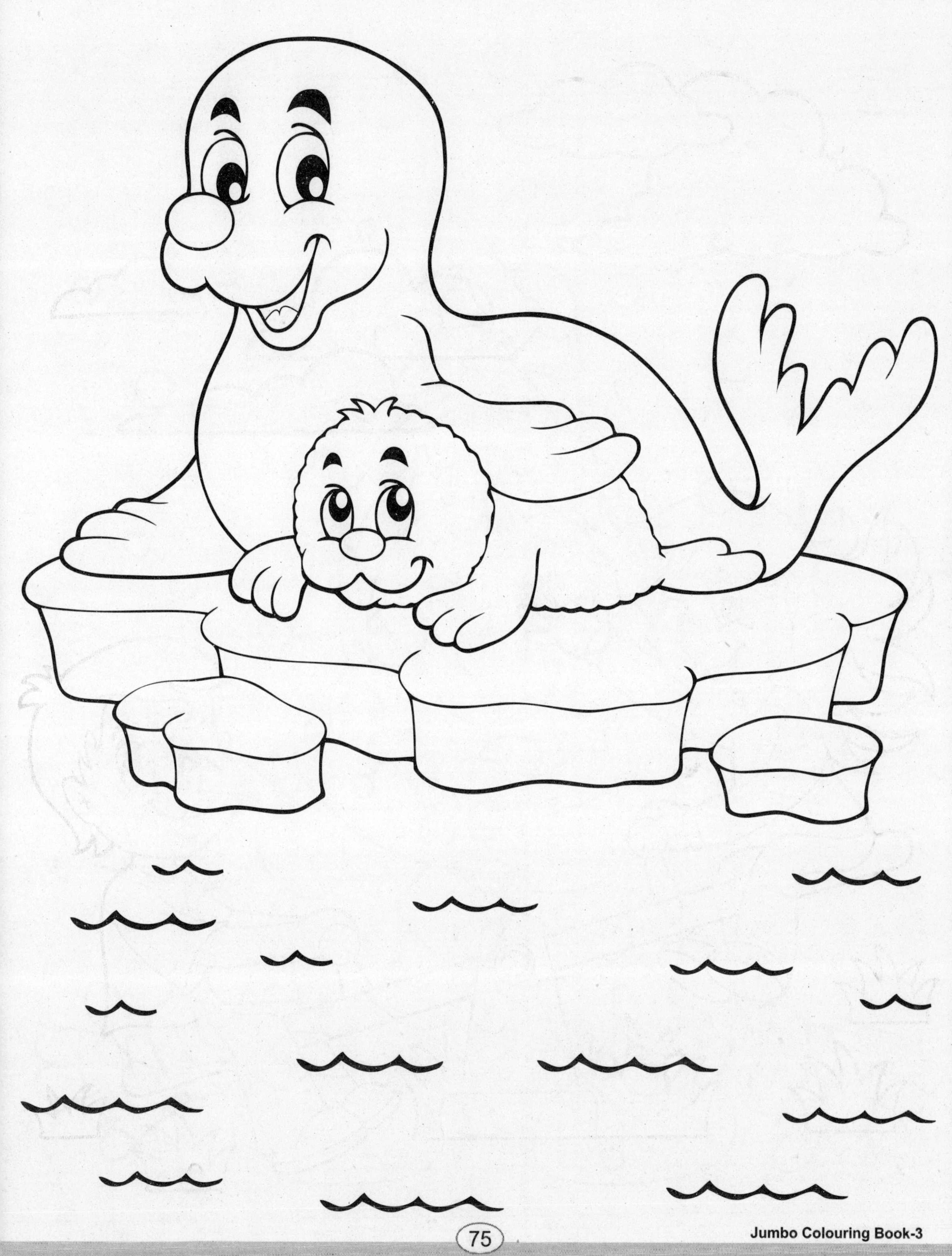

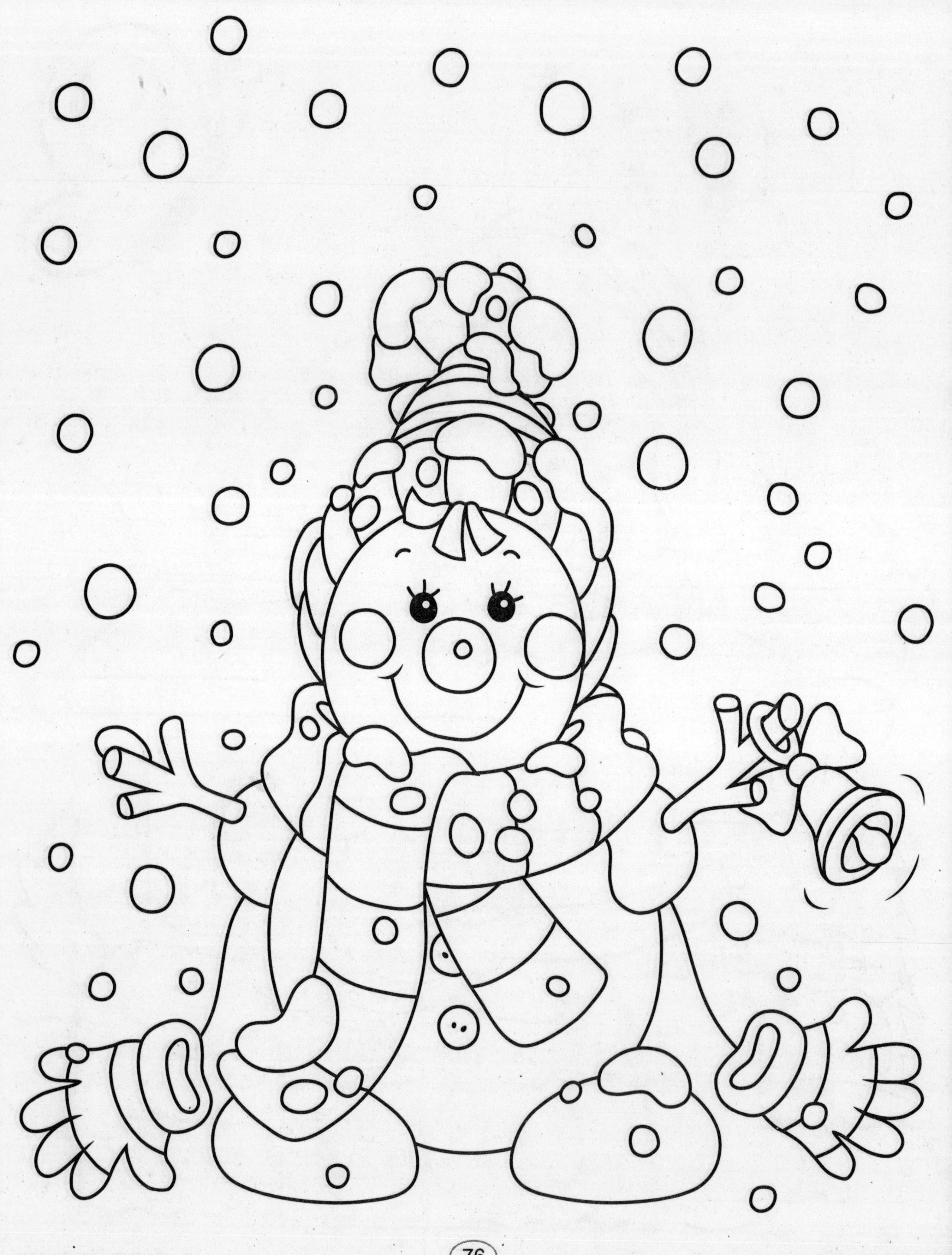

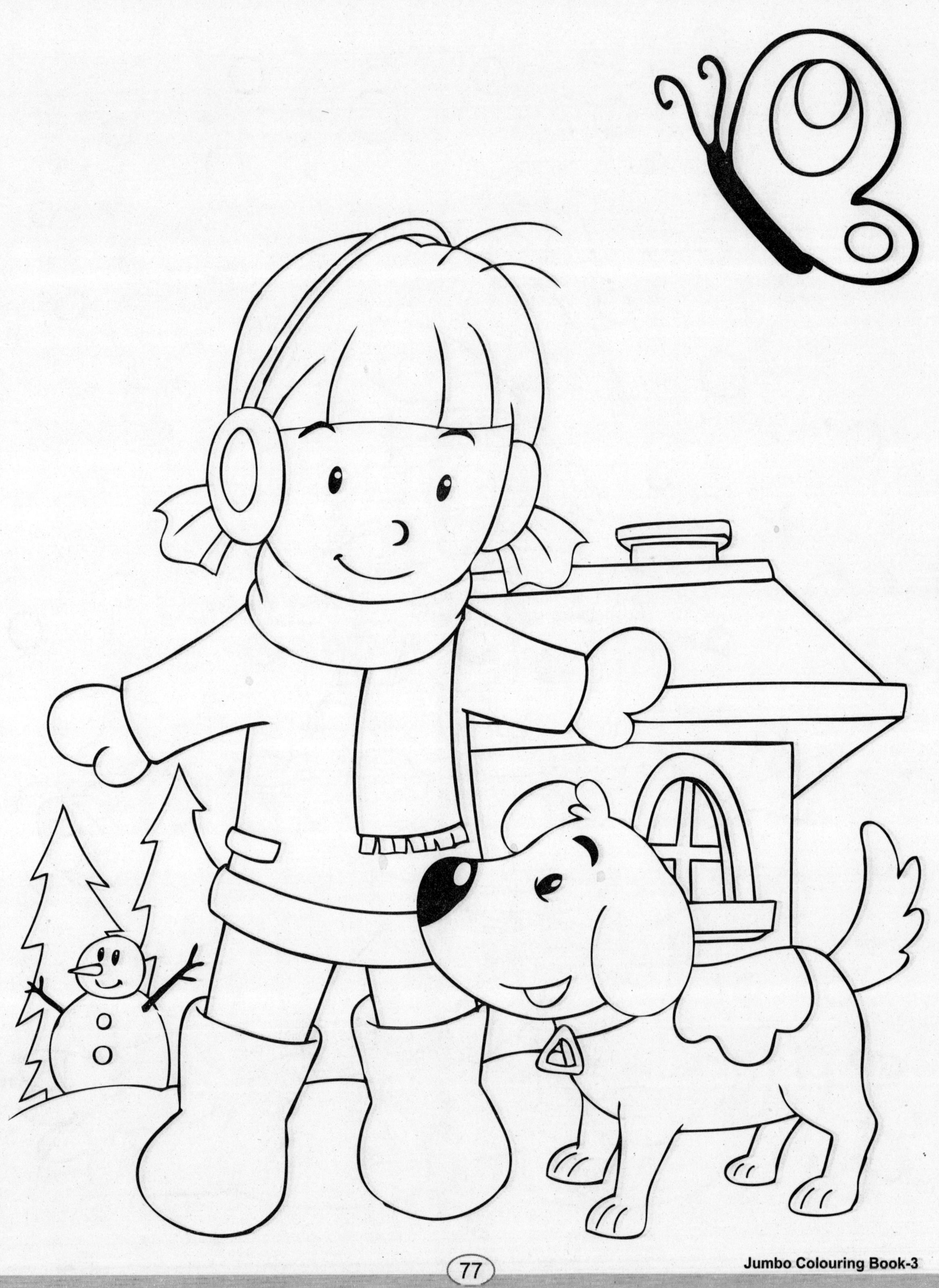

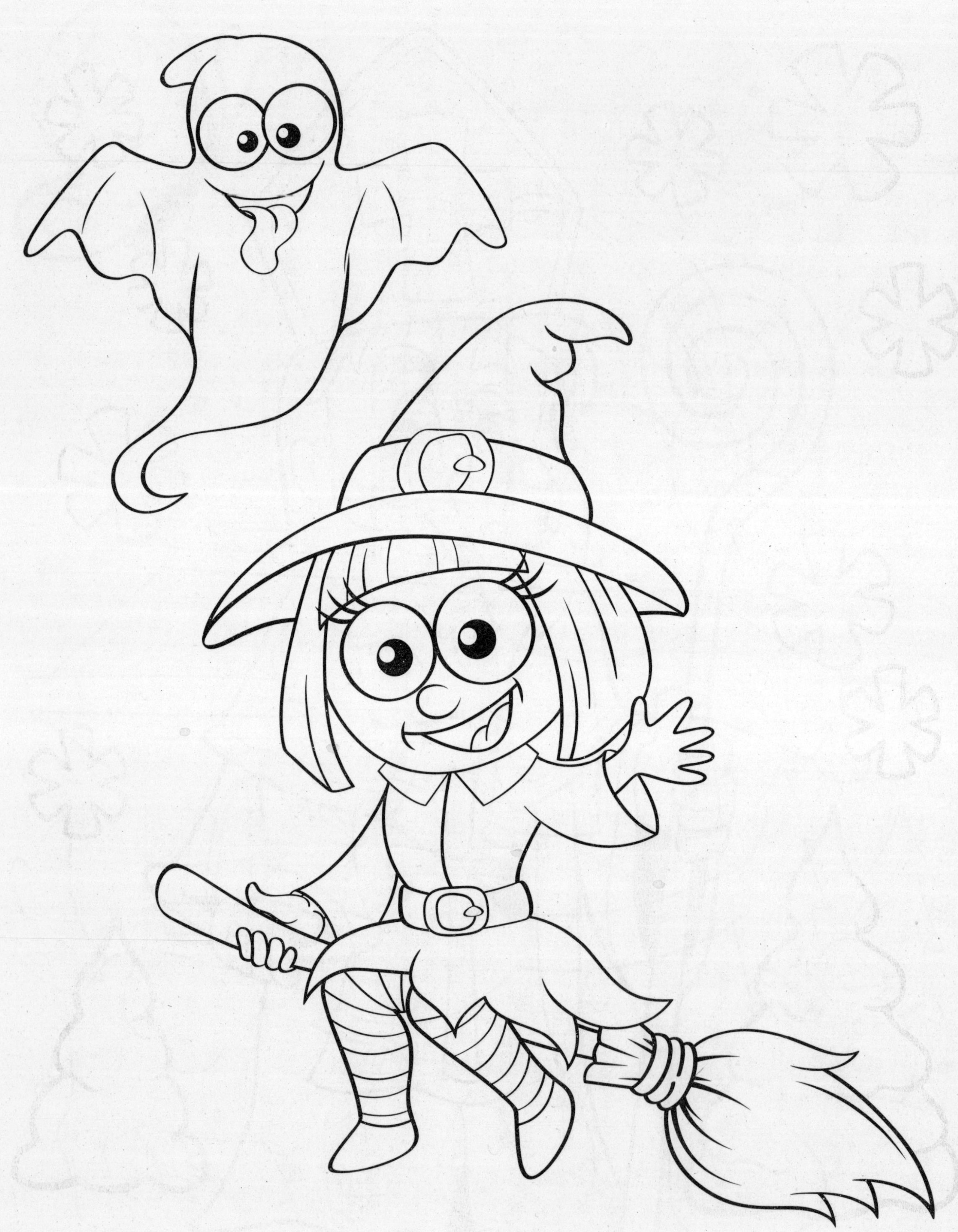

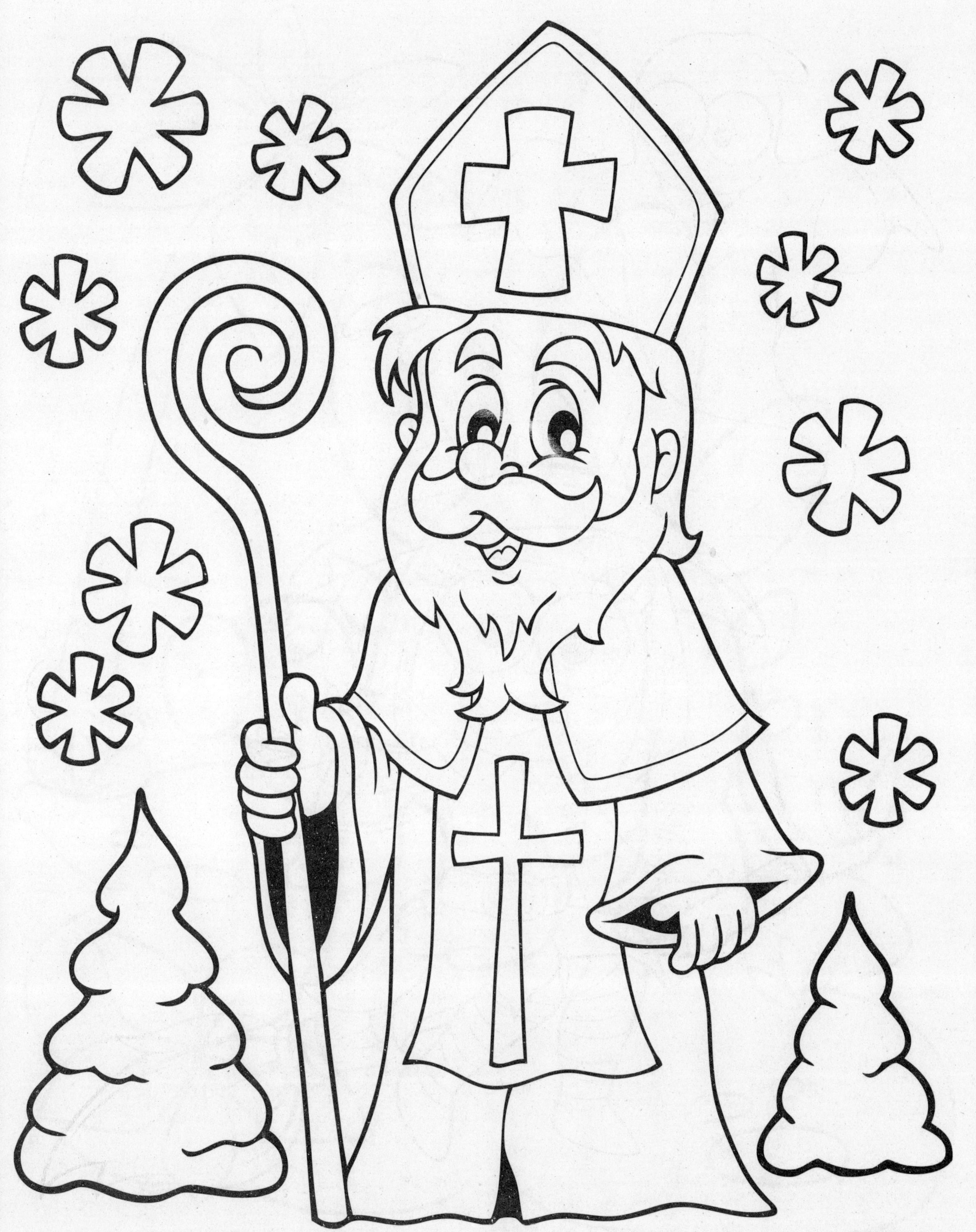

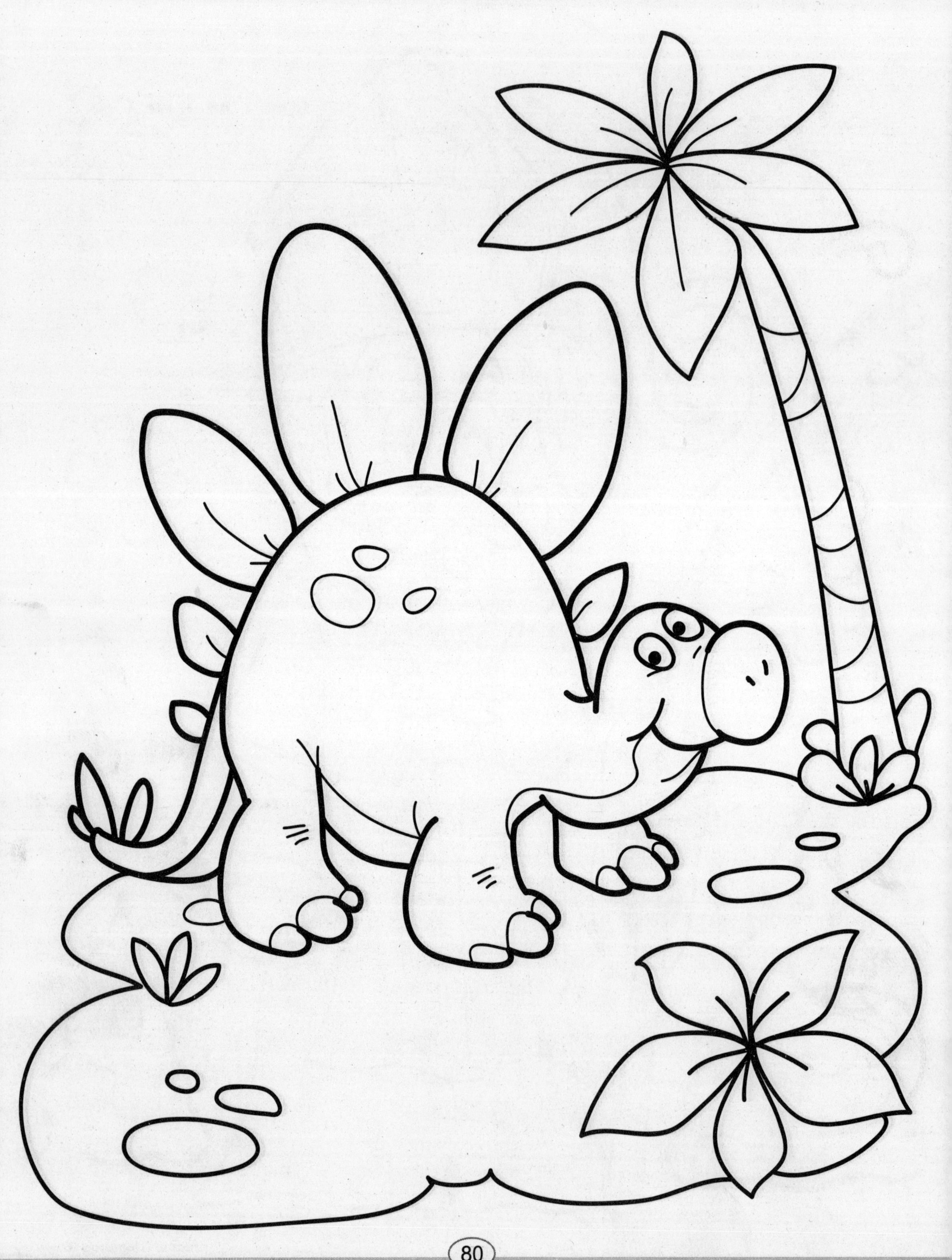

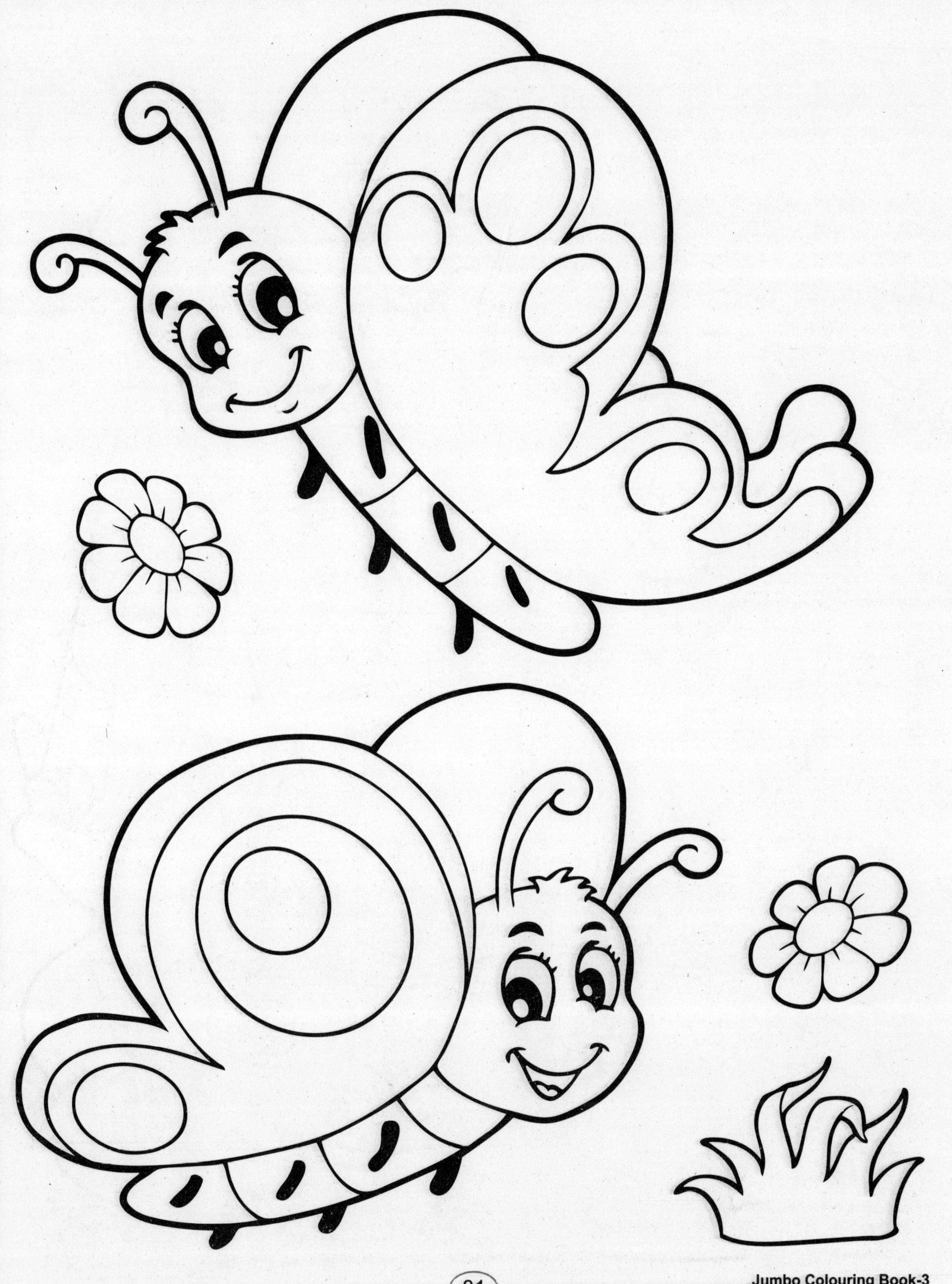

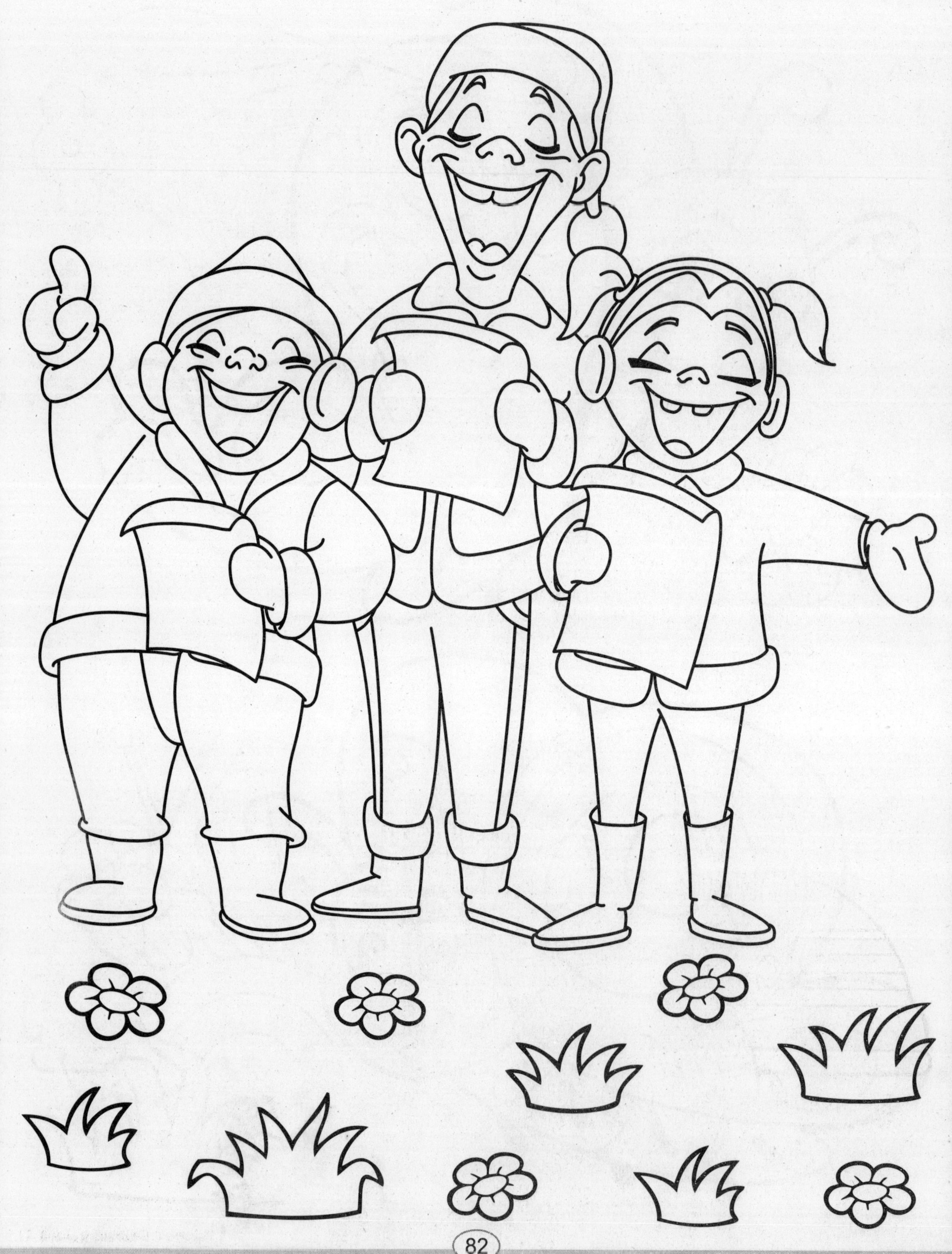

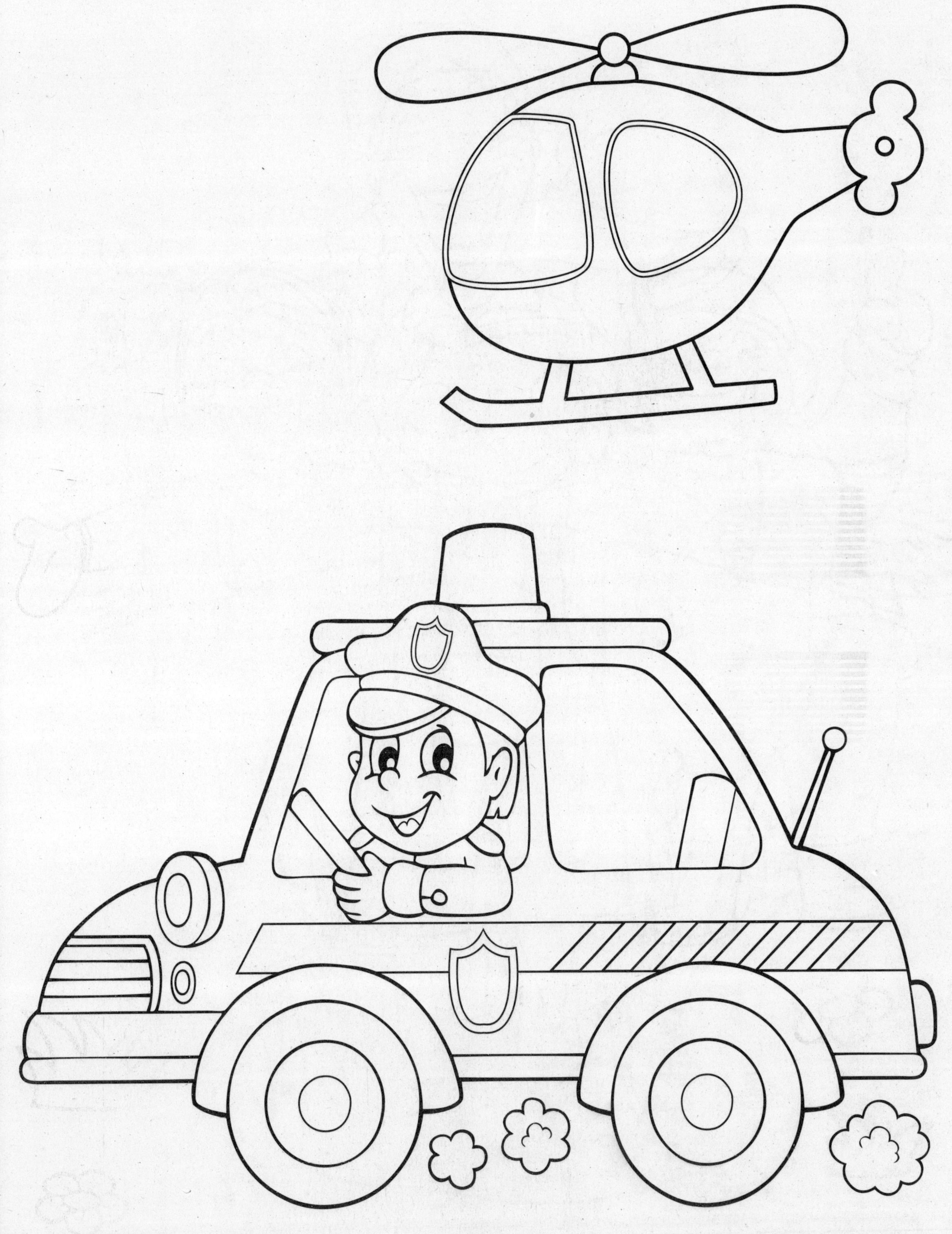

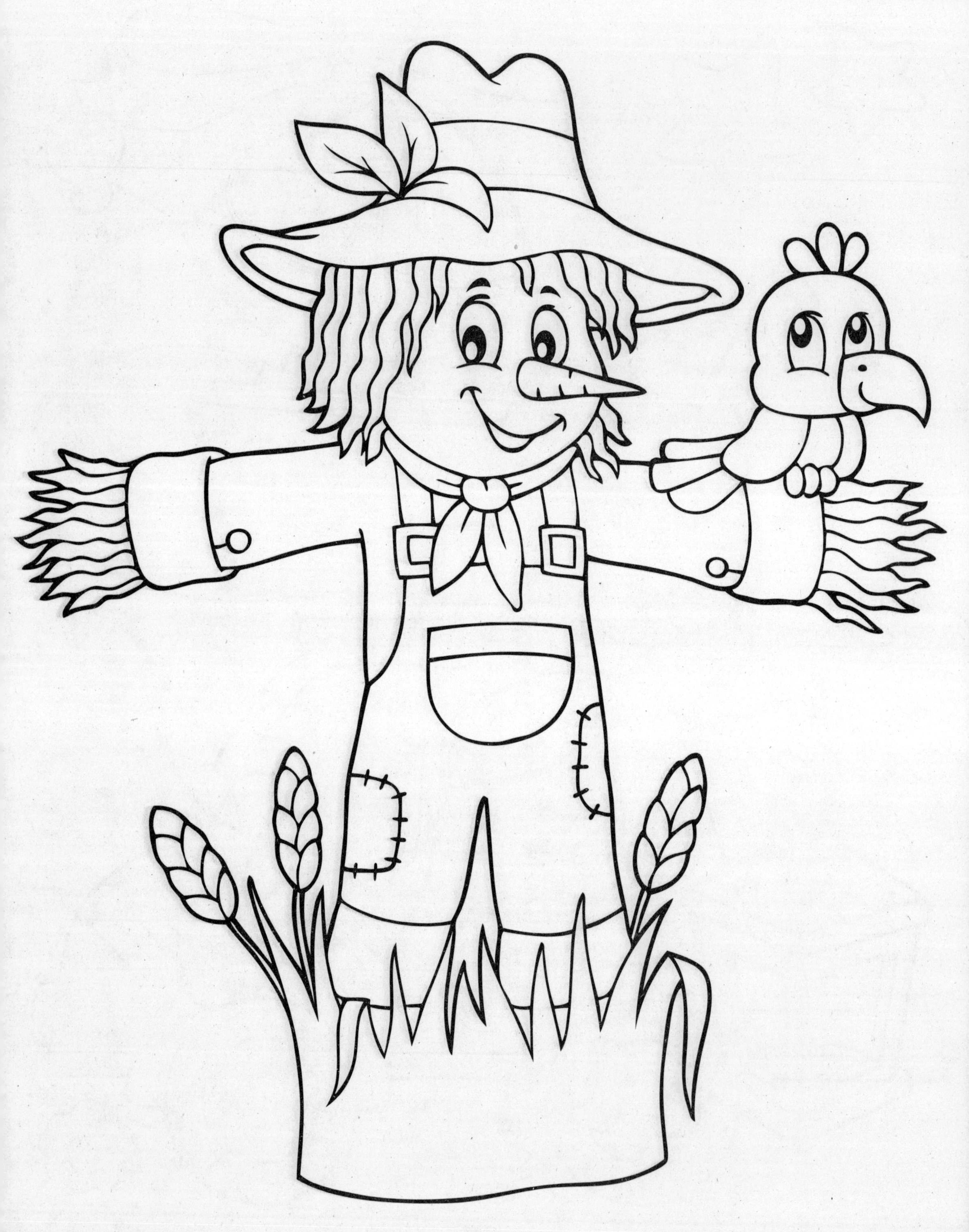

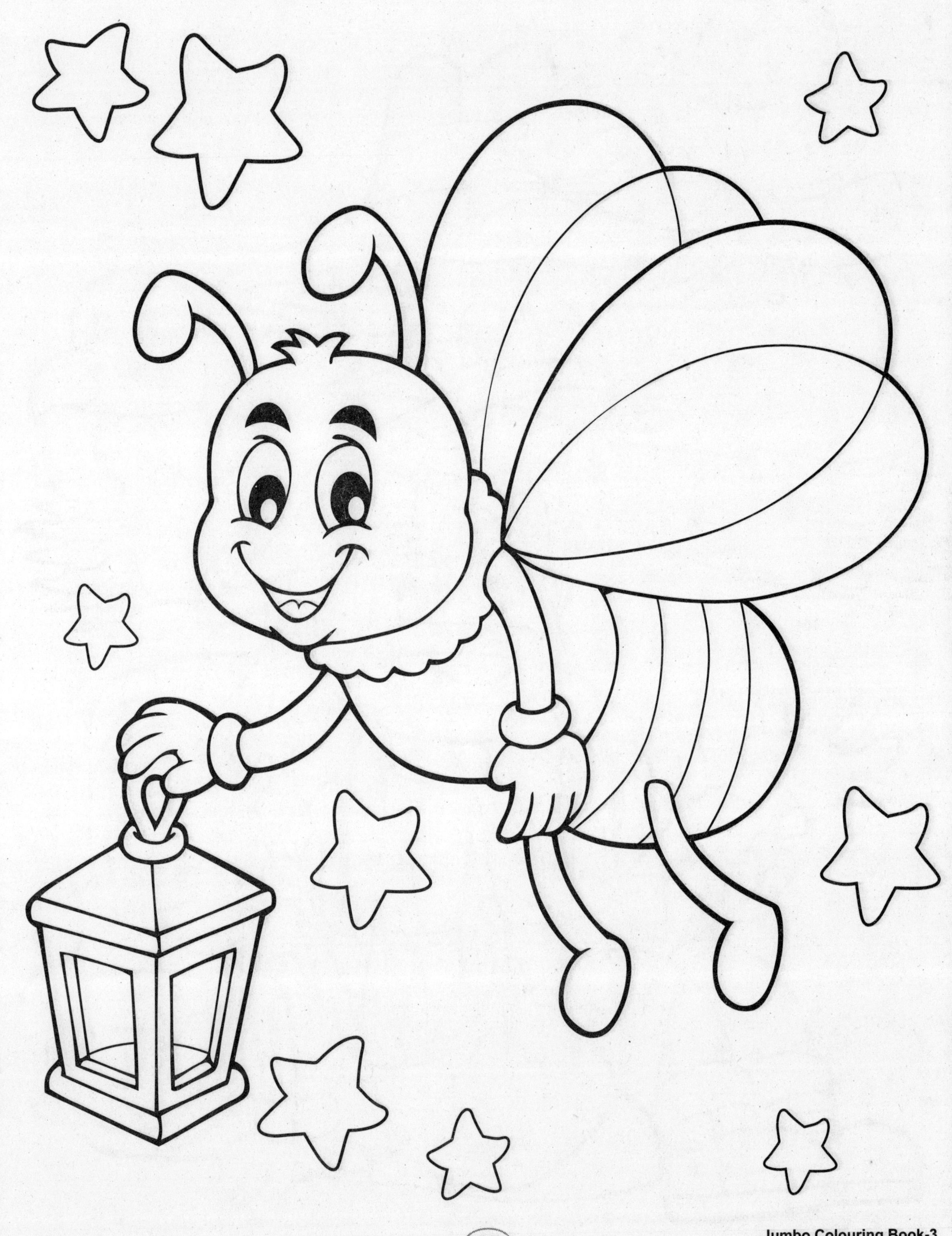

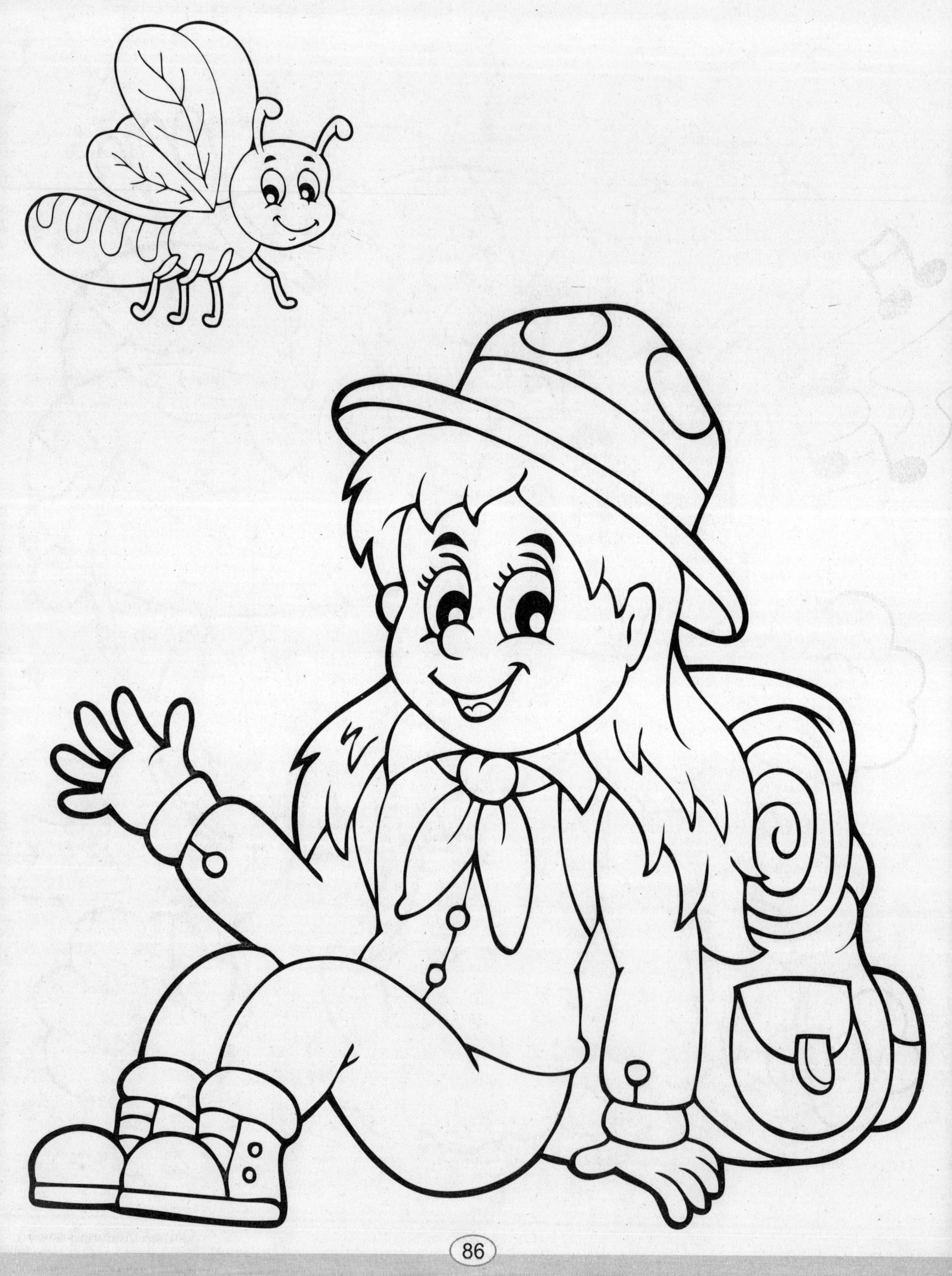

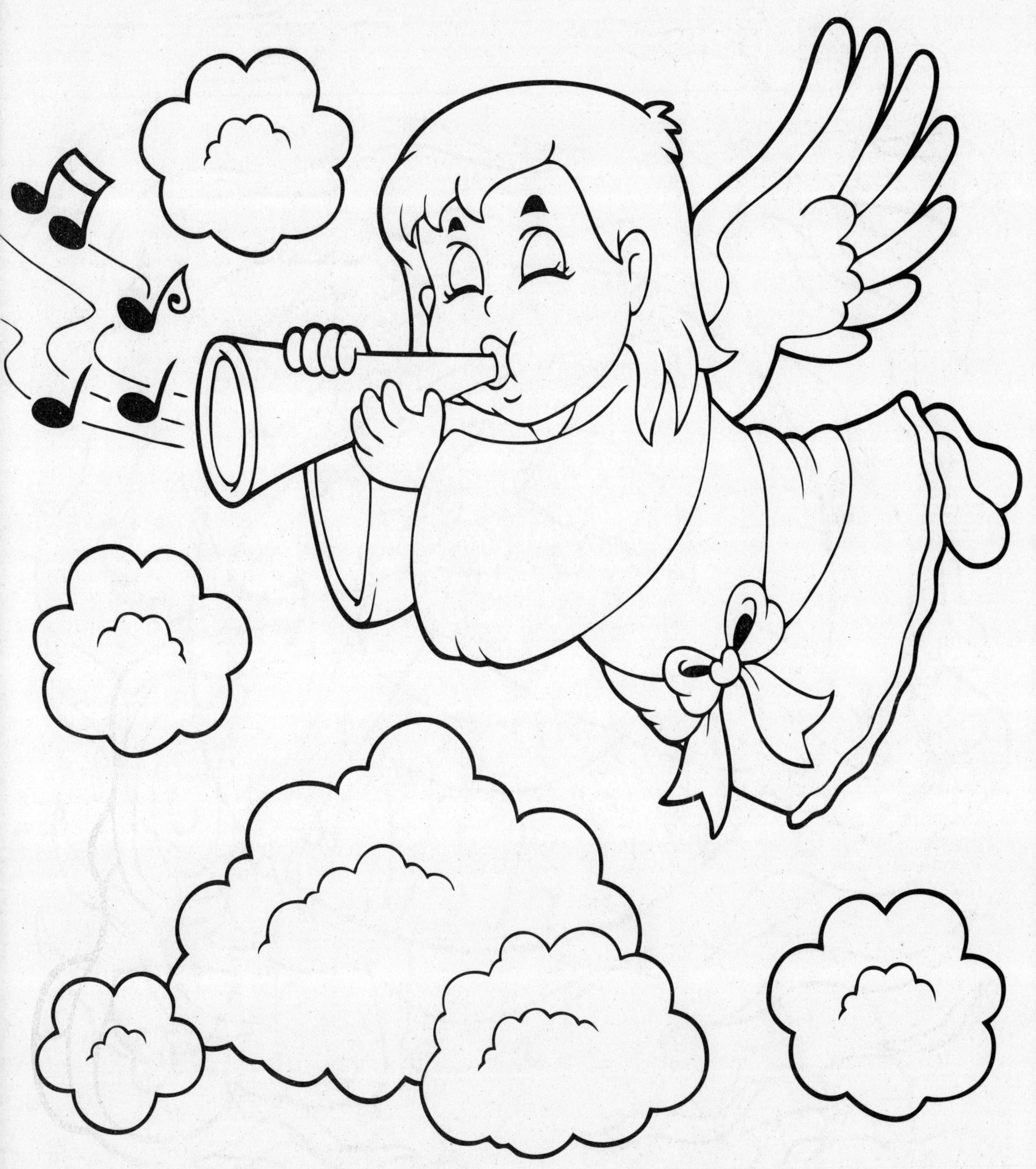

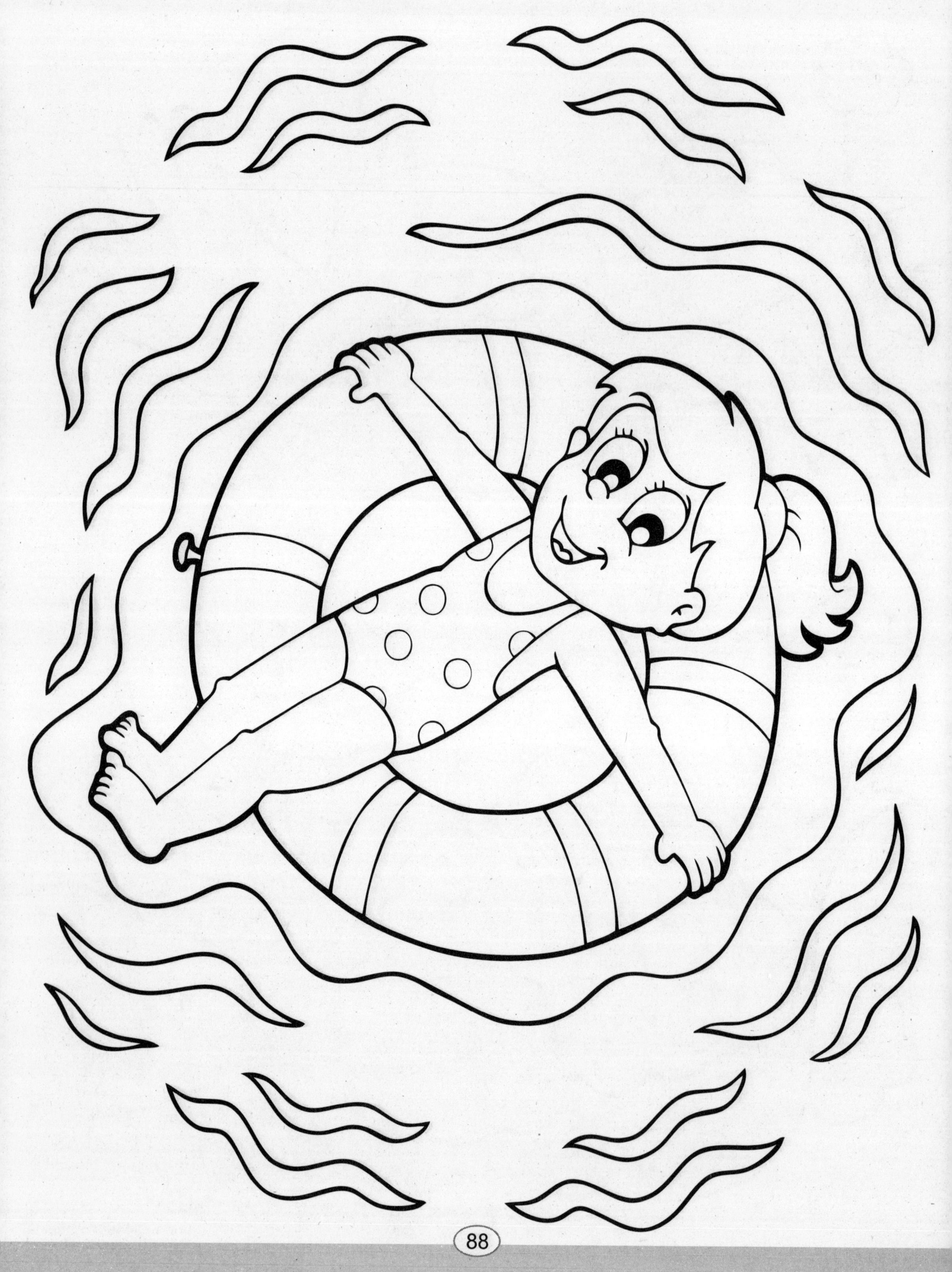

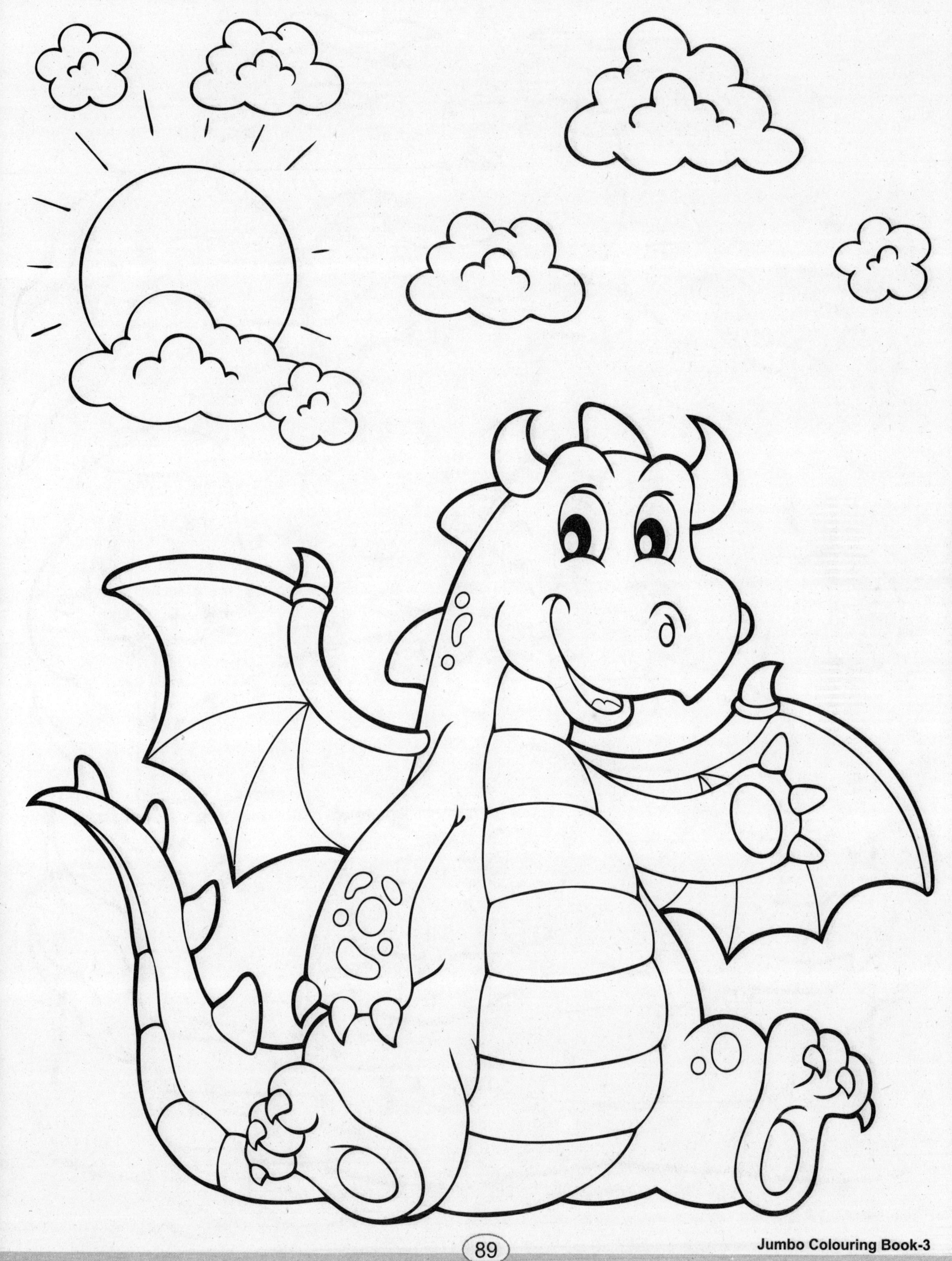

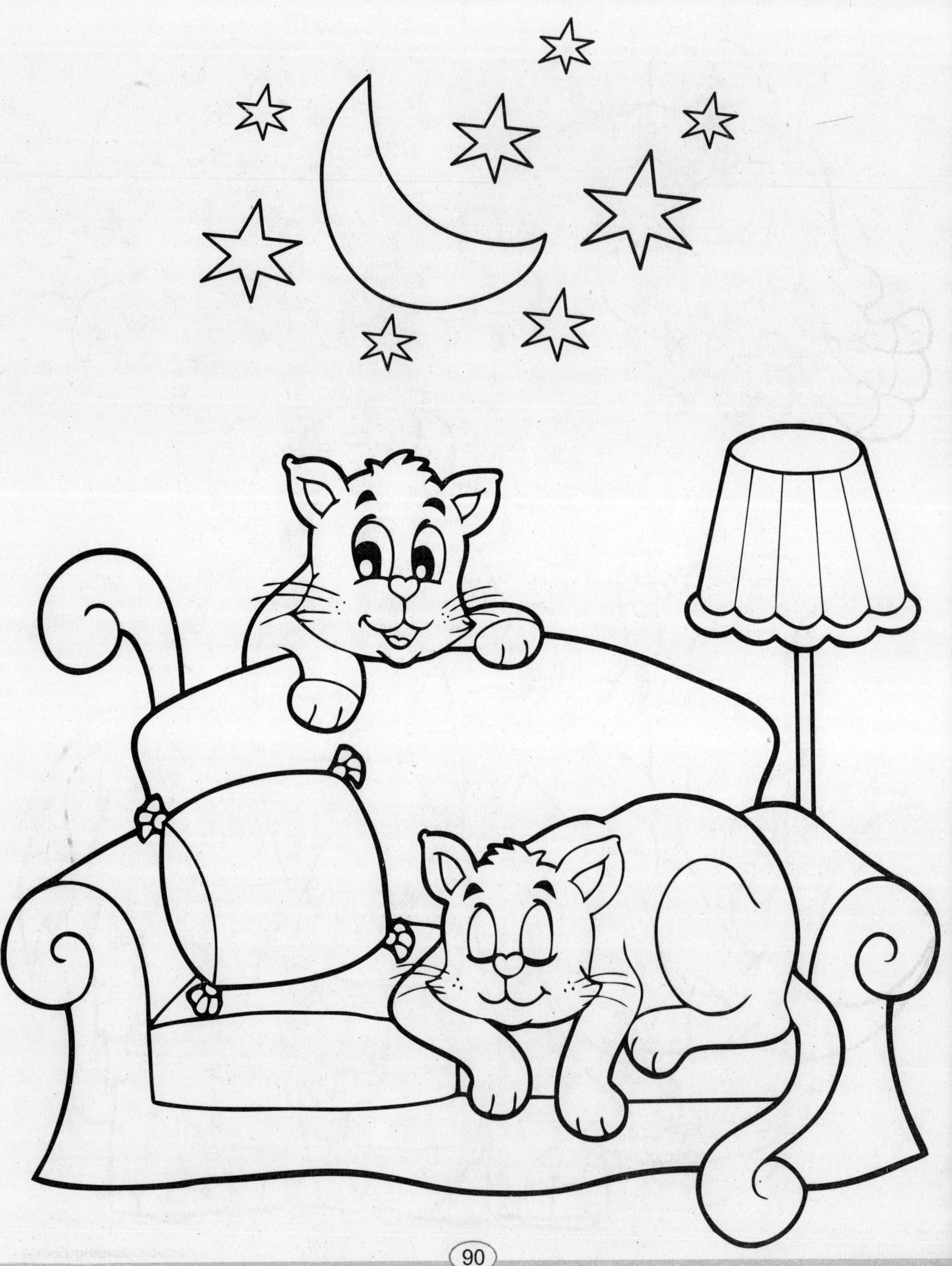

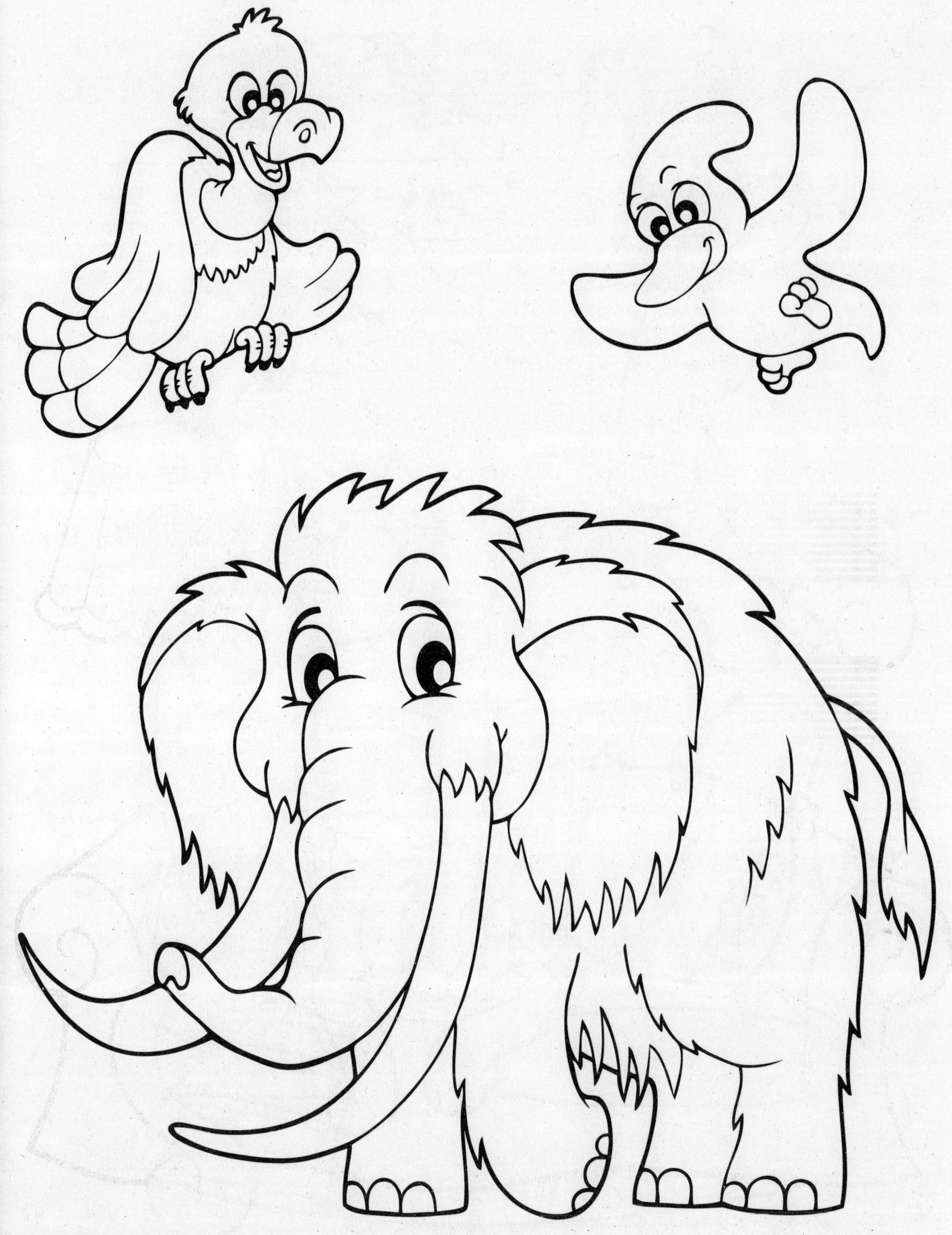

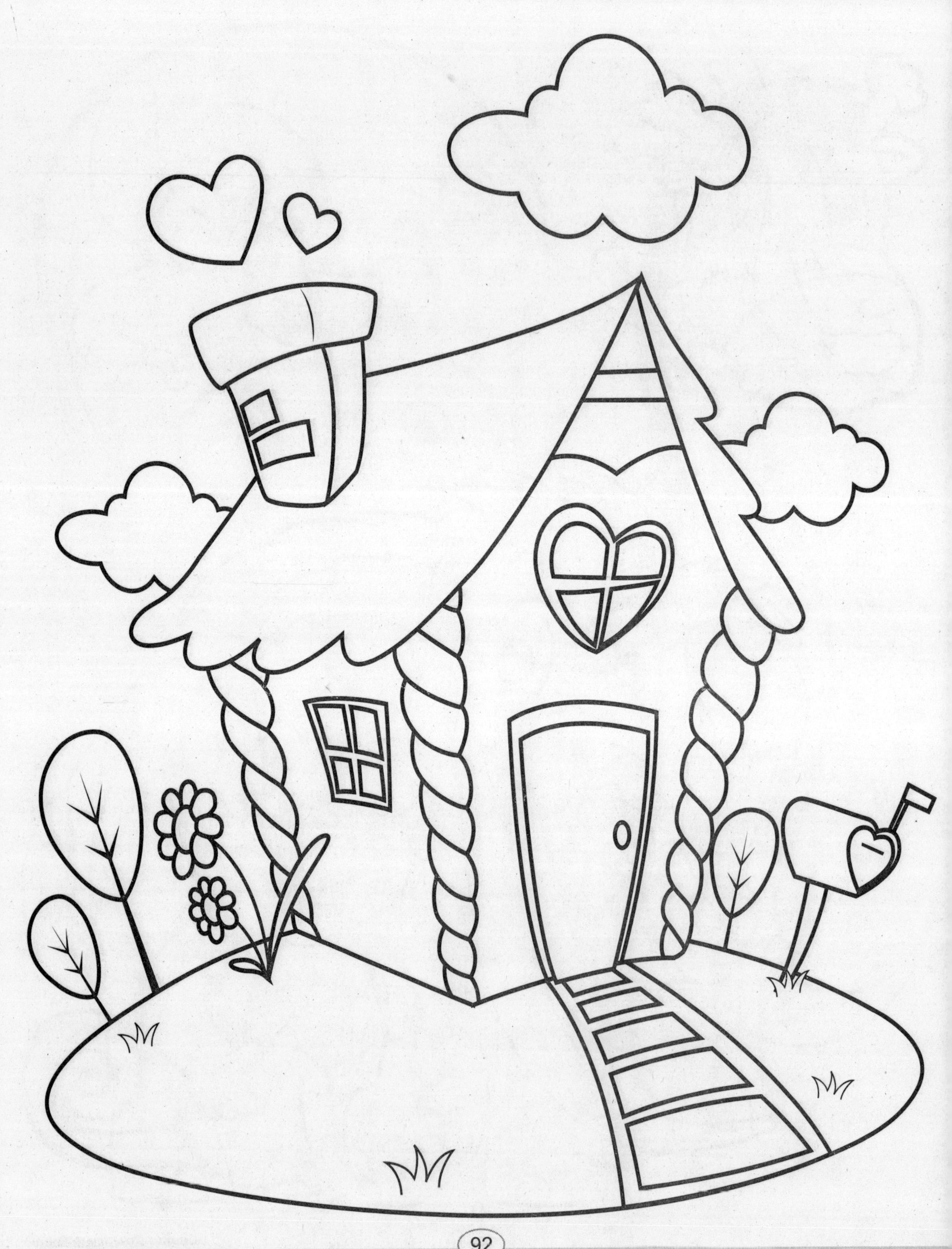

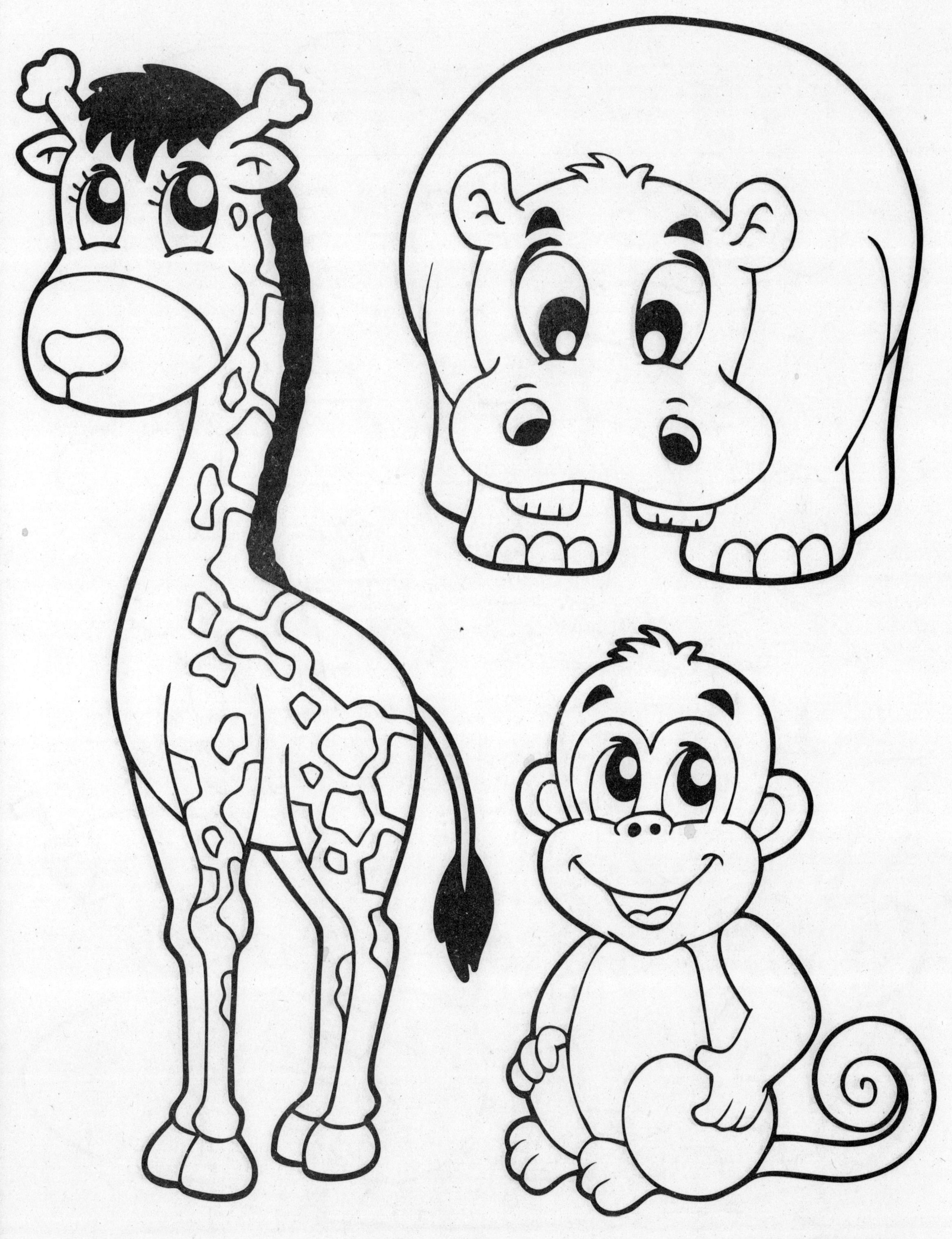

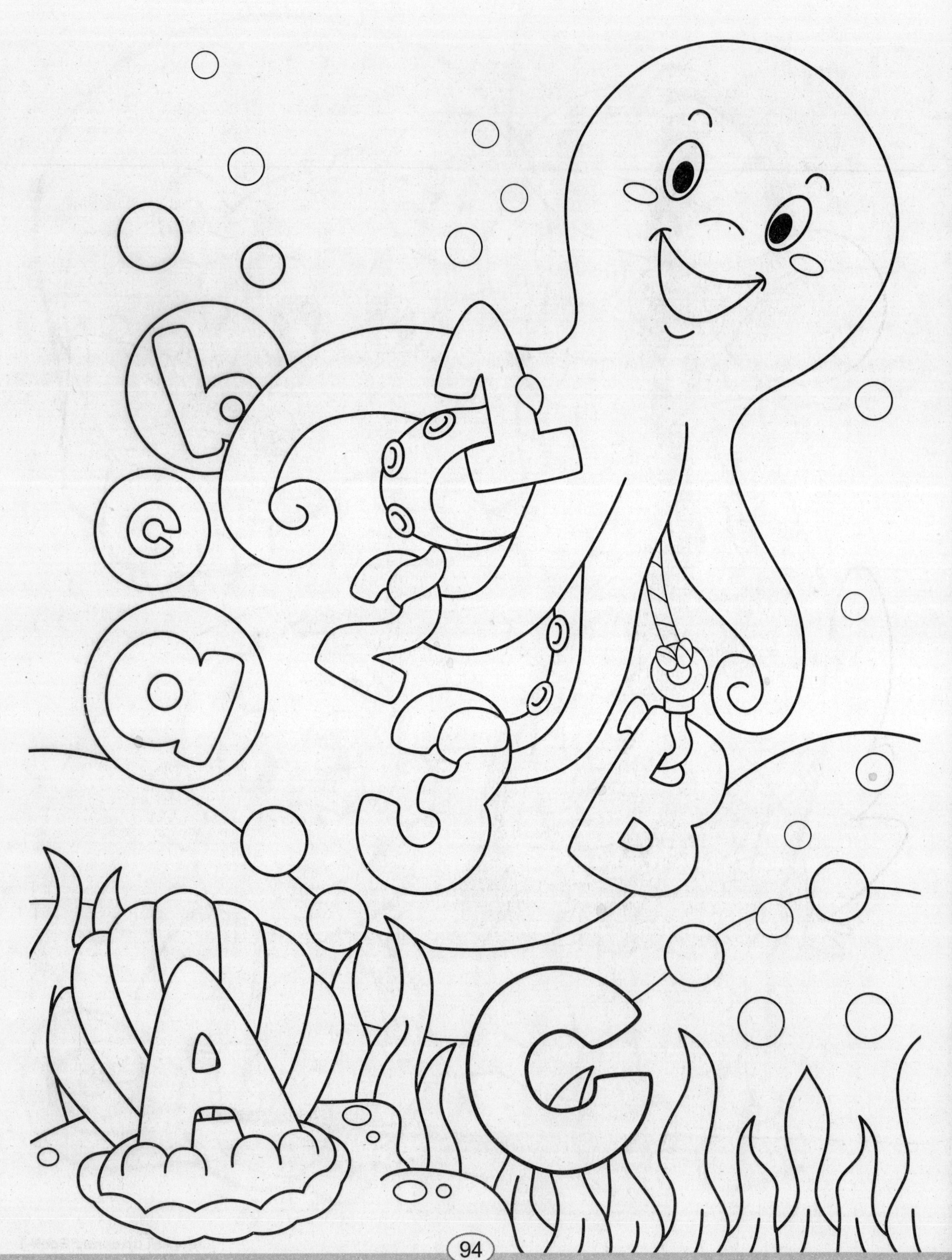

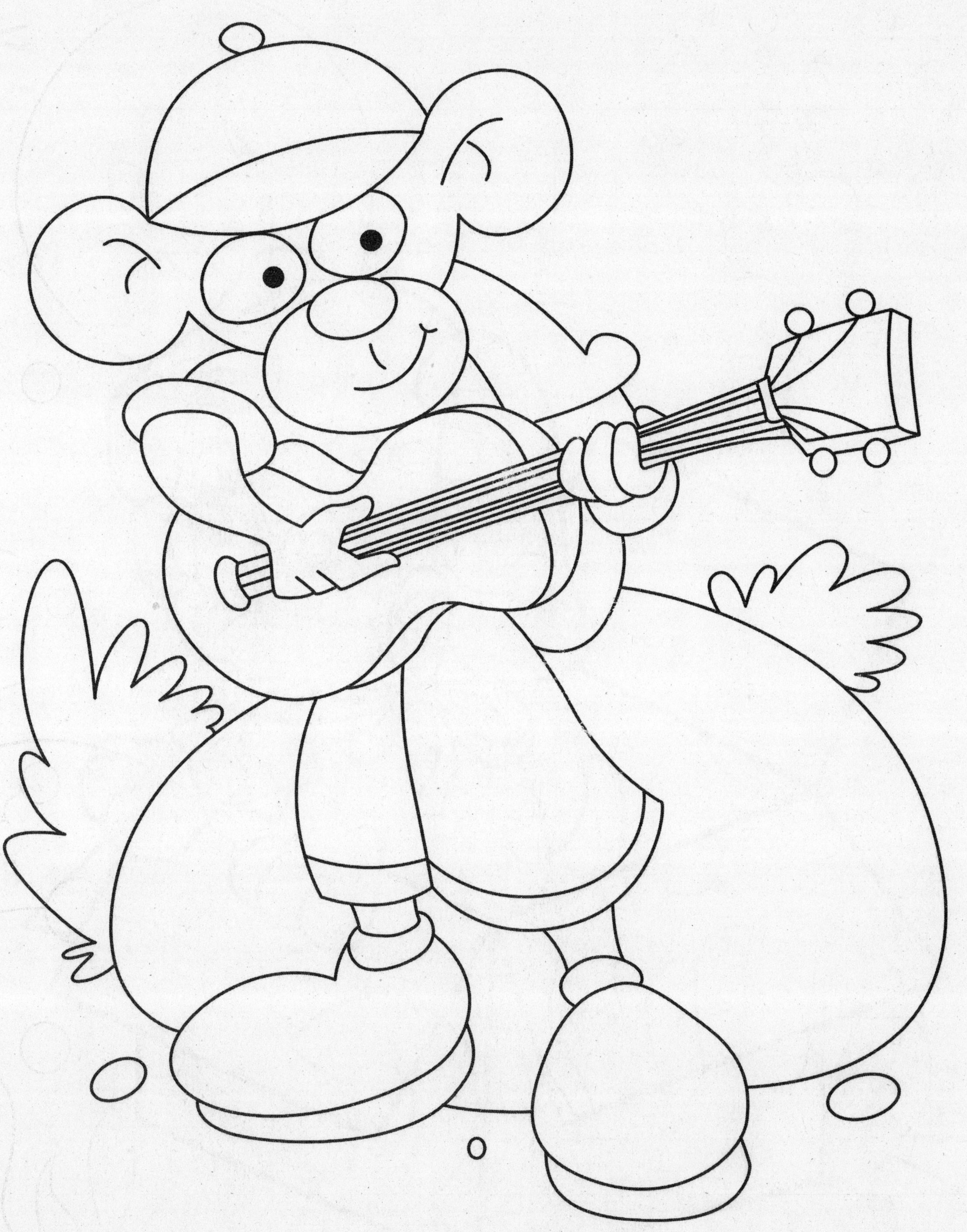

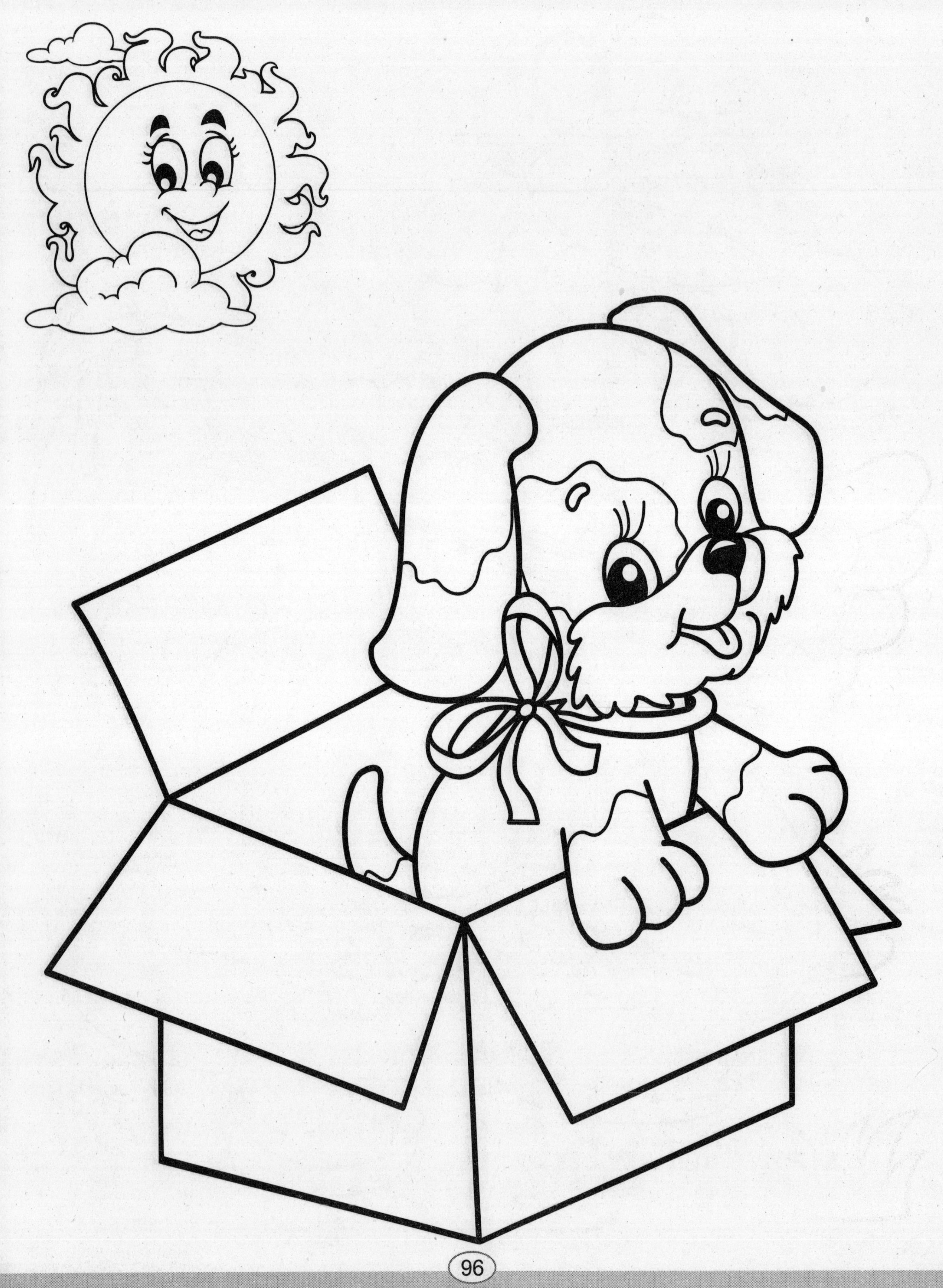

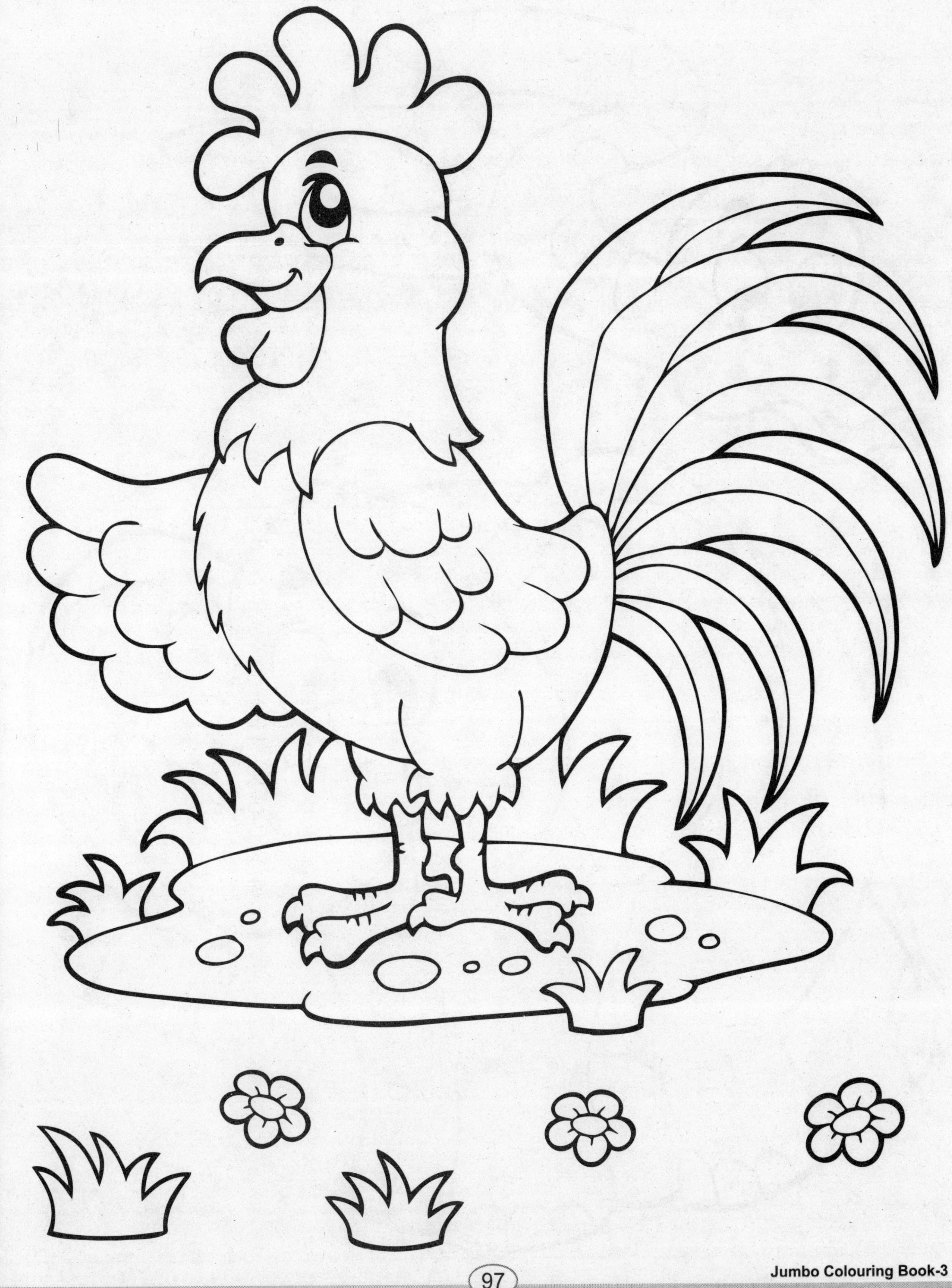

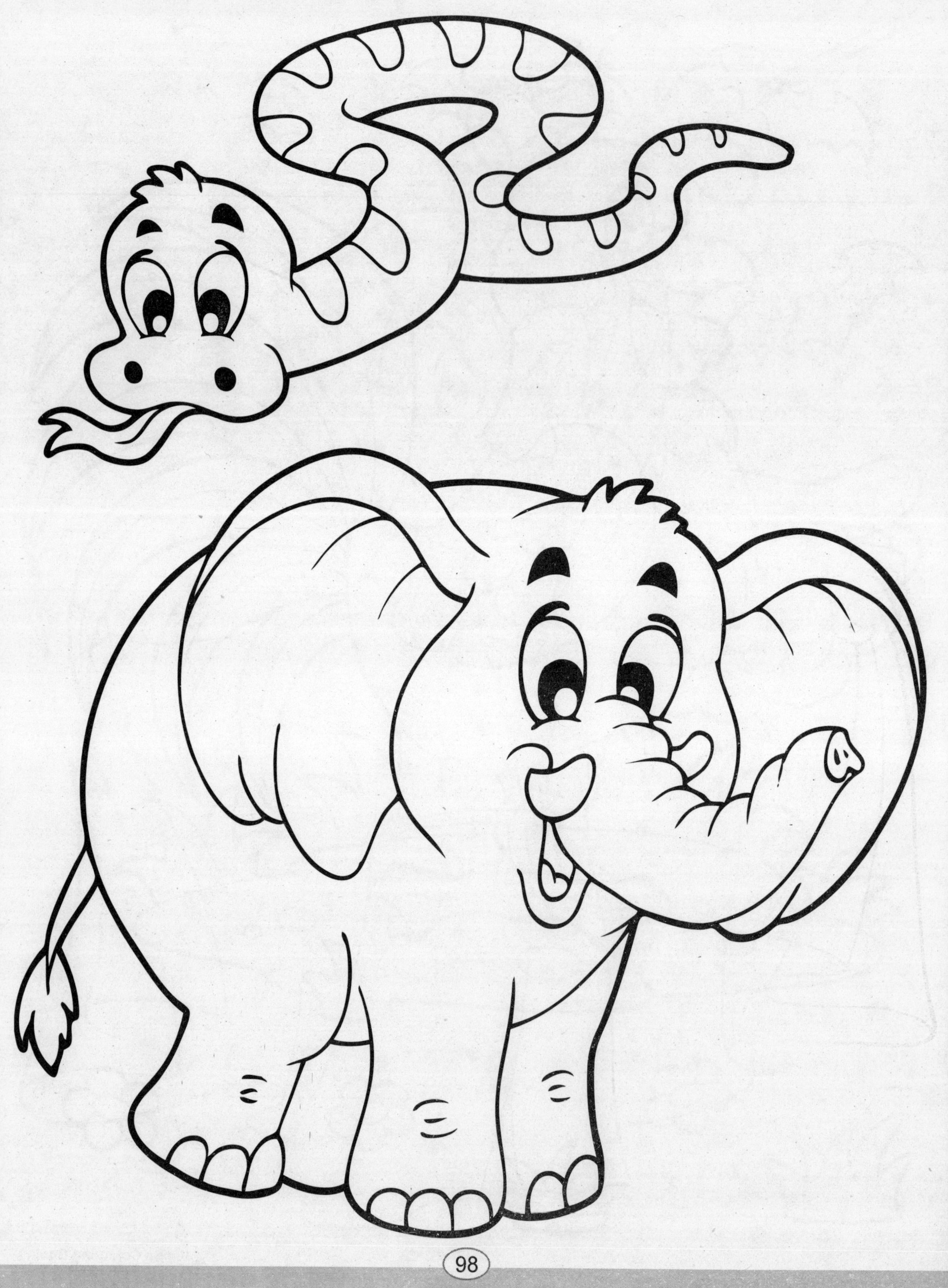

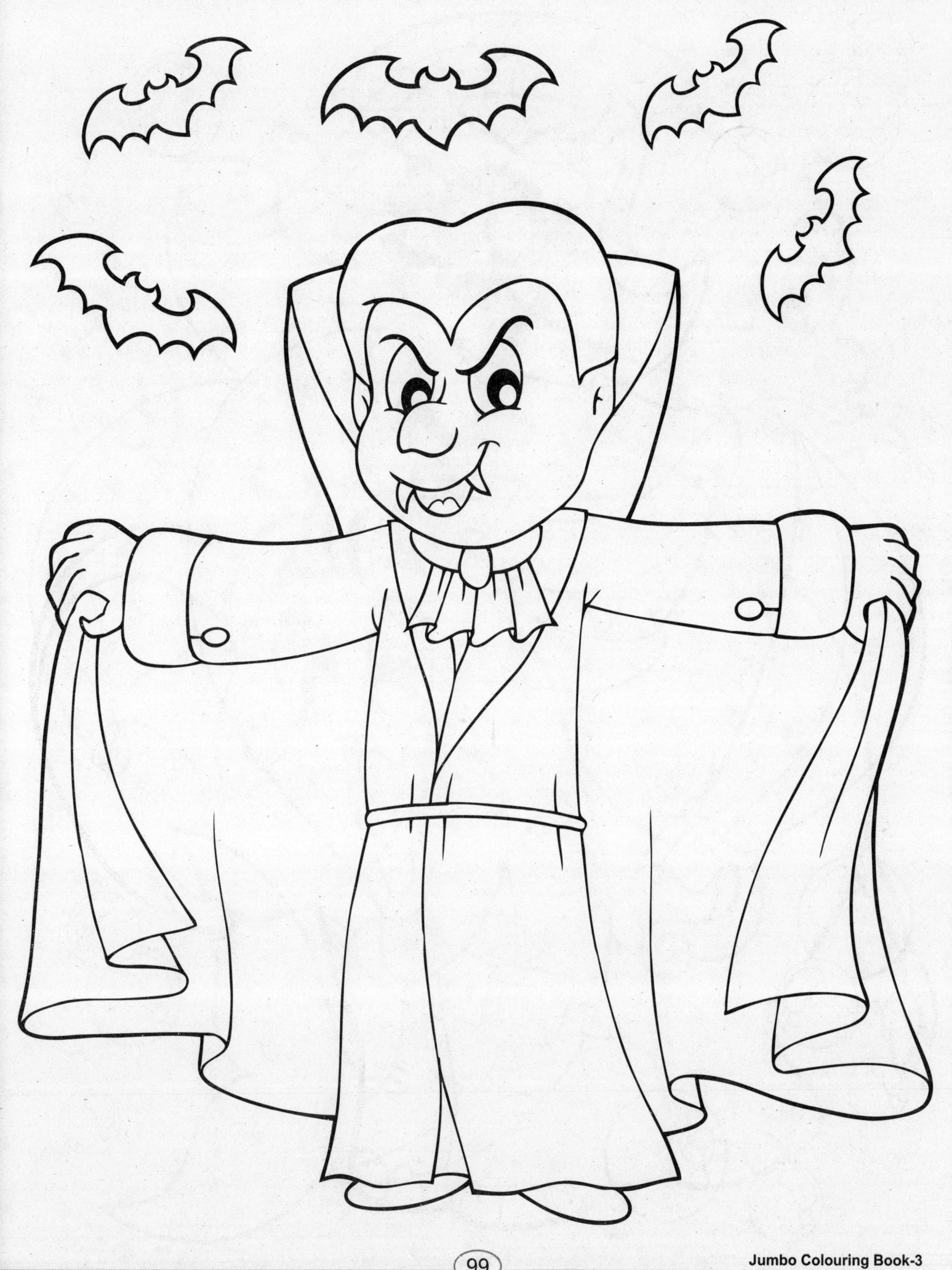

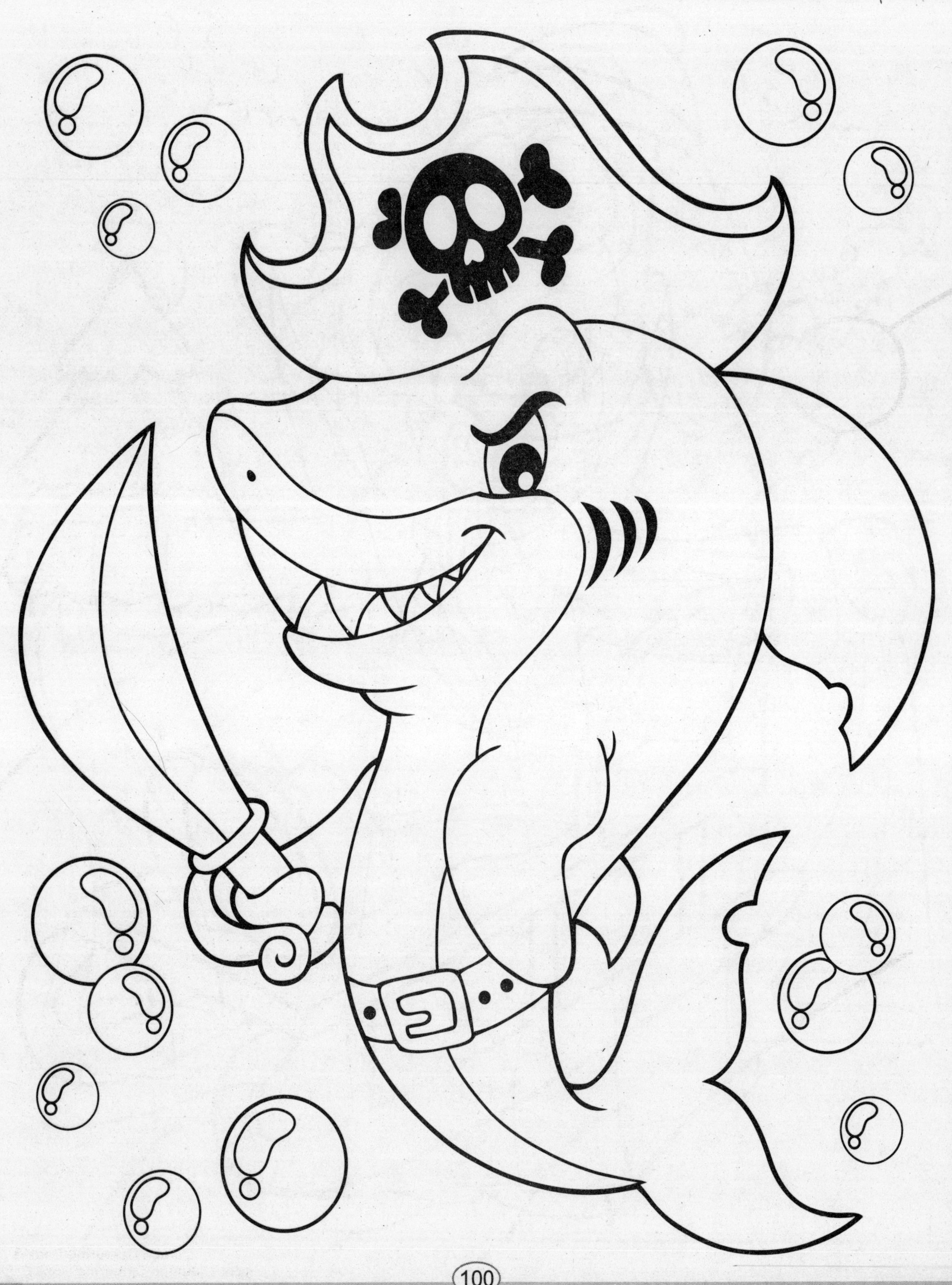

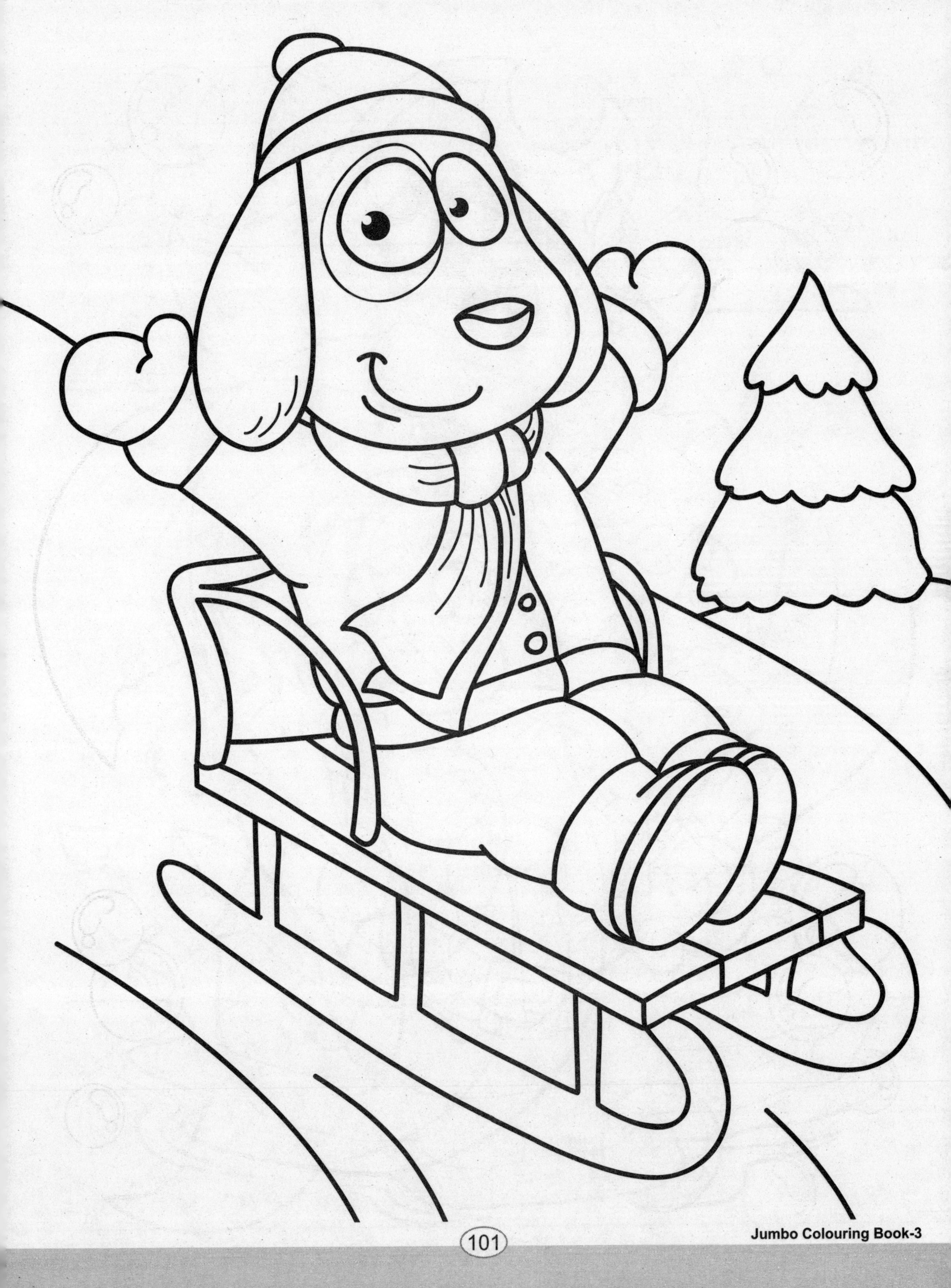

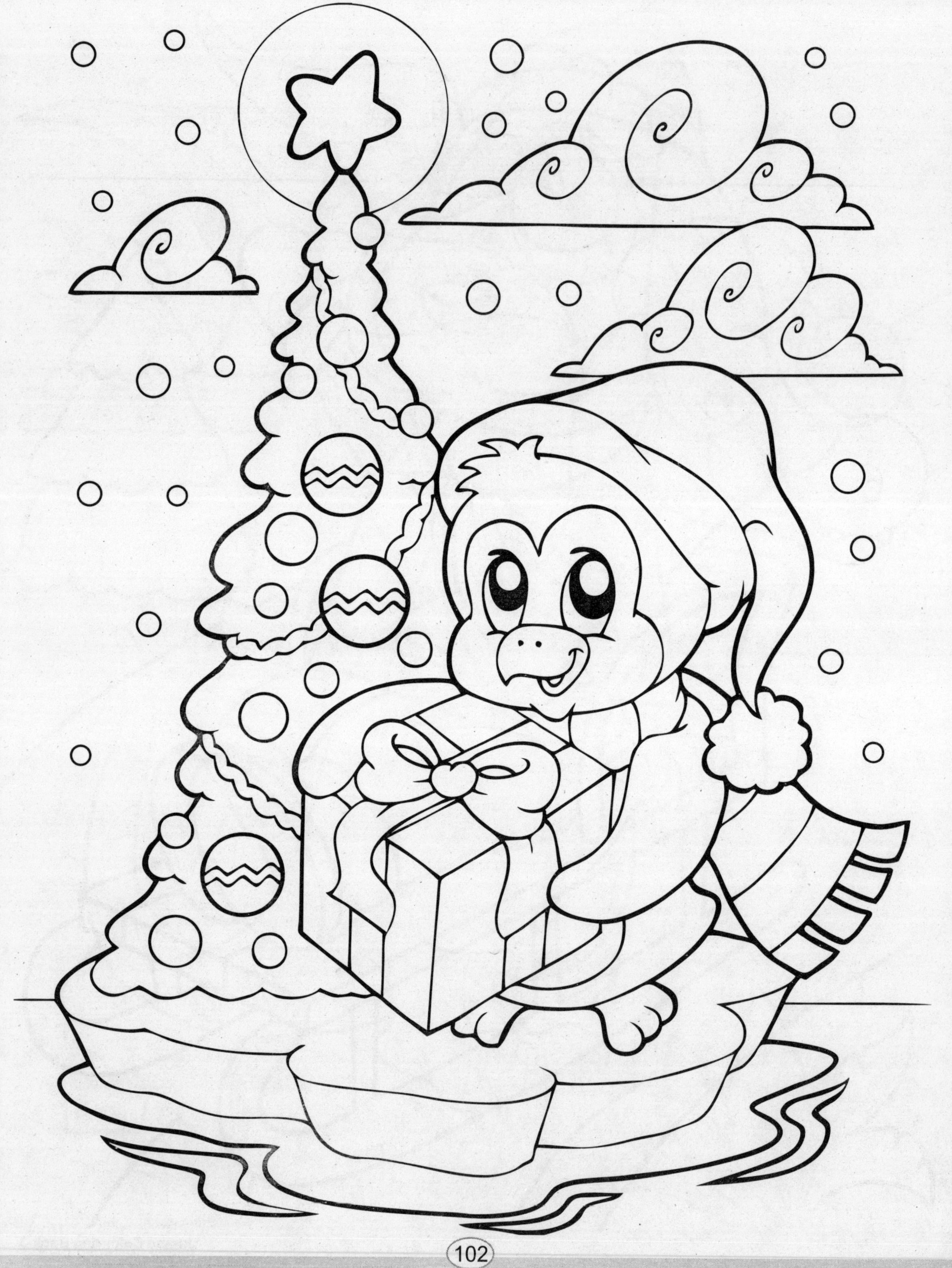

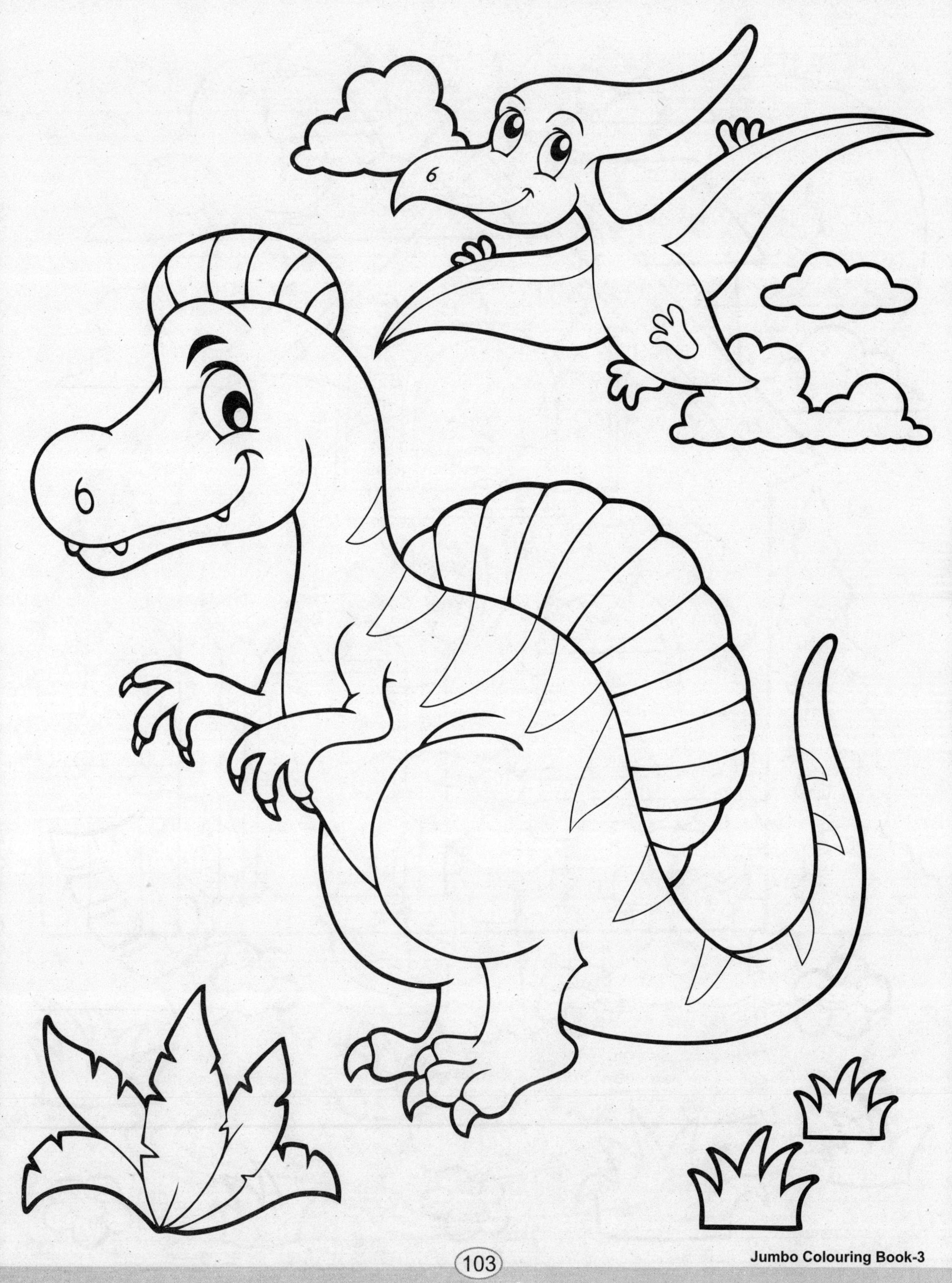

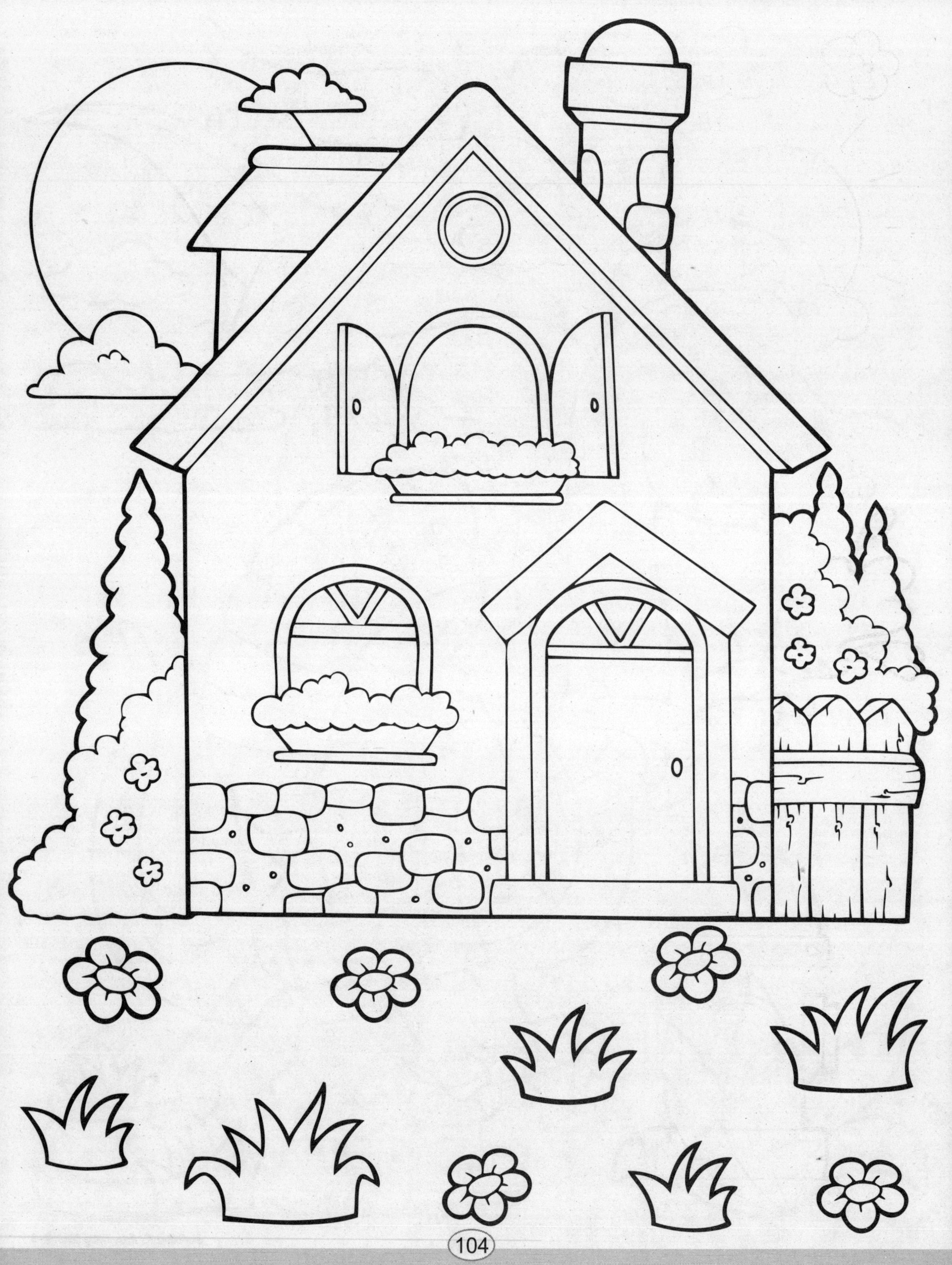

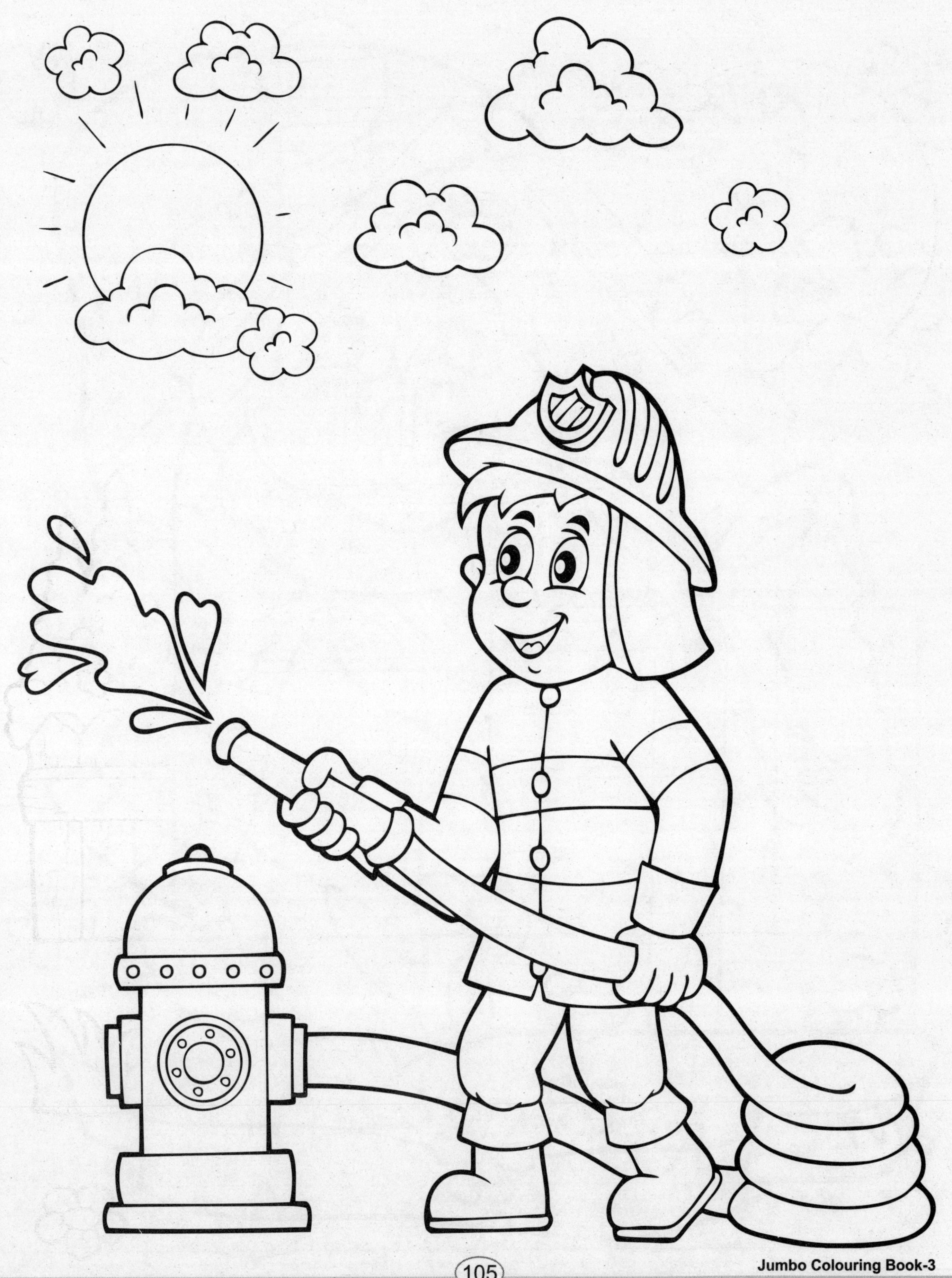

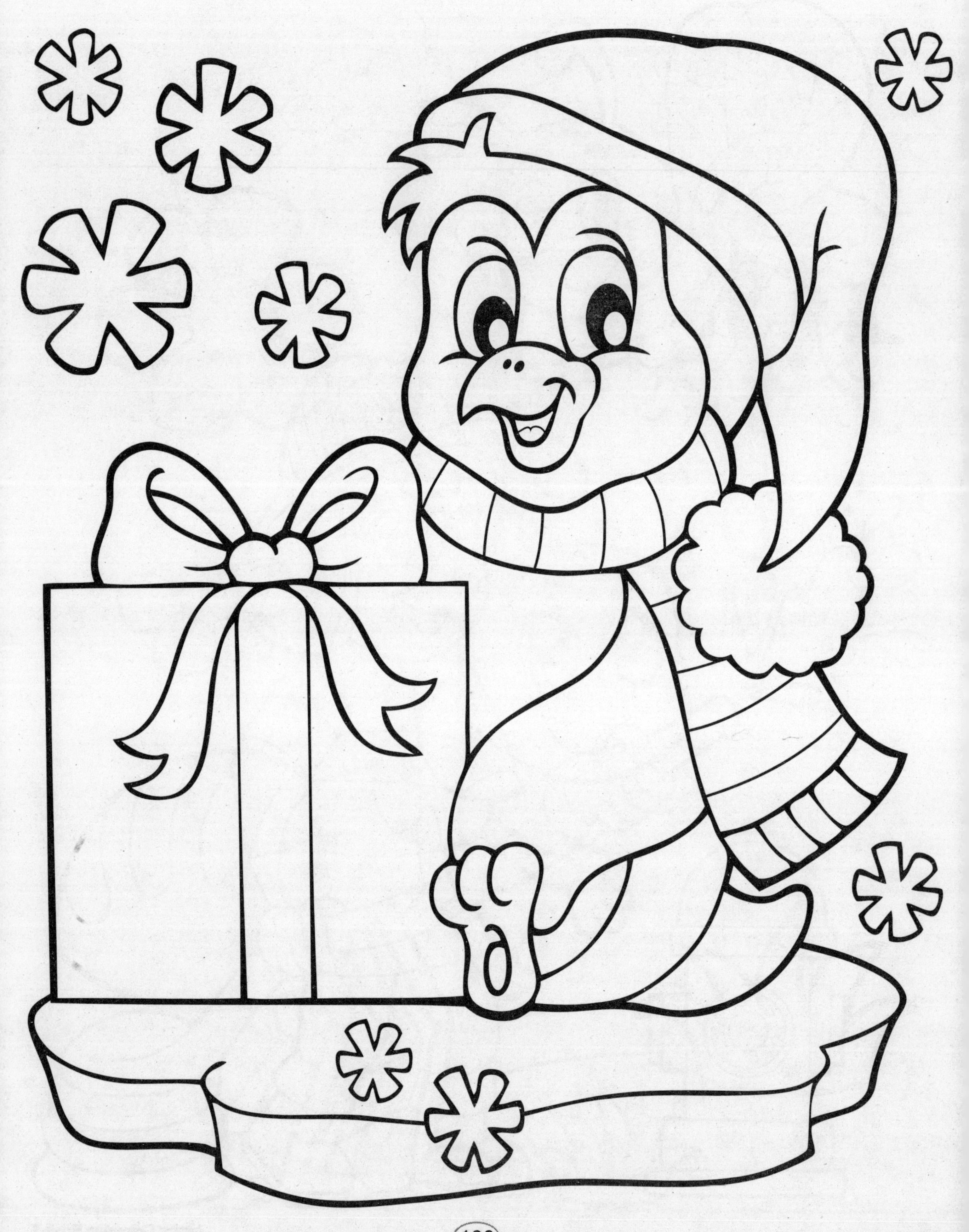

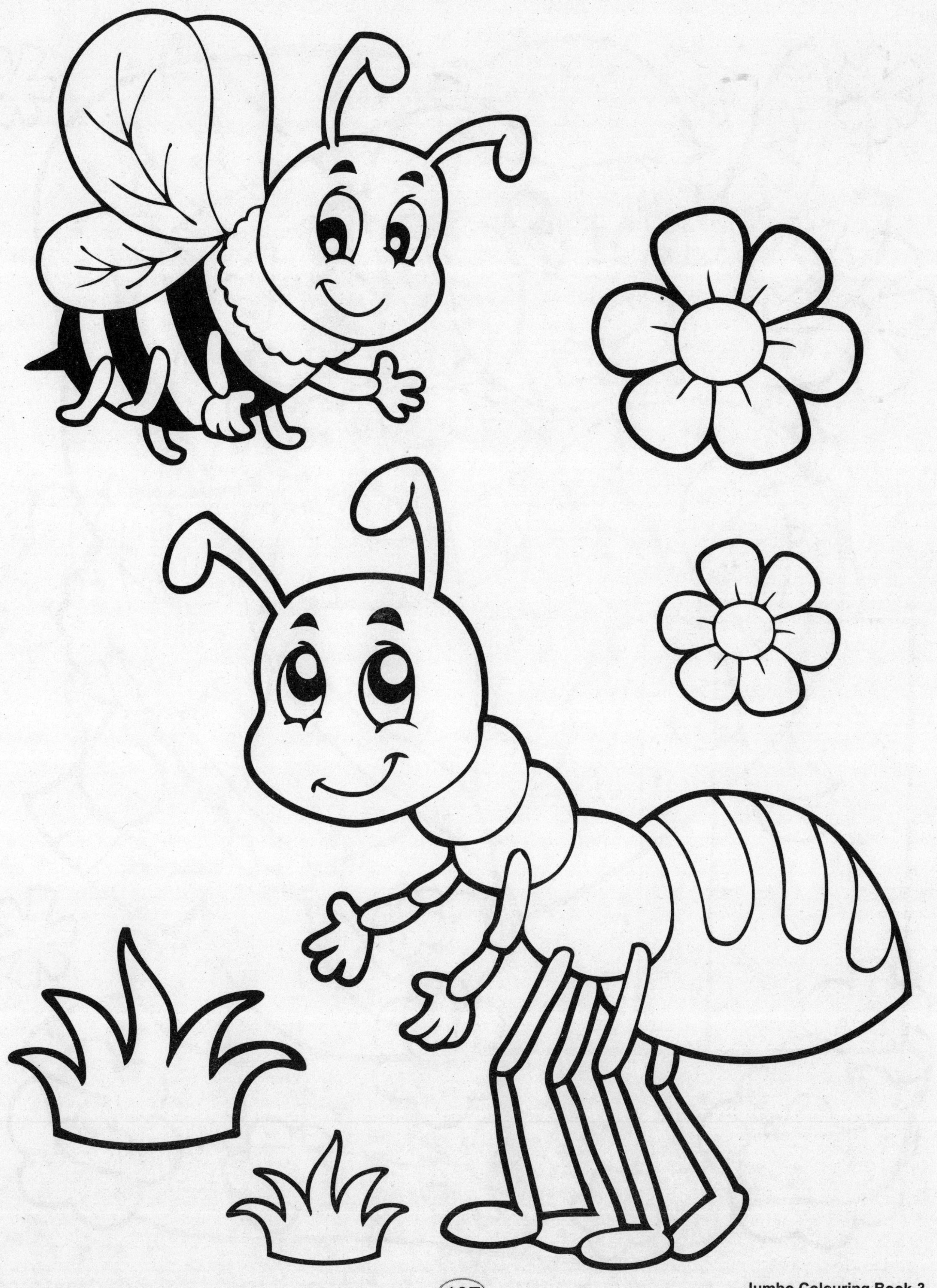

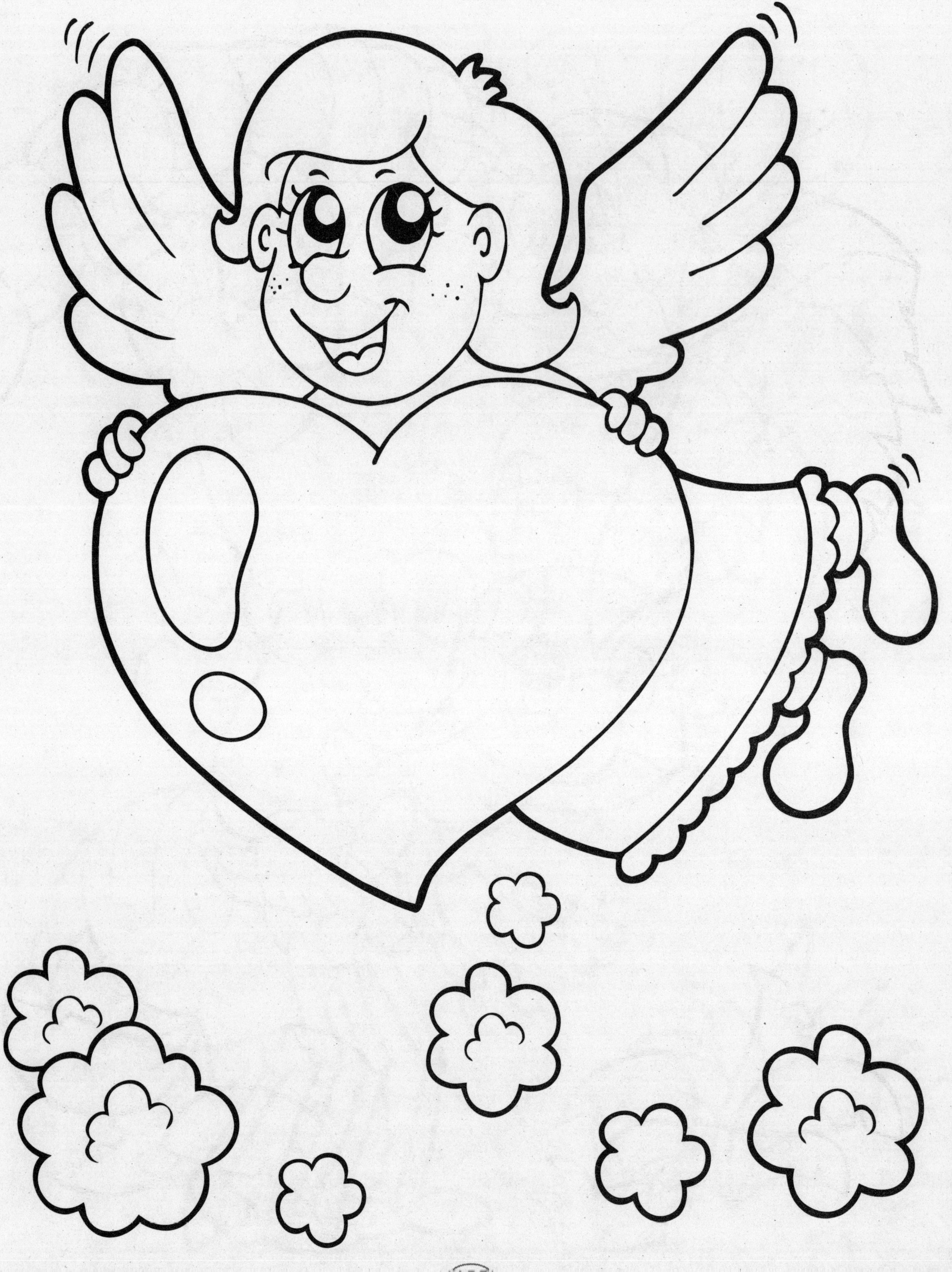

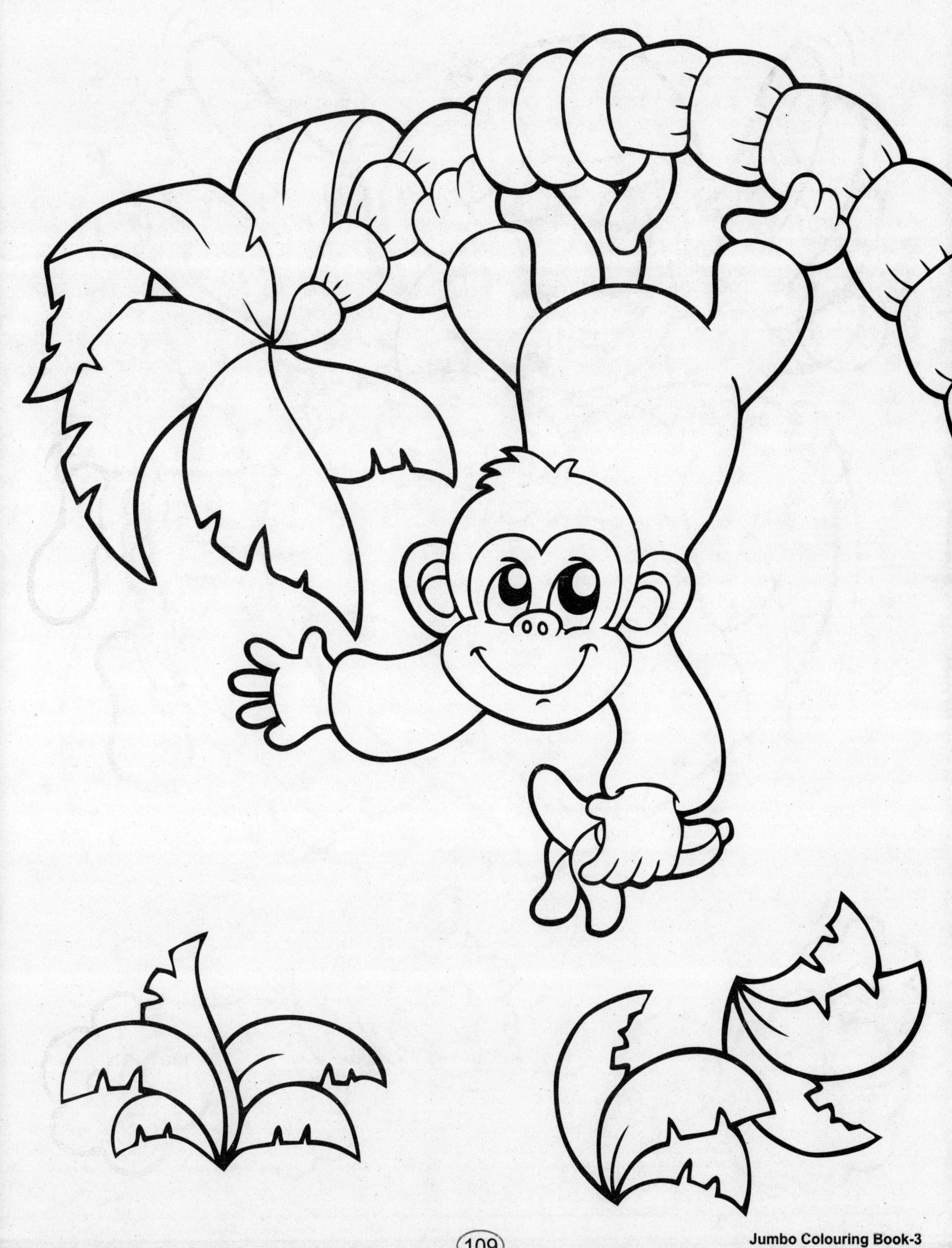

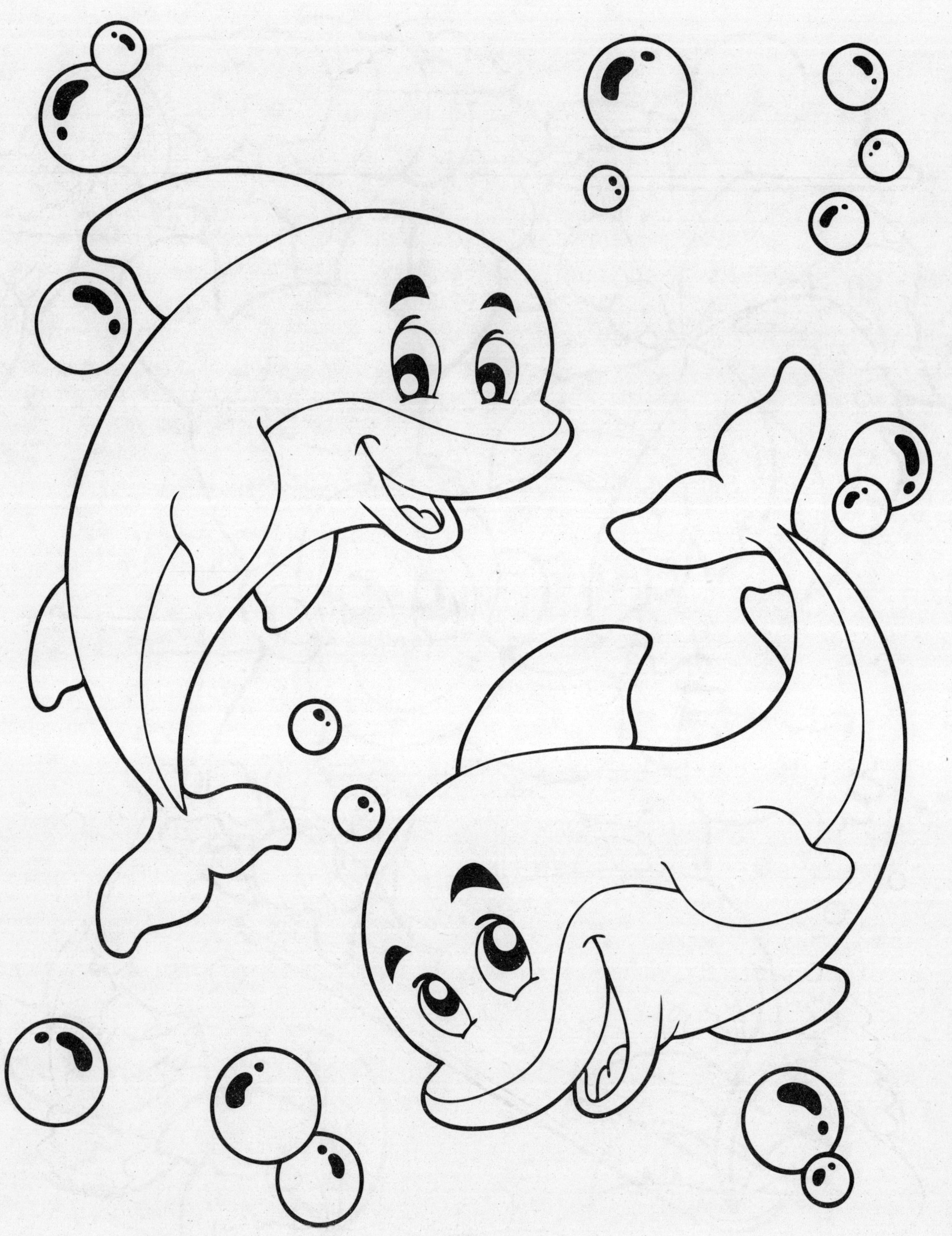

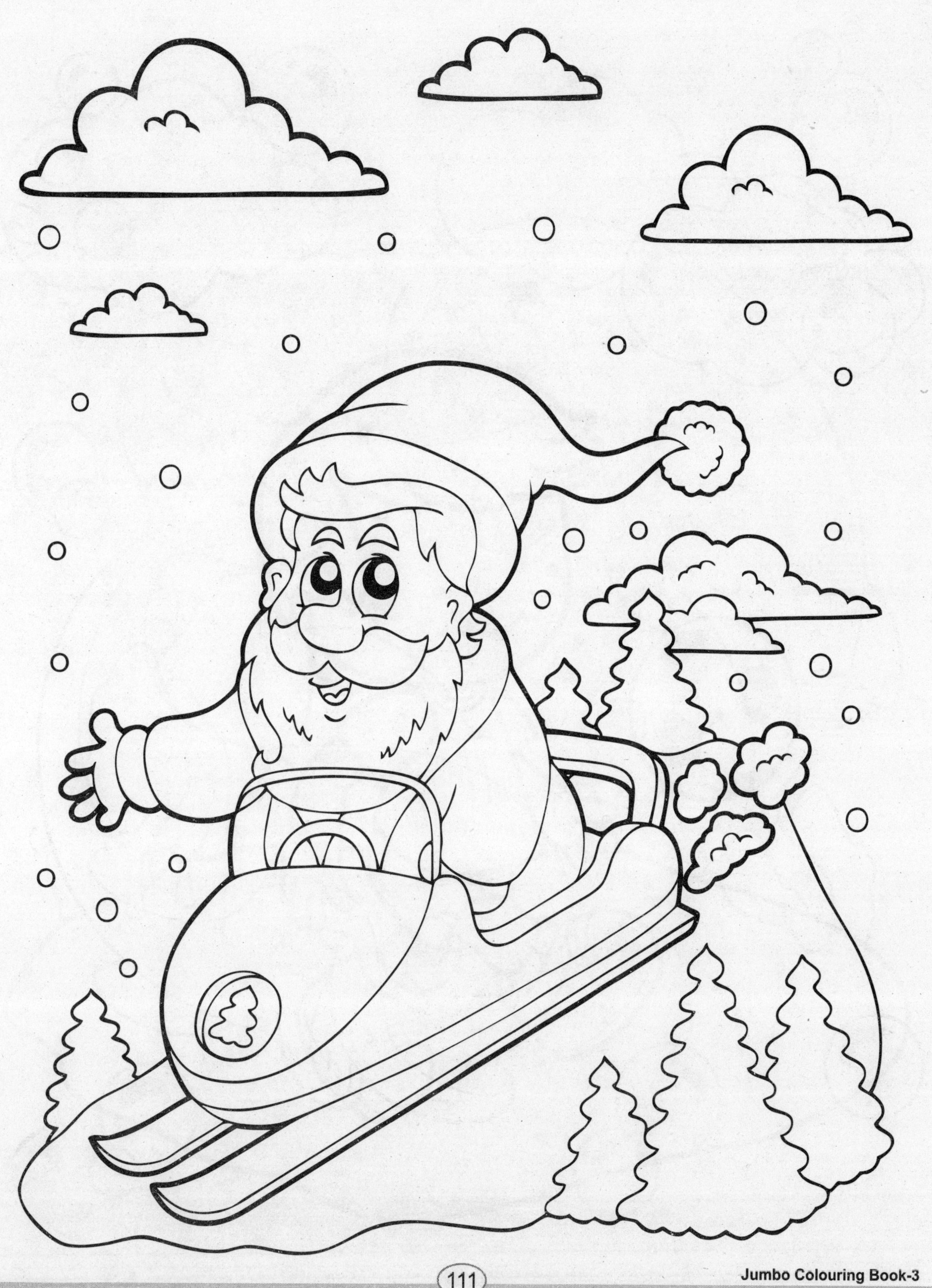

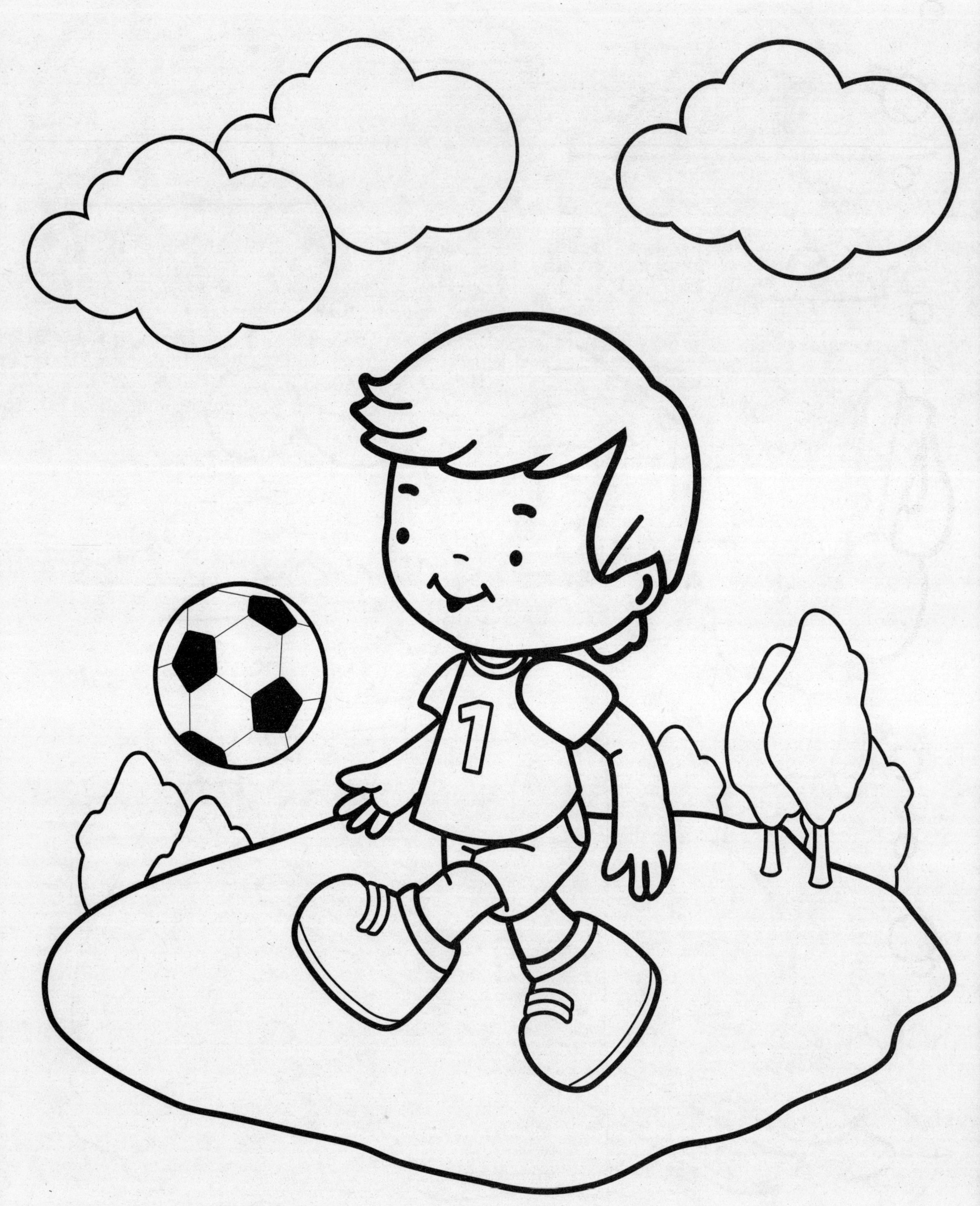
1

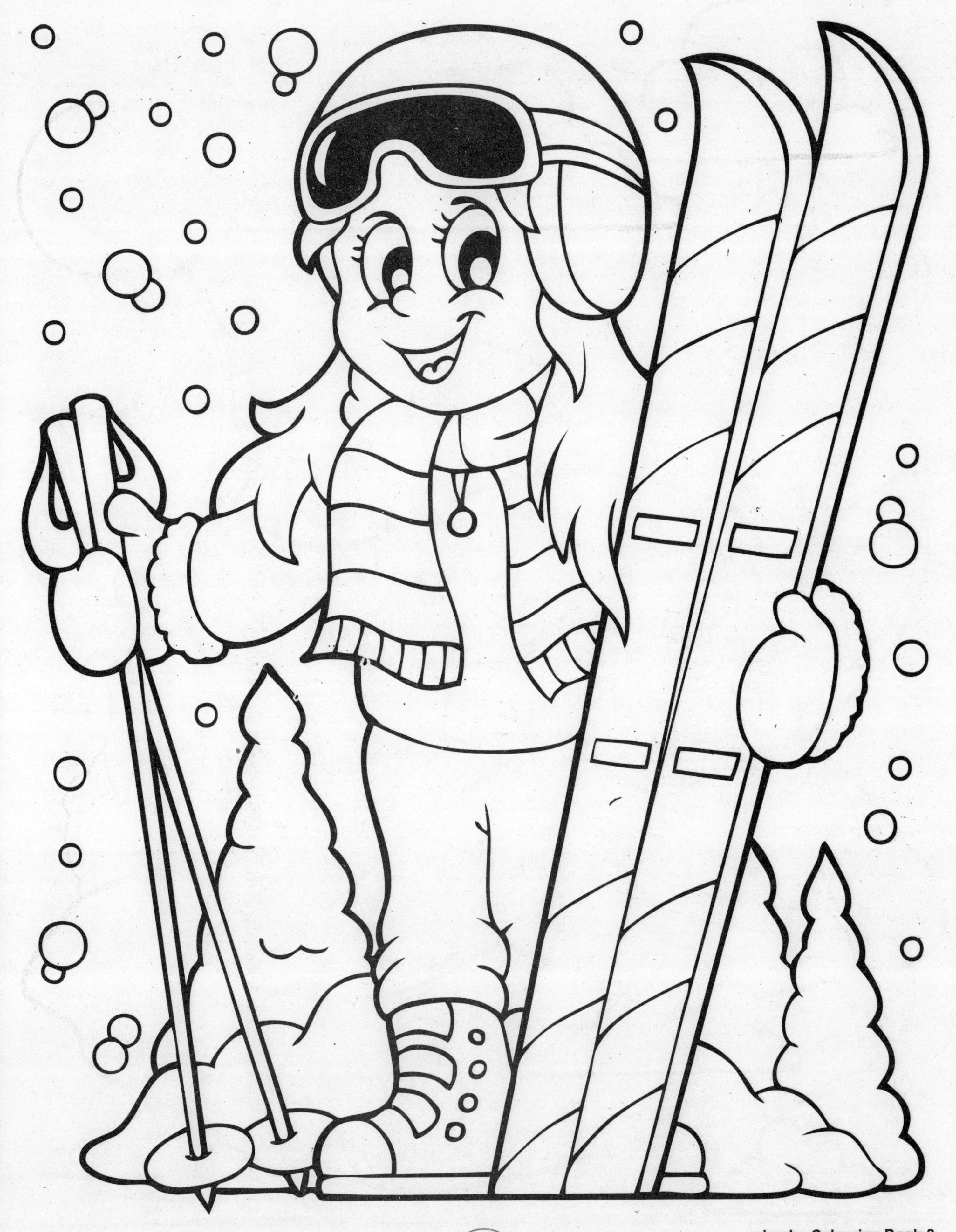

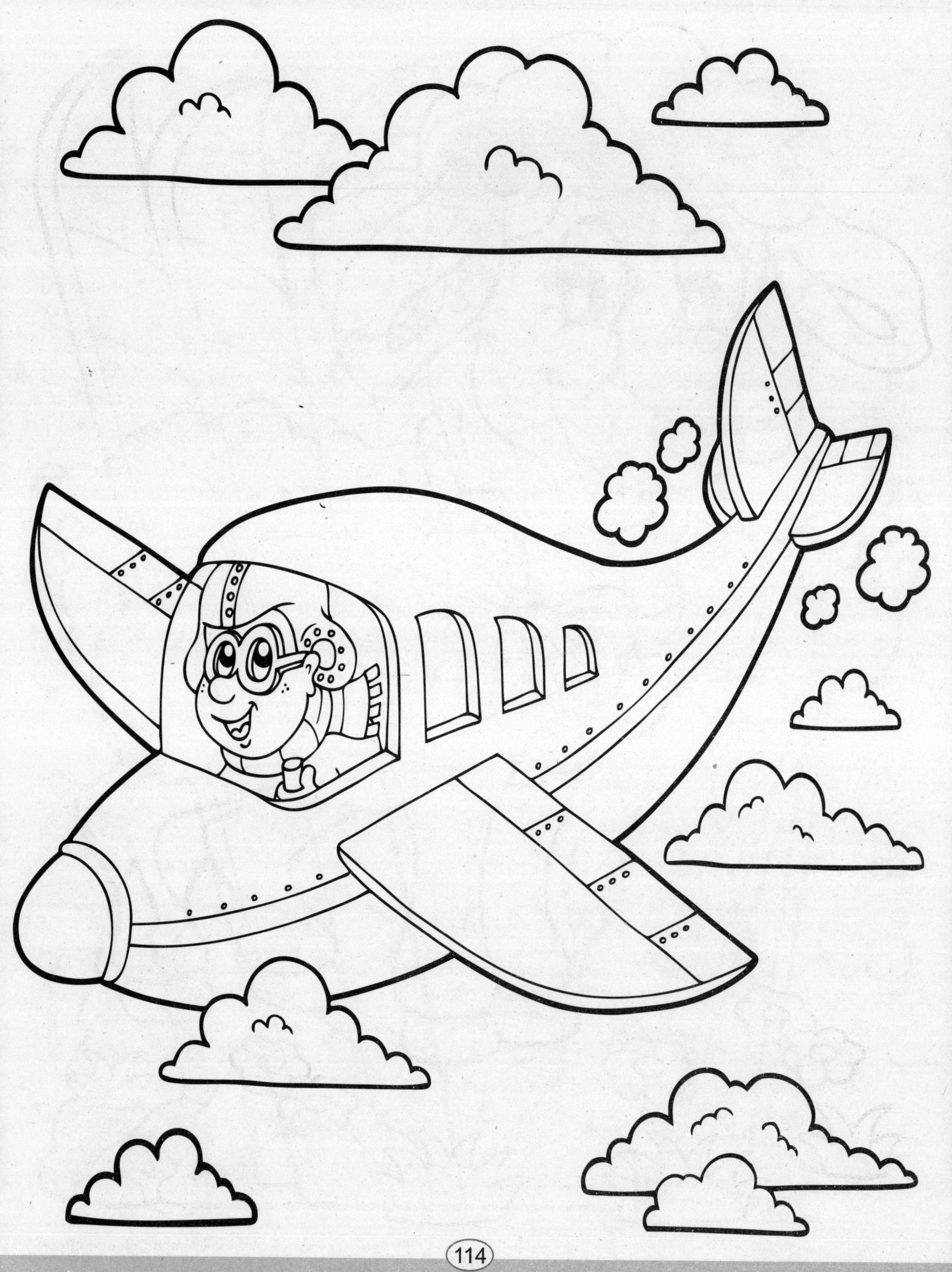

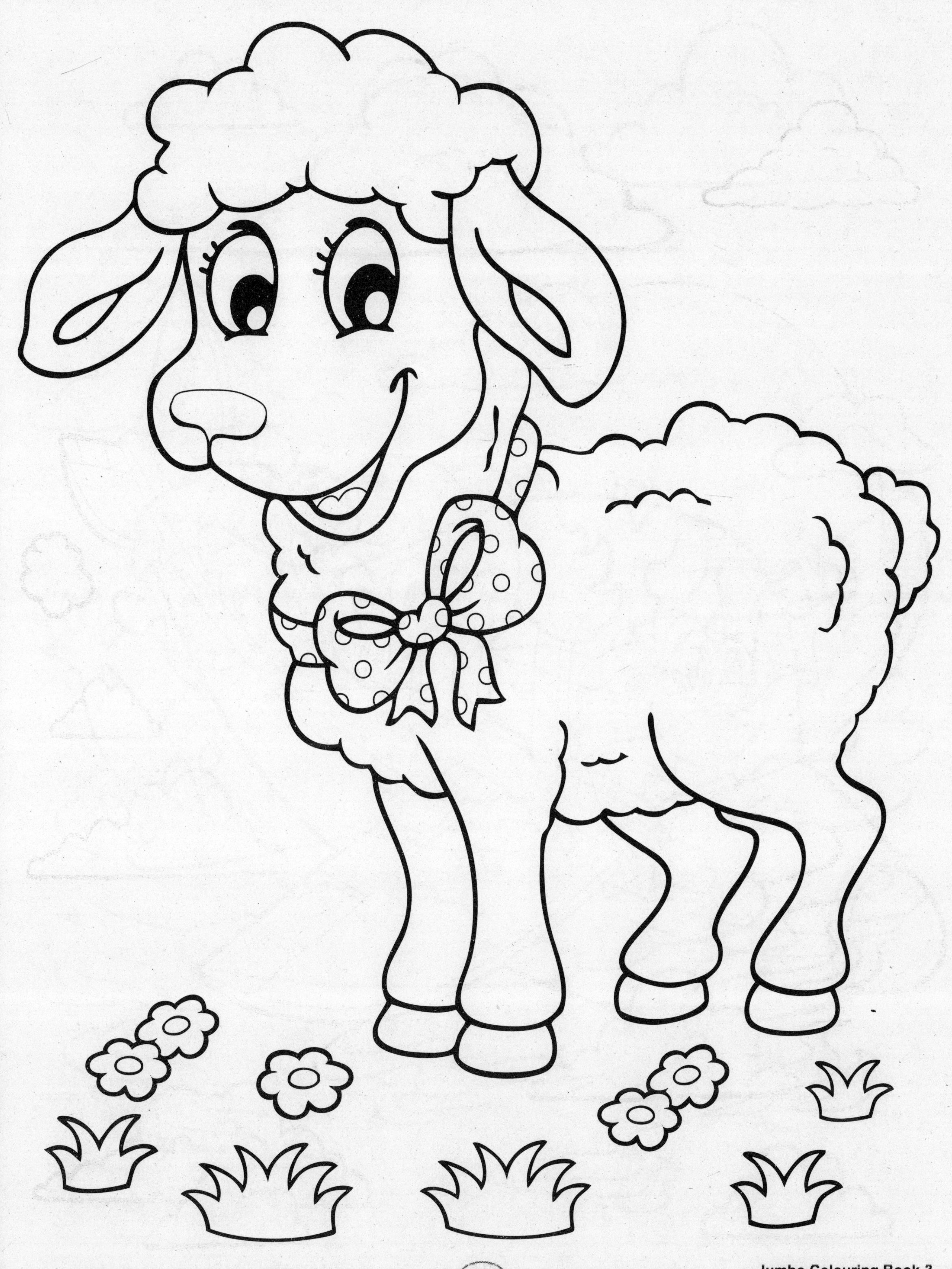

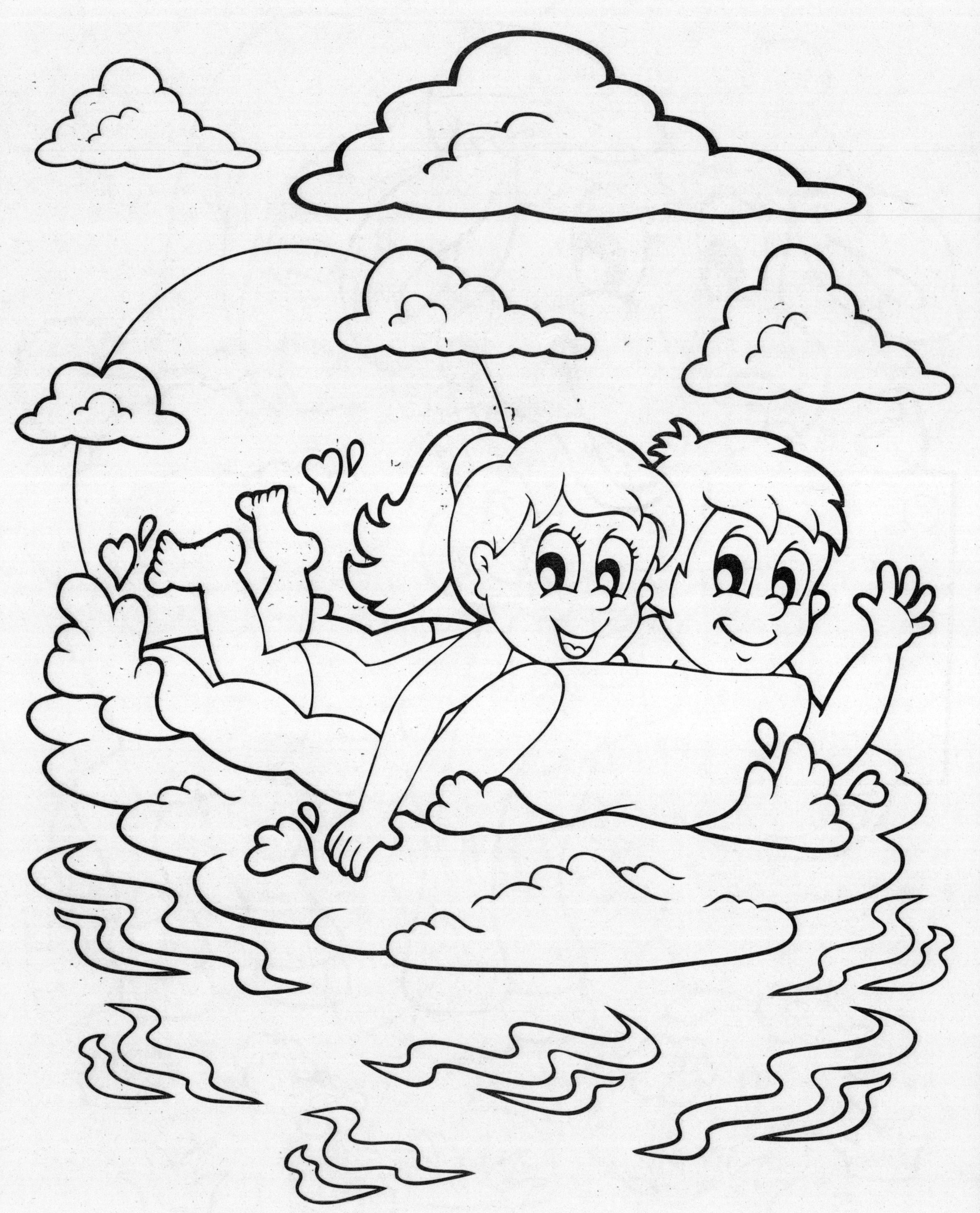

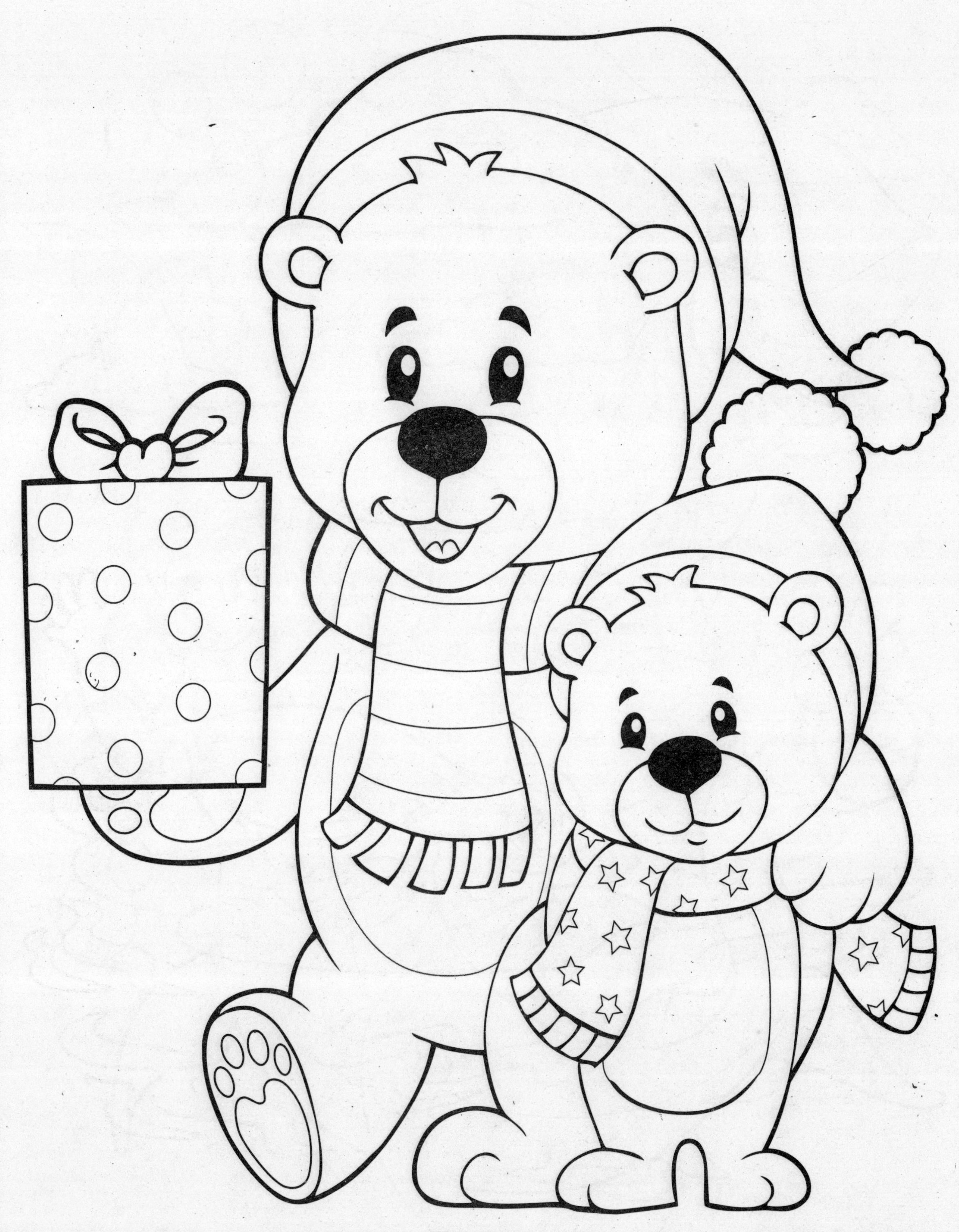

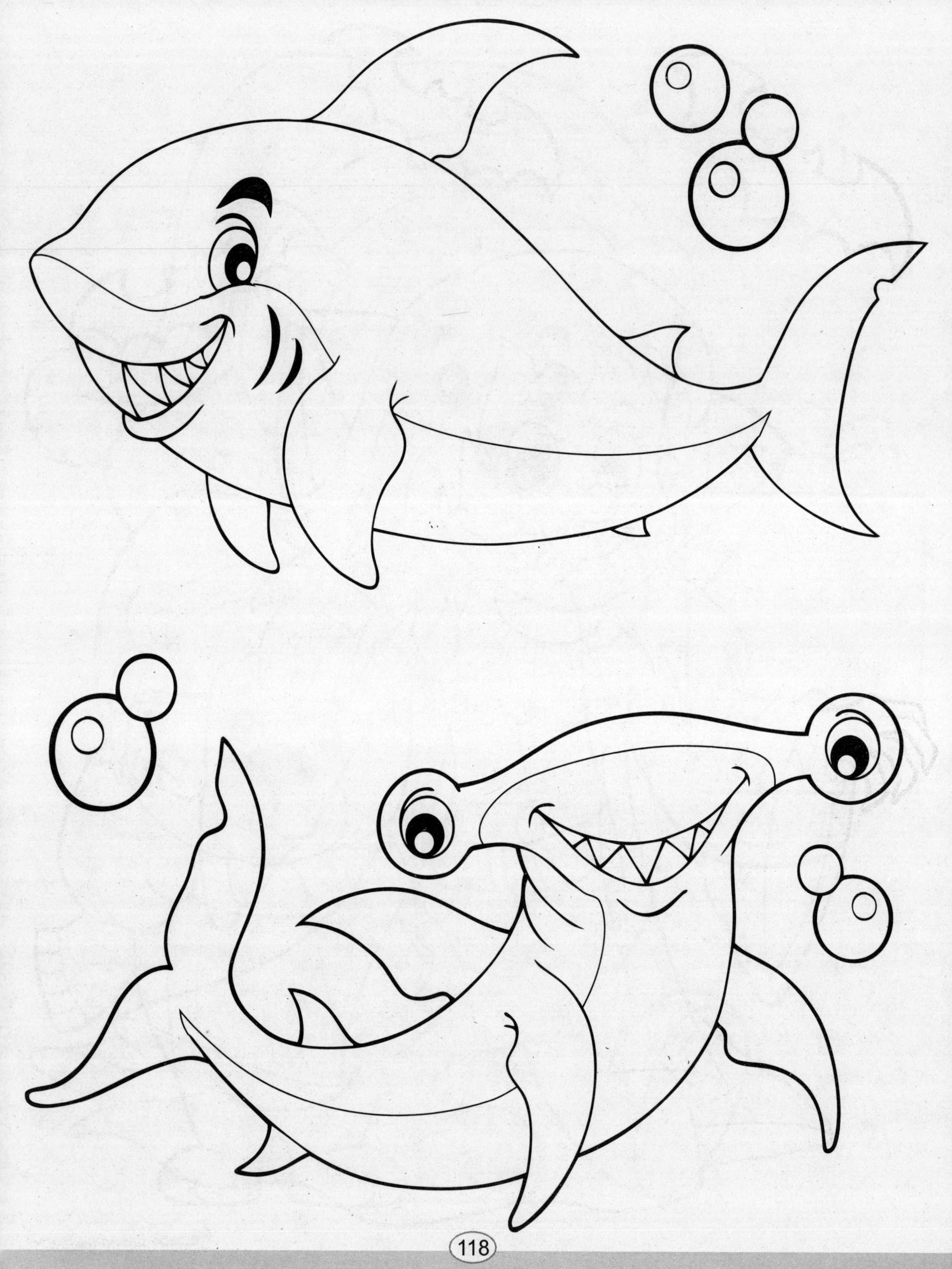

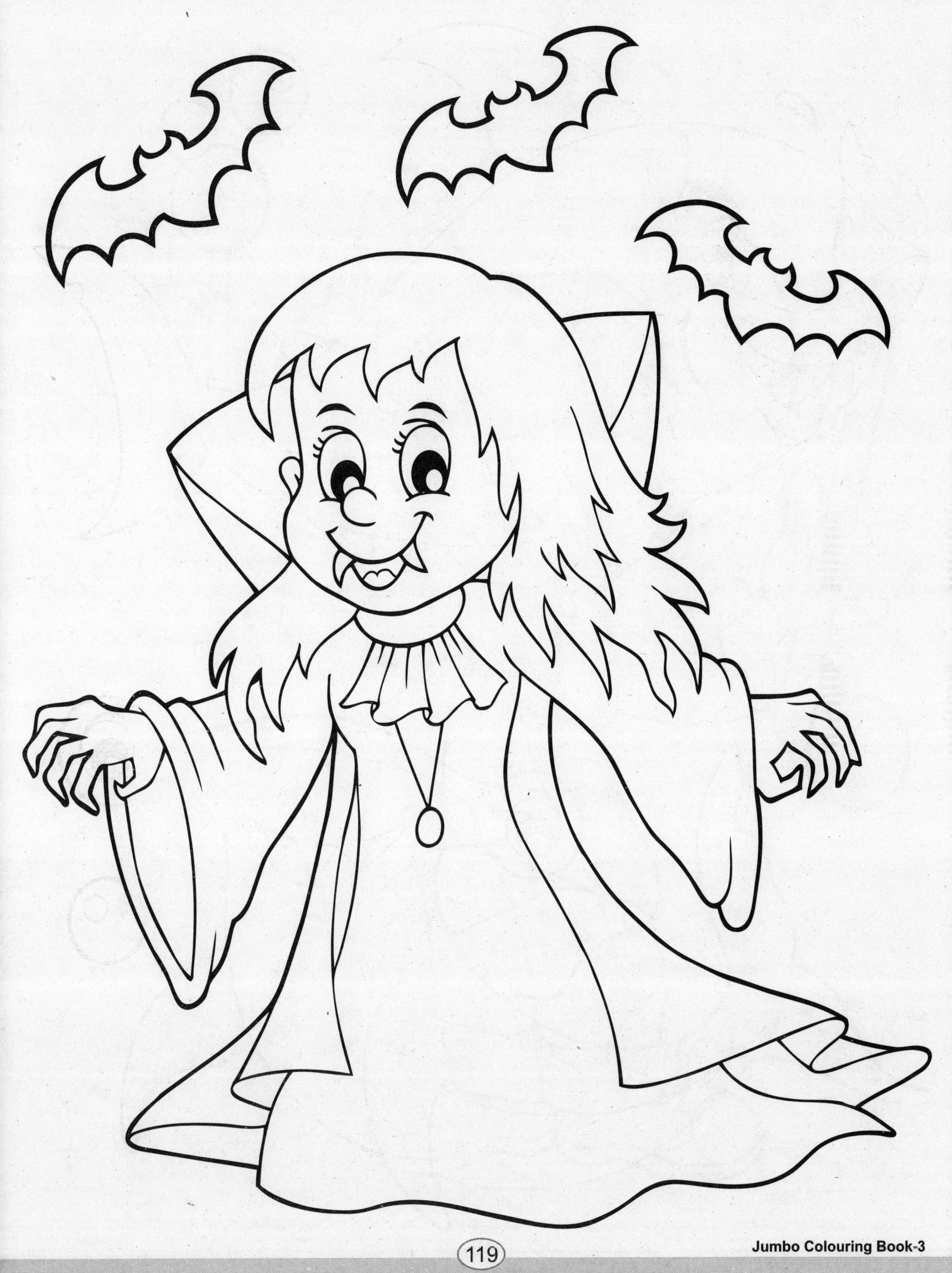

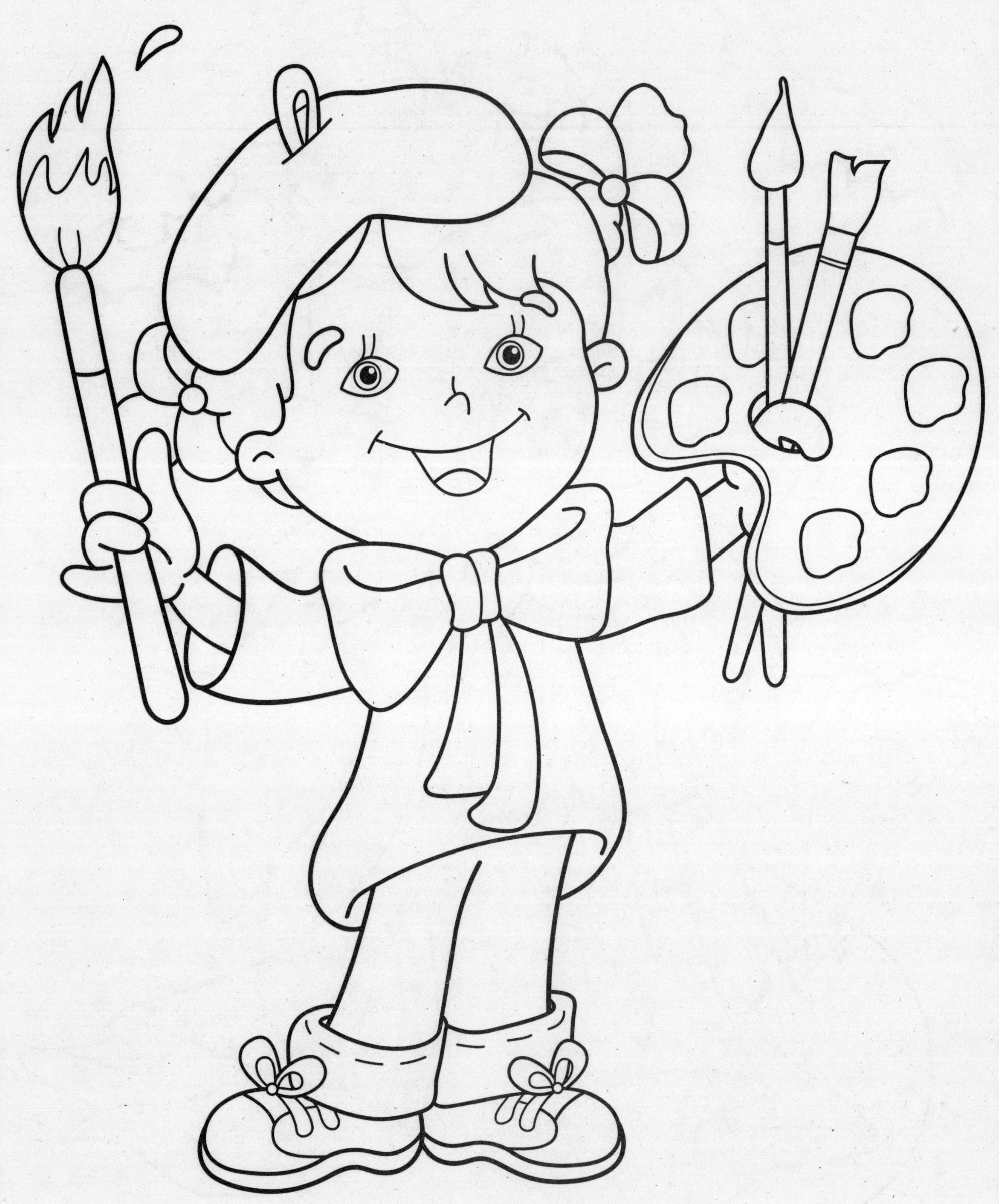

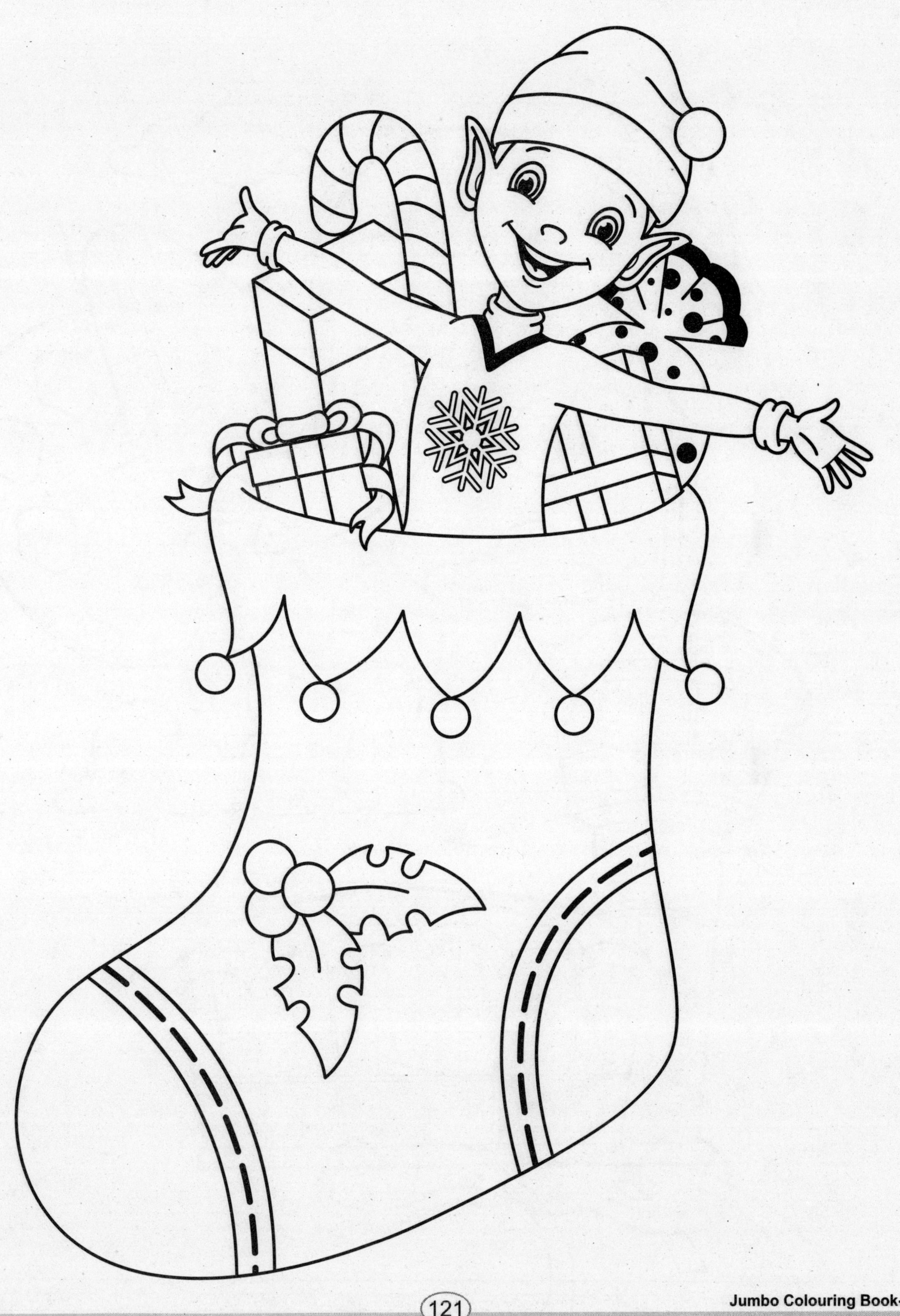

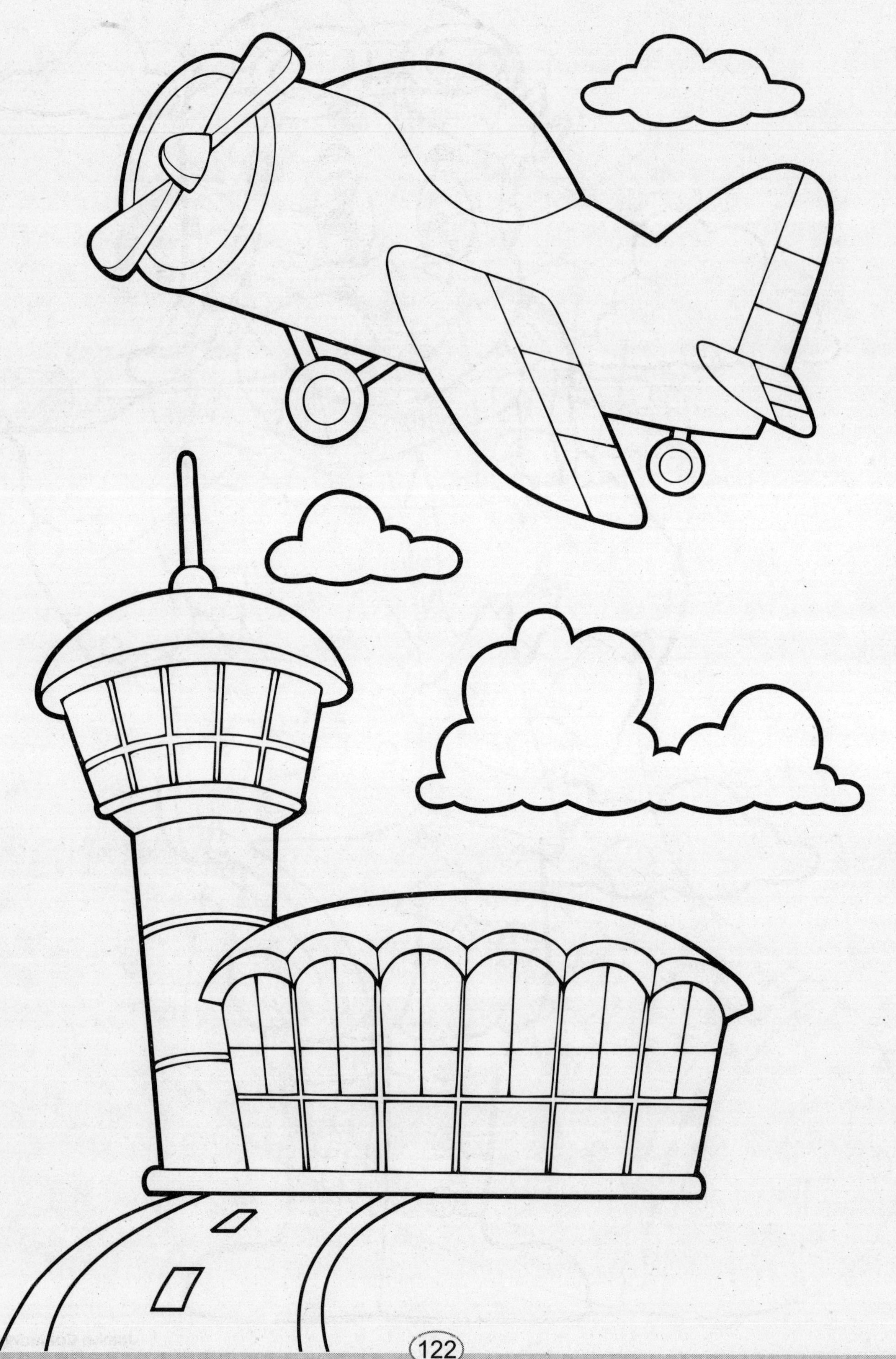

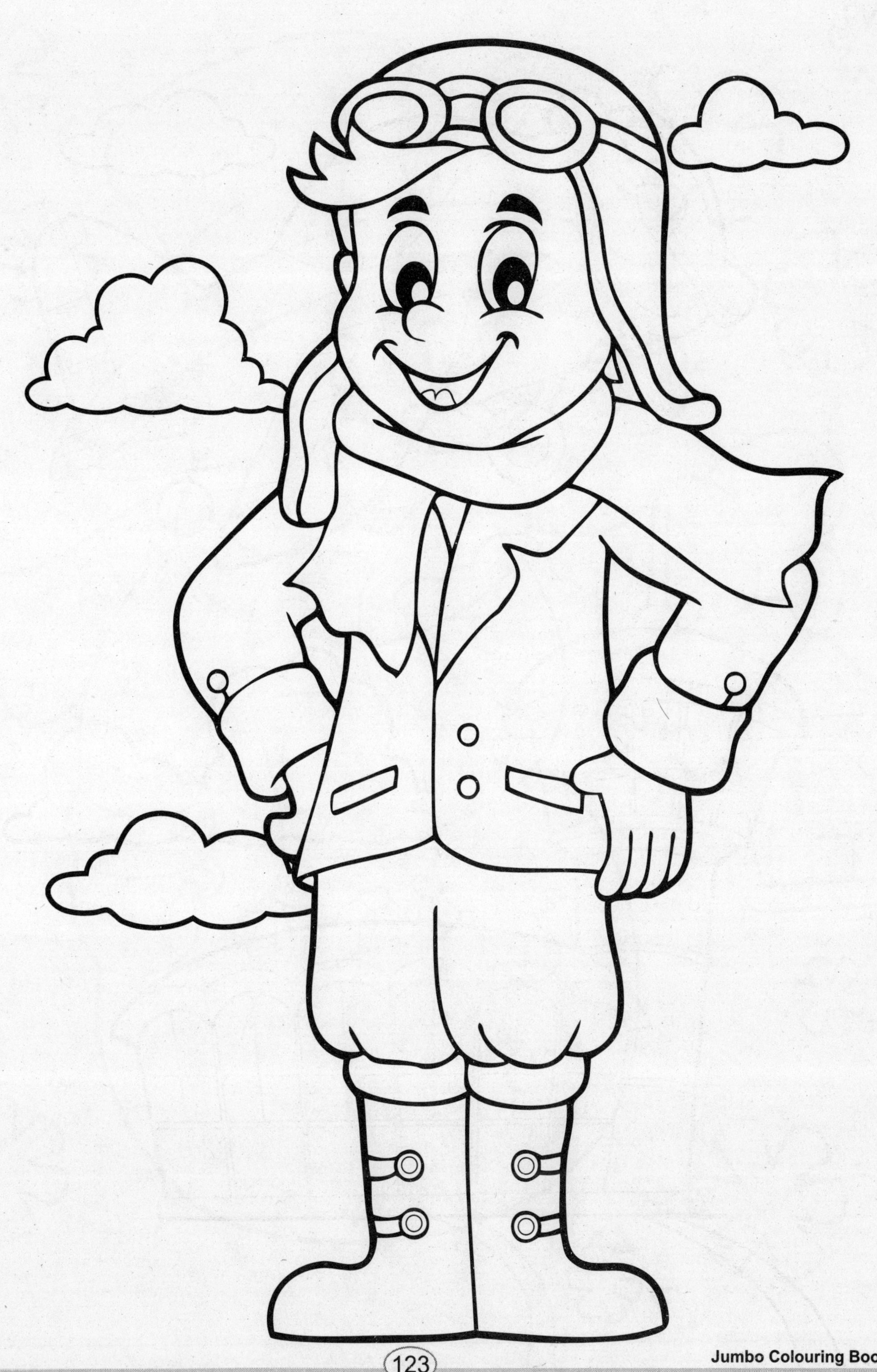

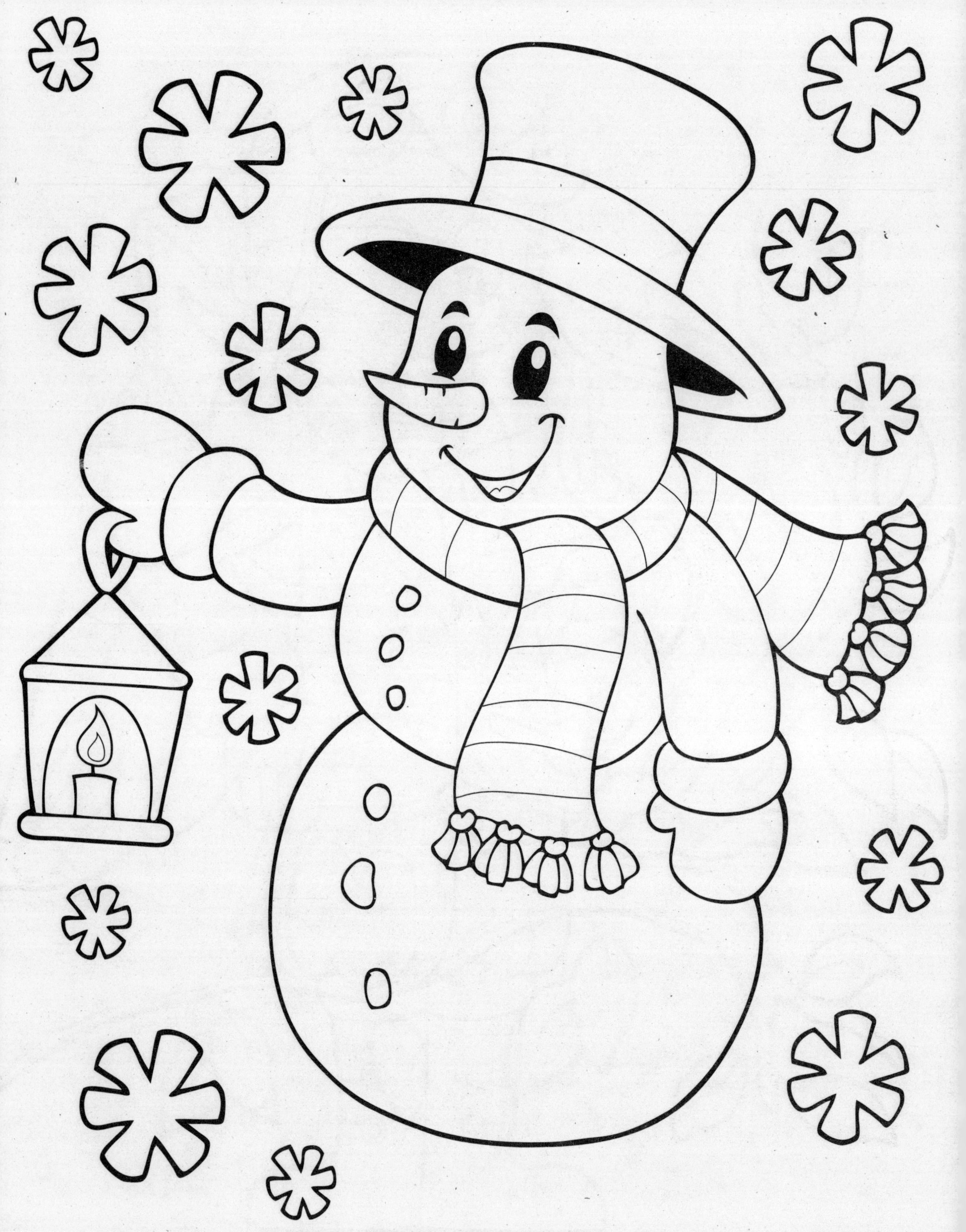

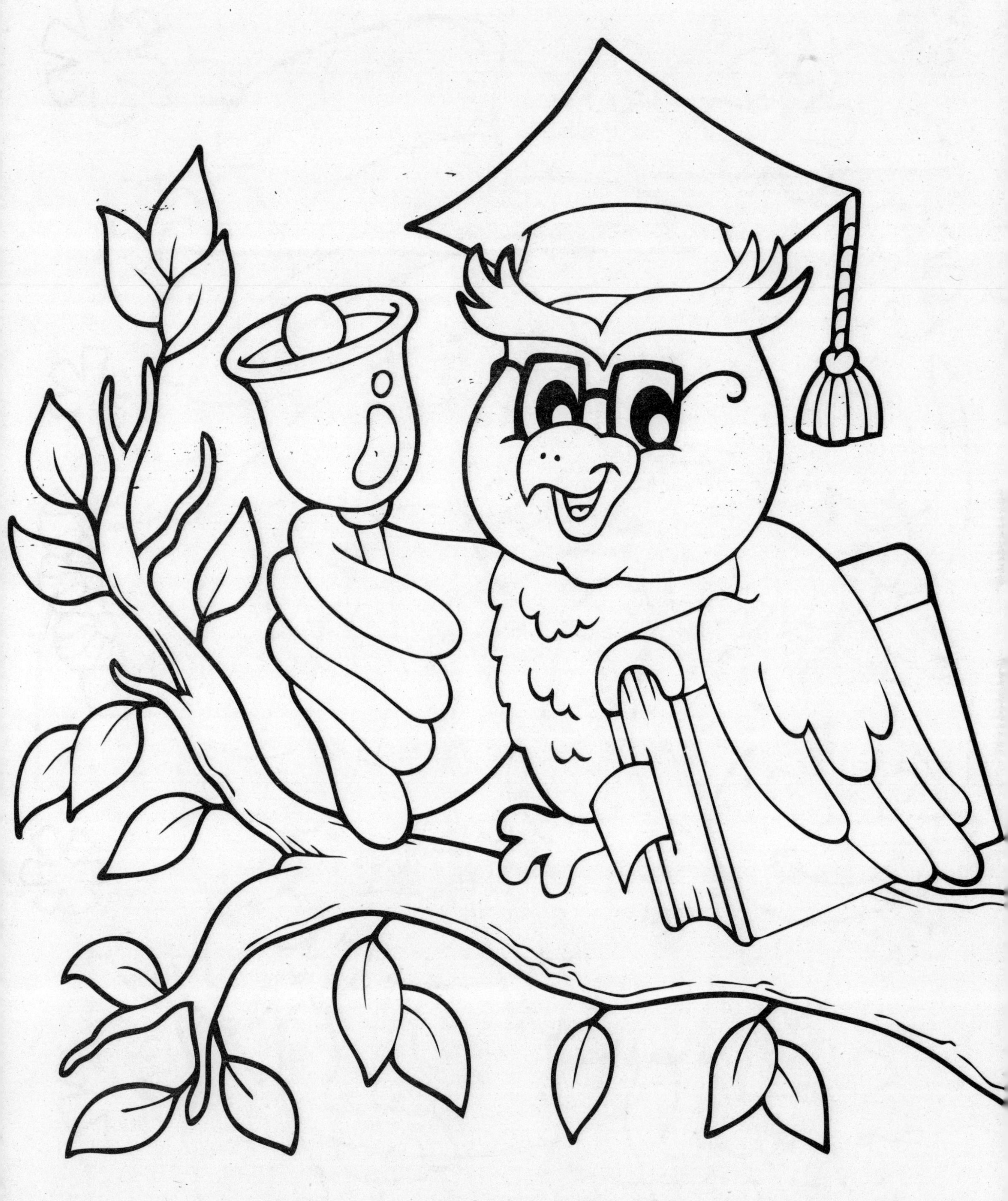

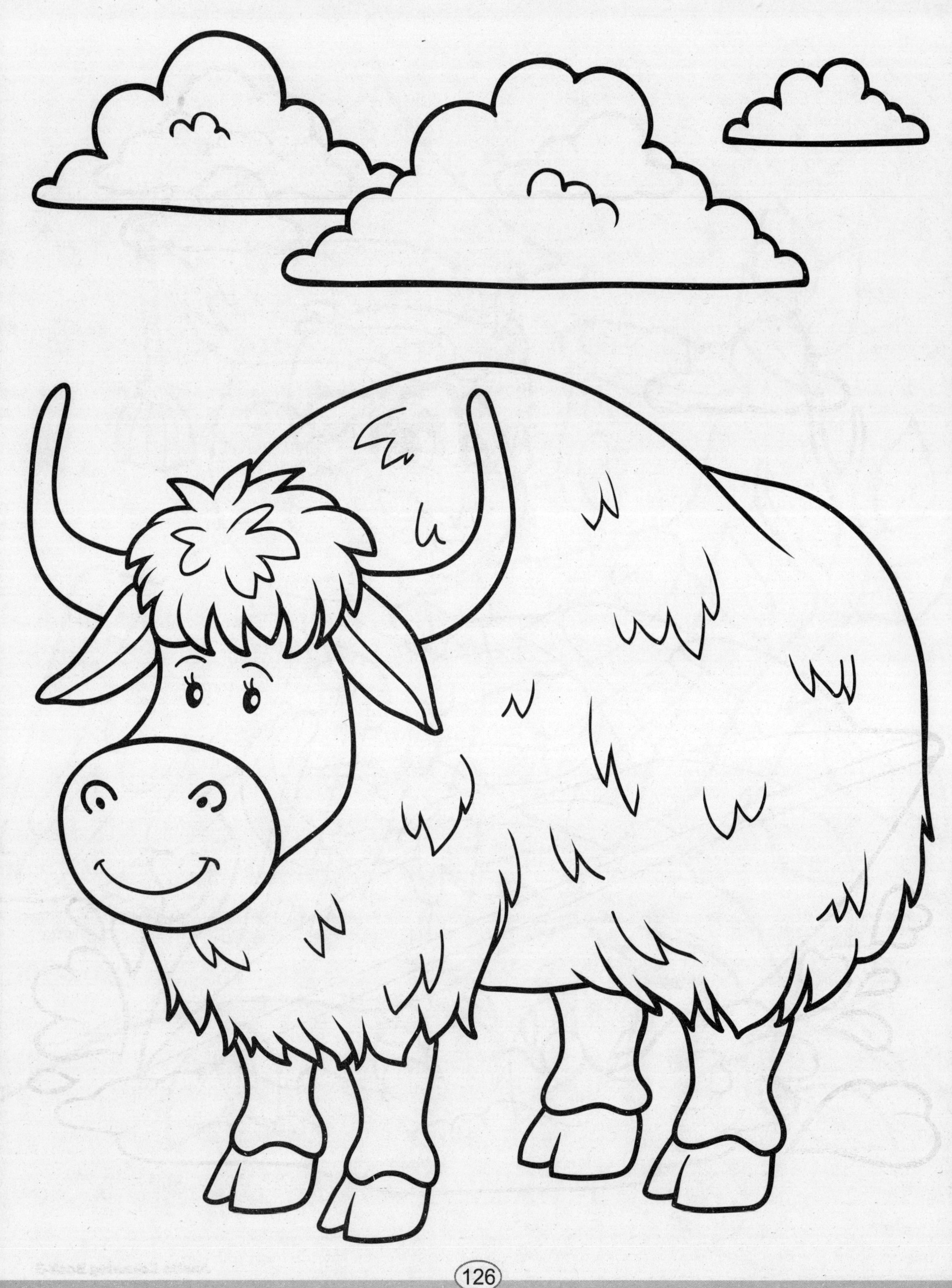

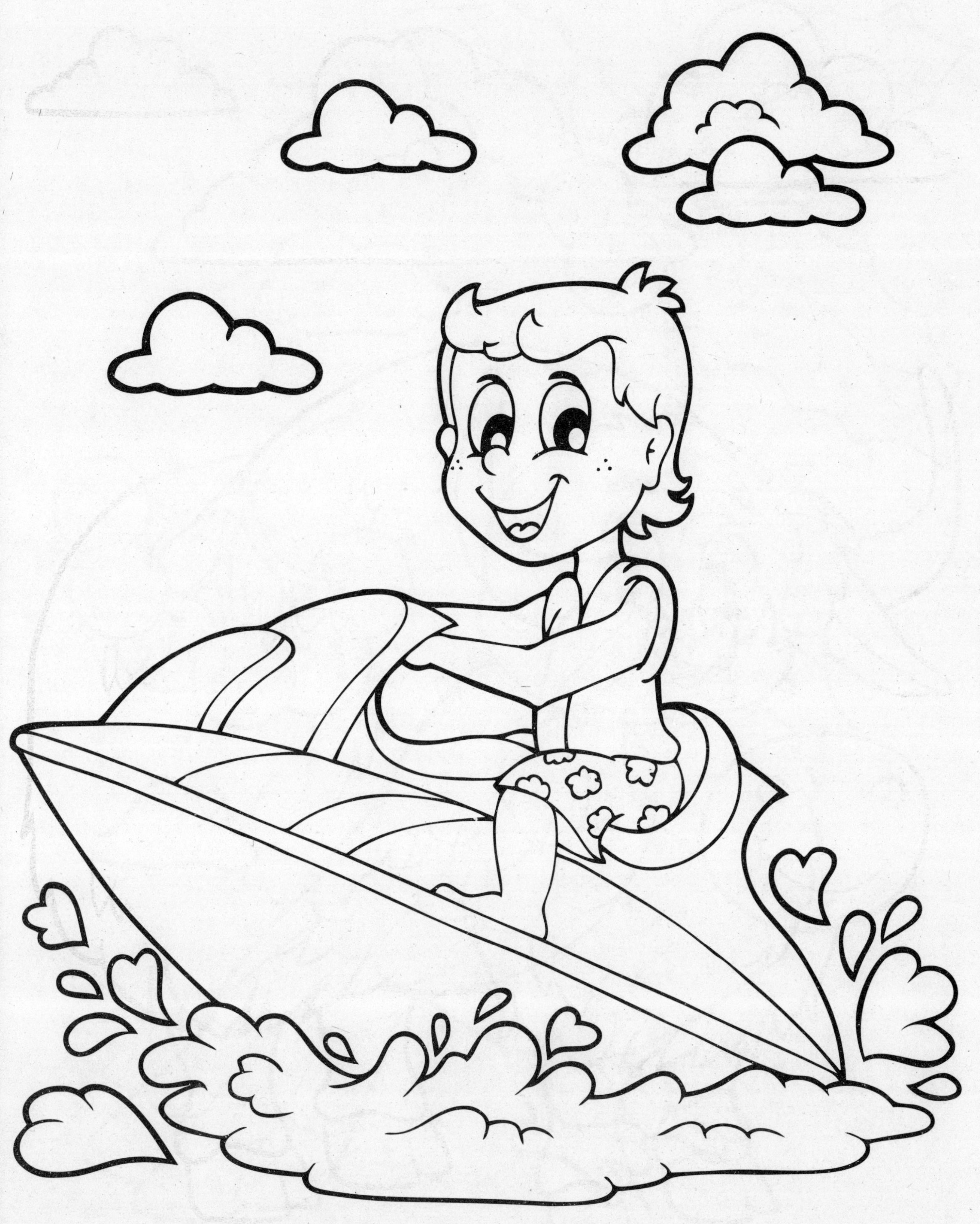

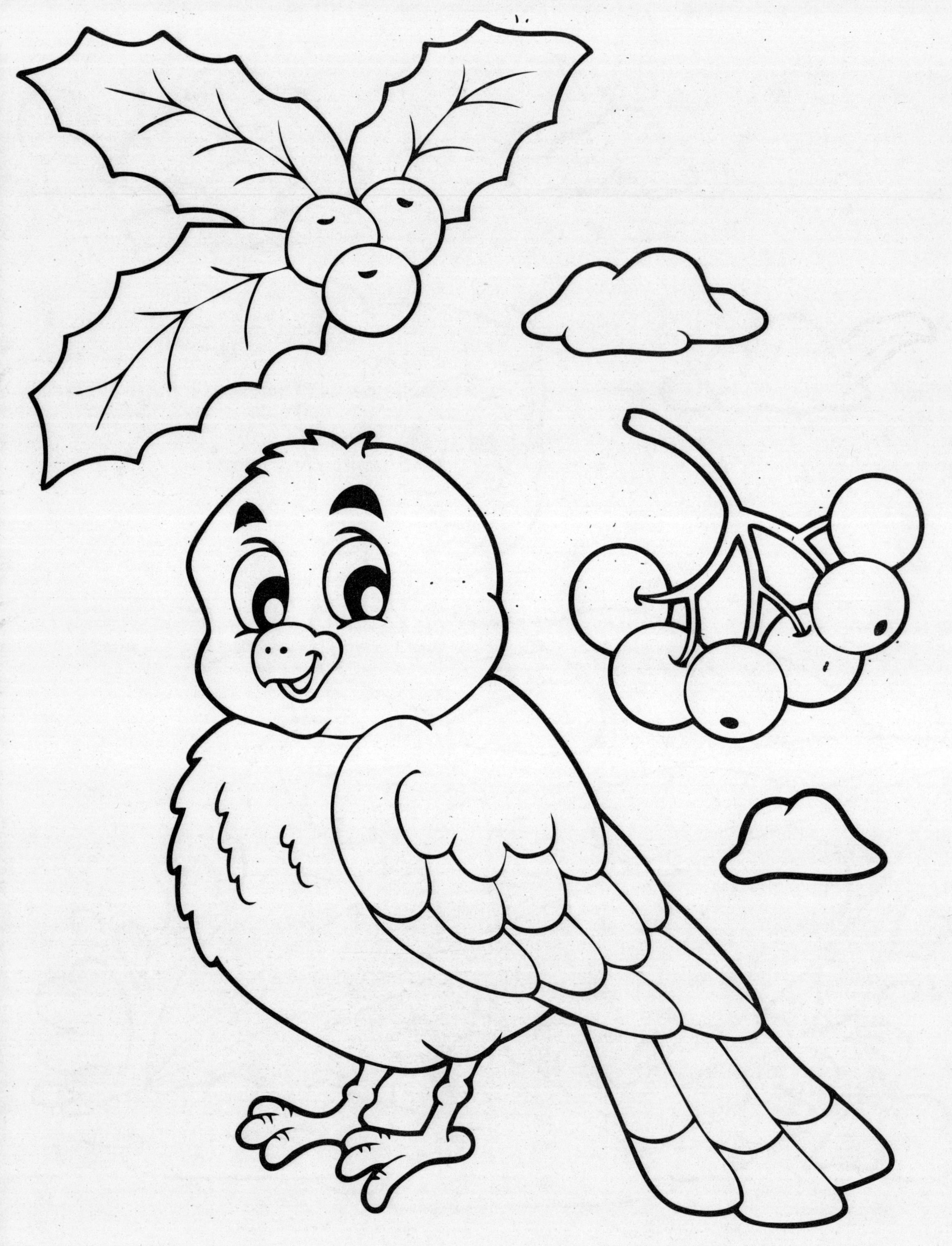

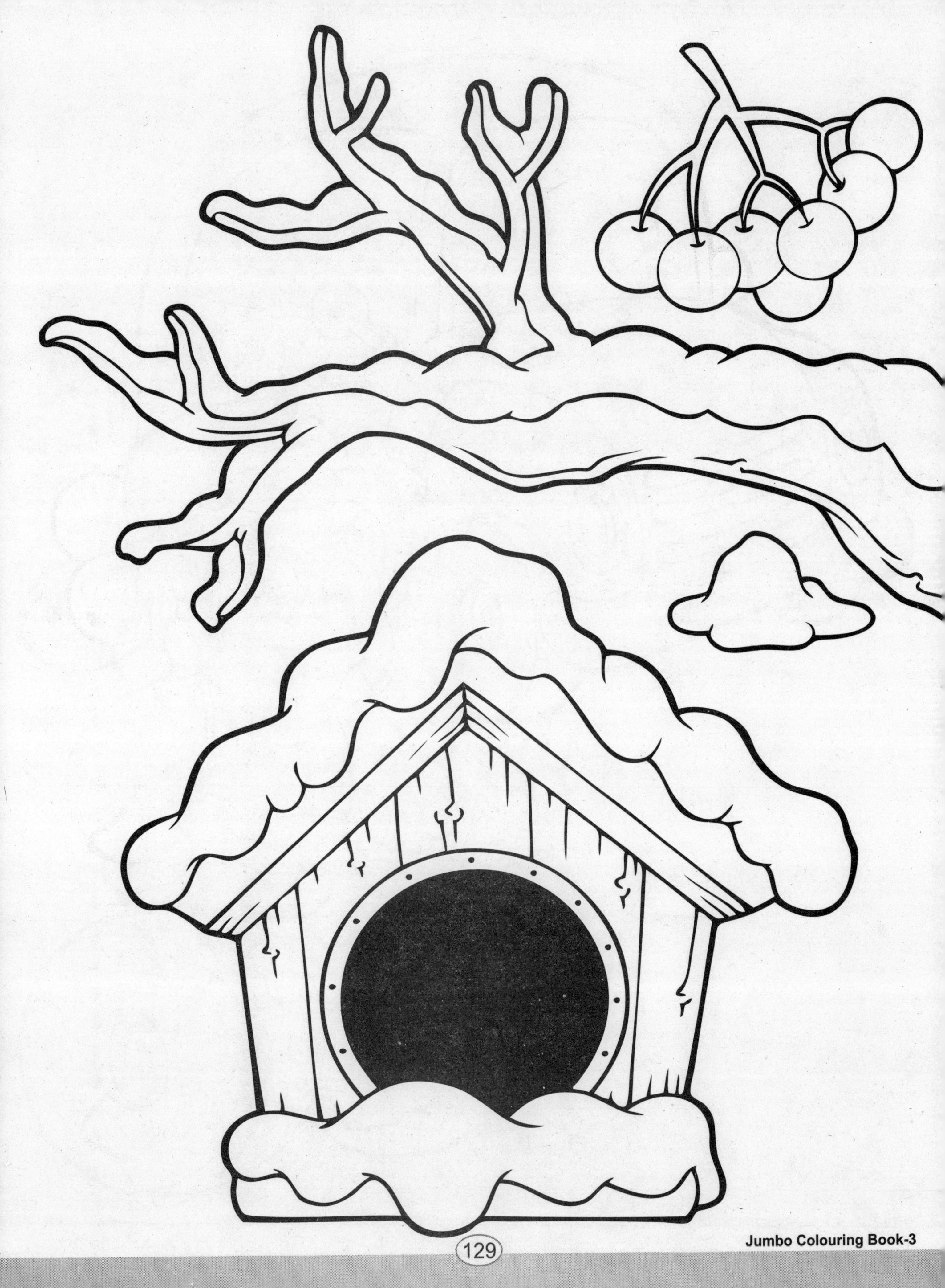

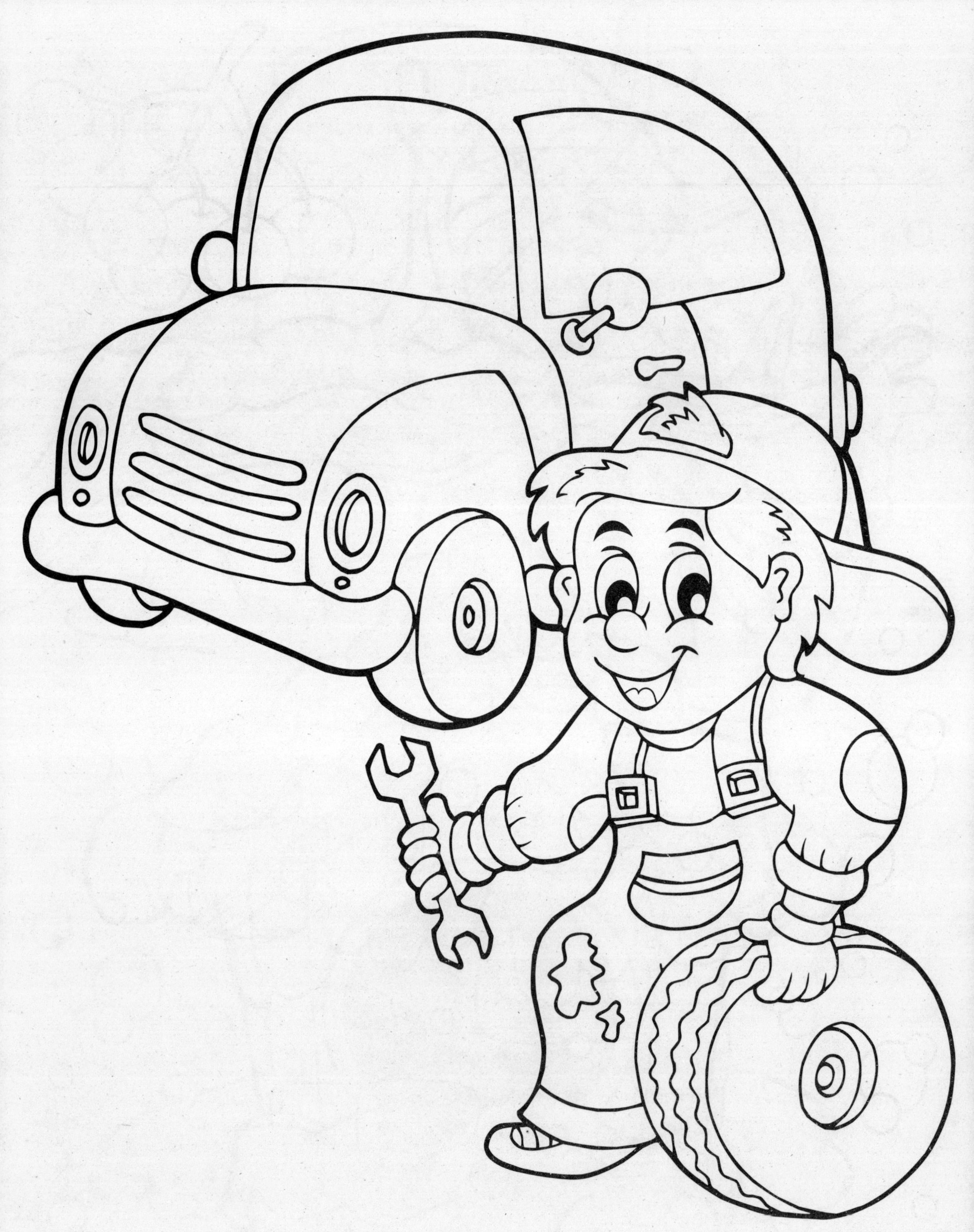

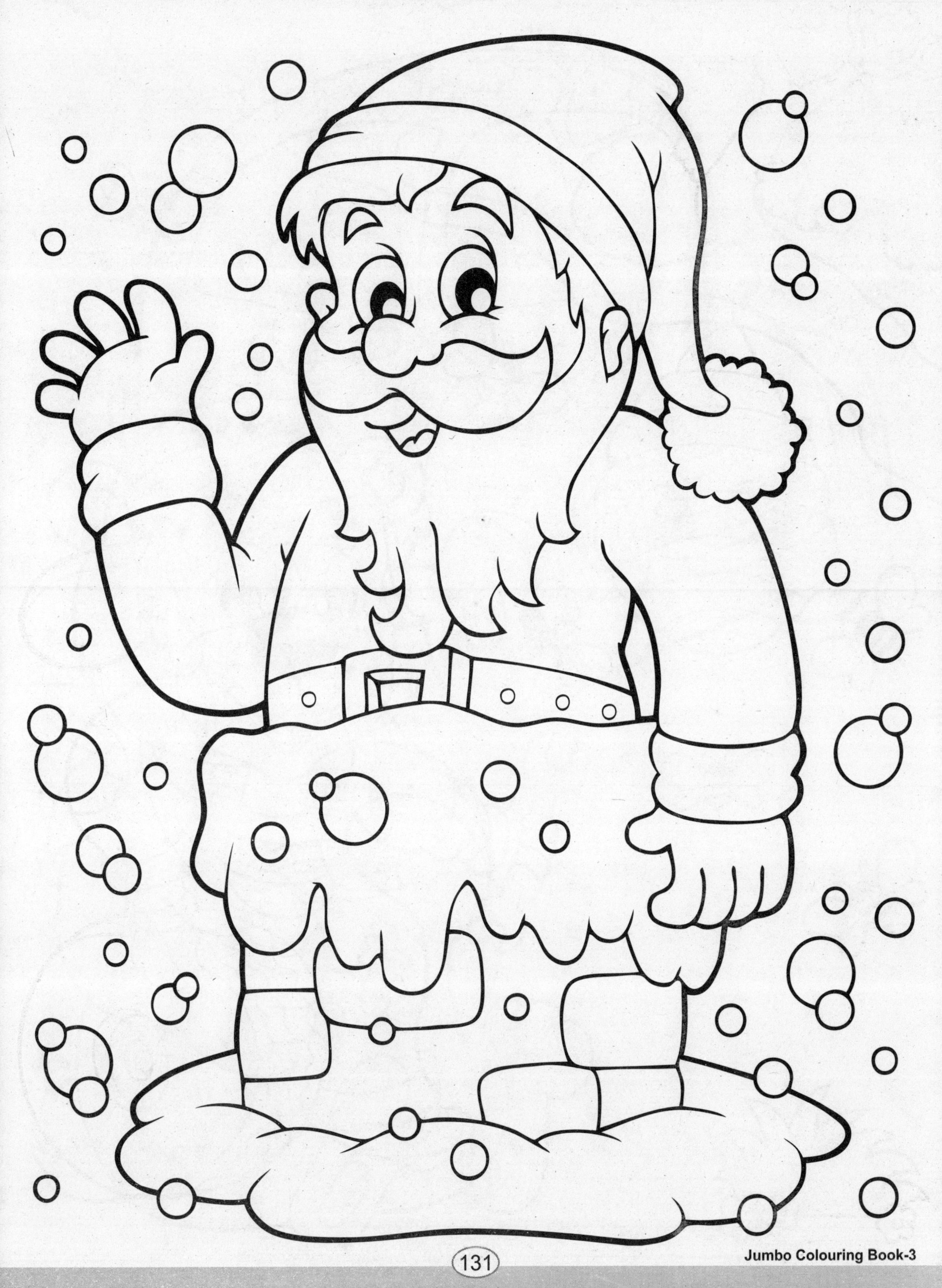

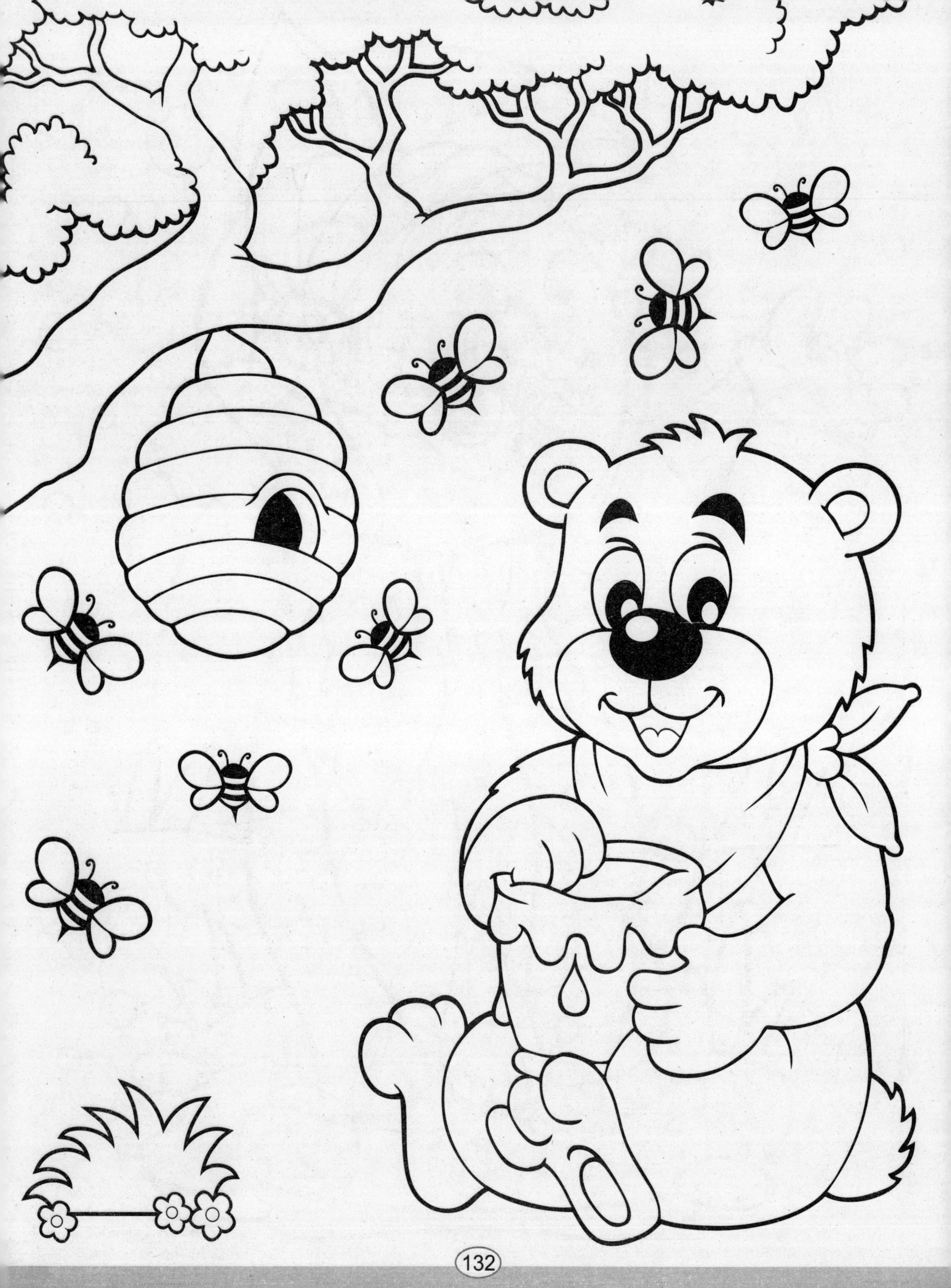

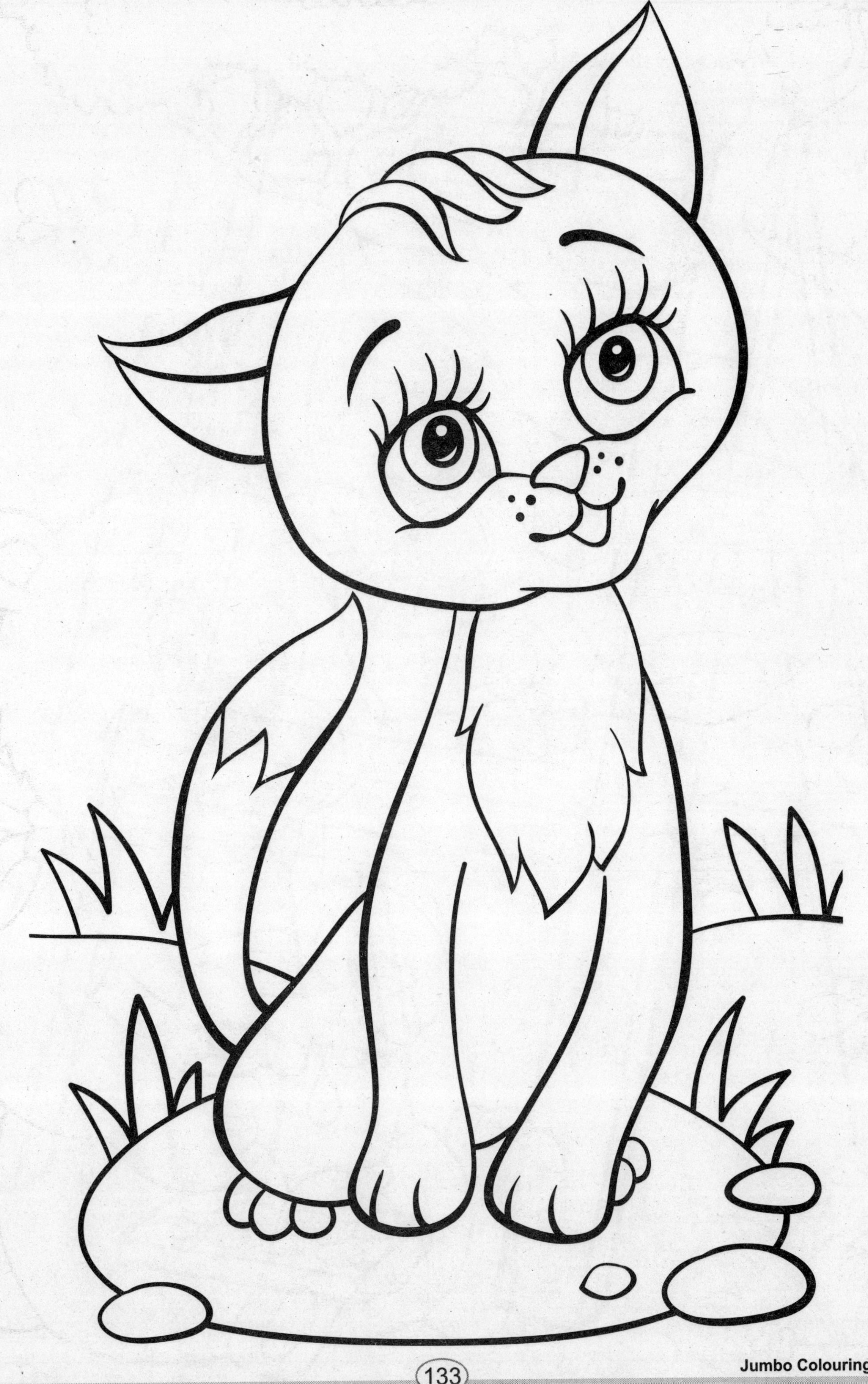

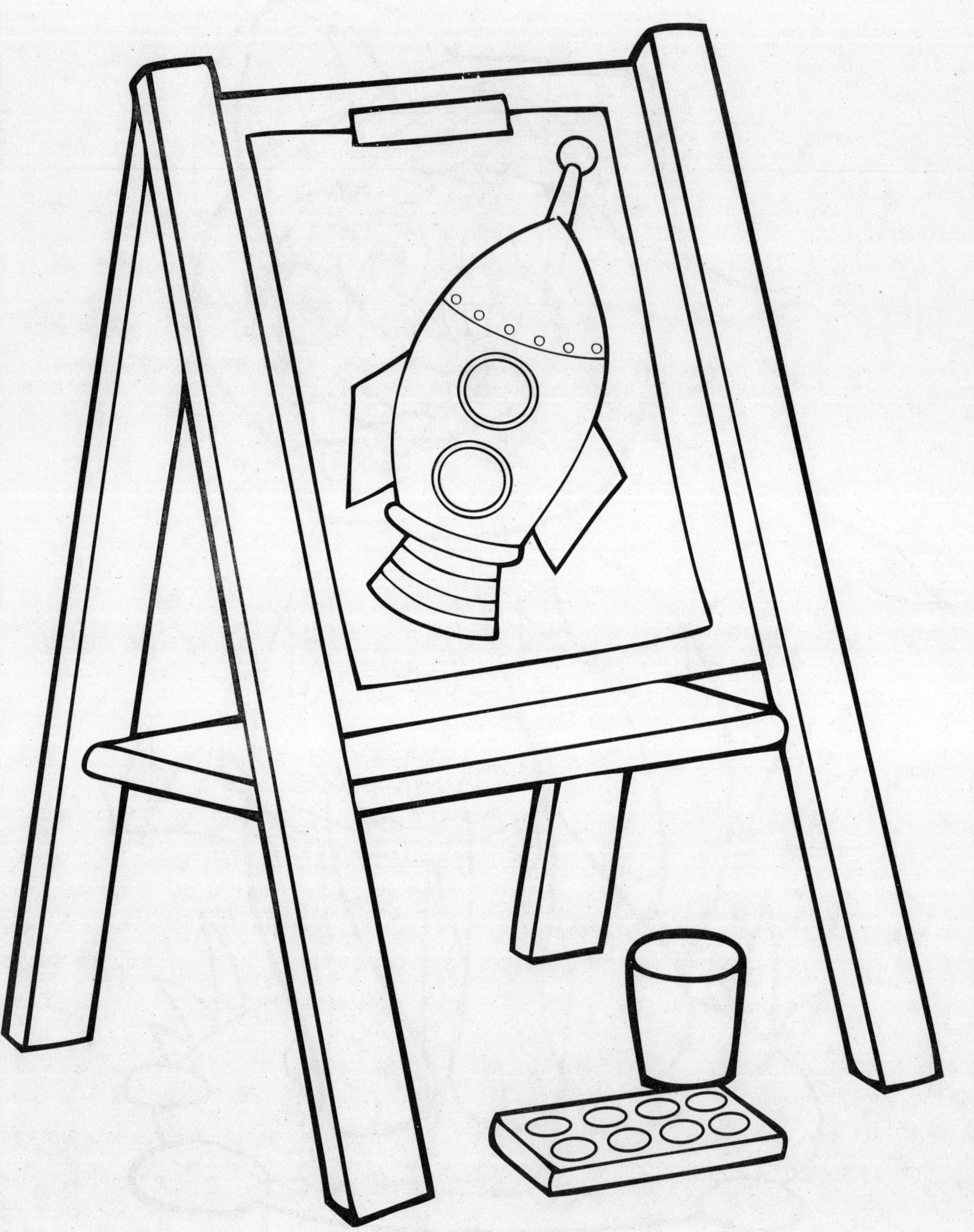

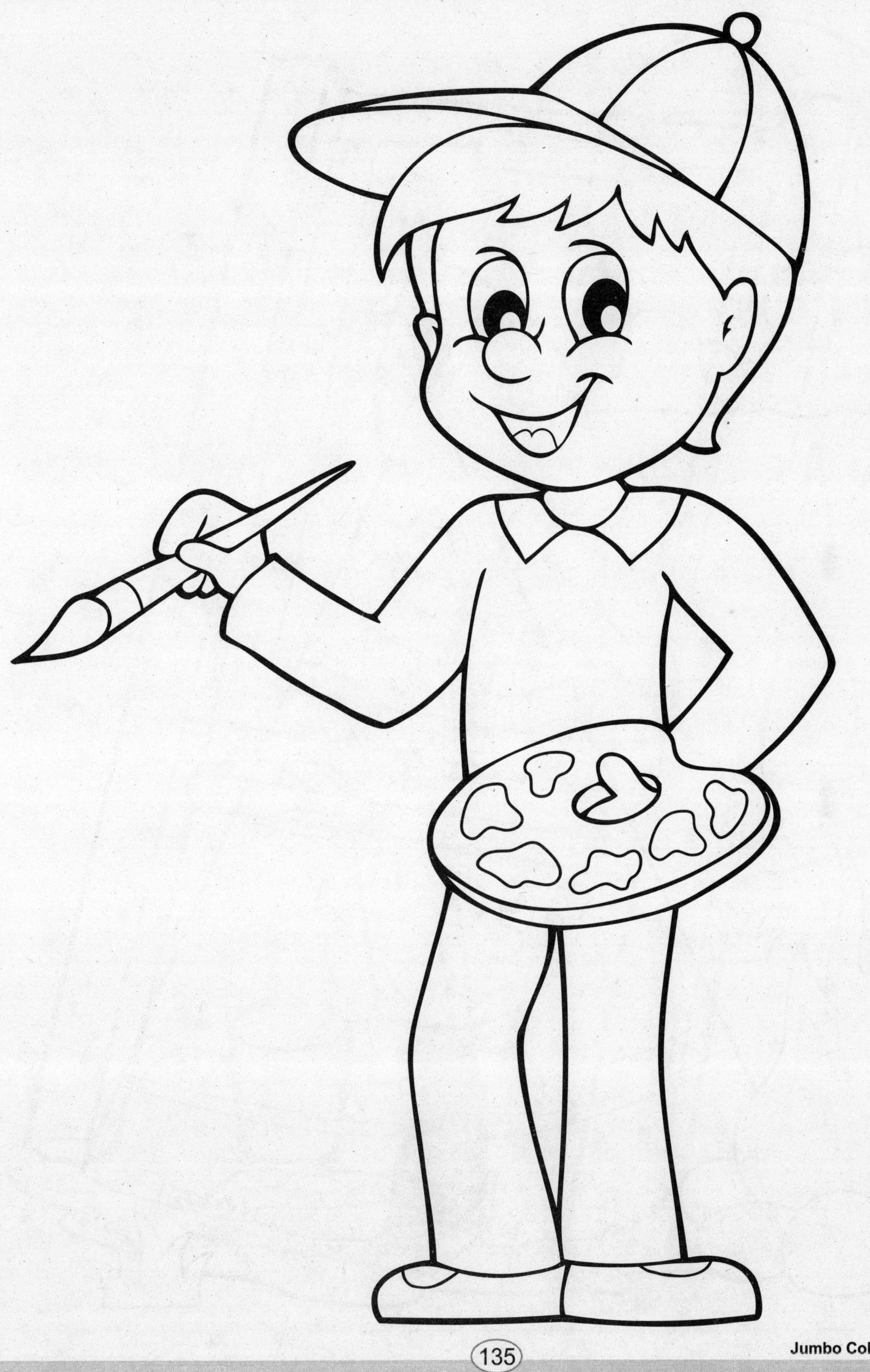

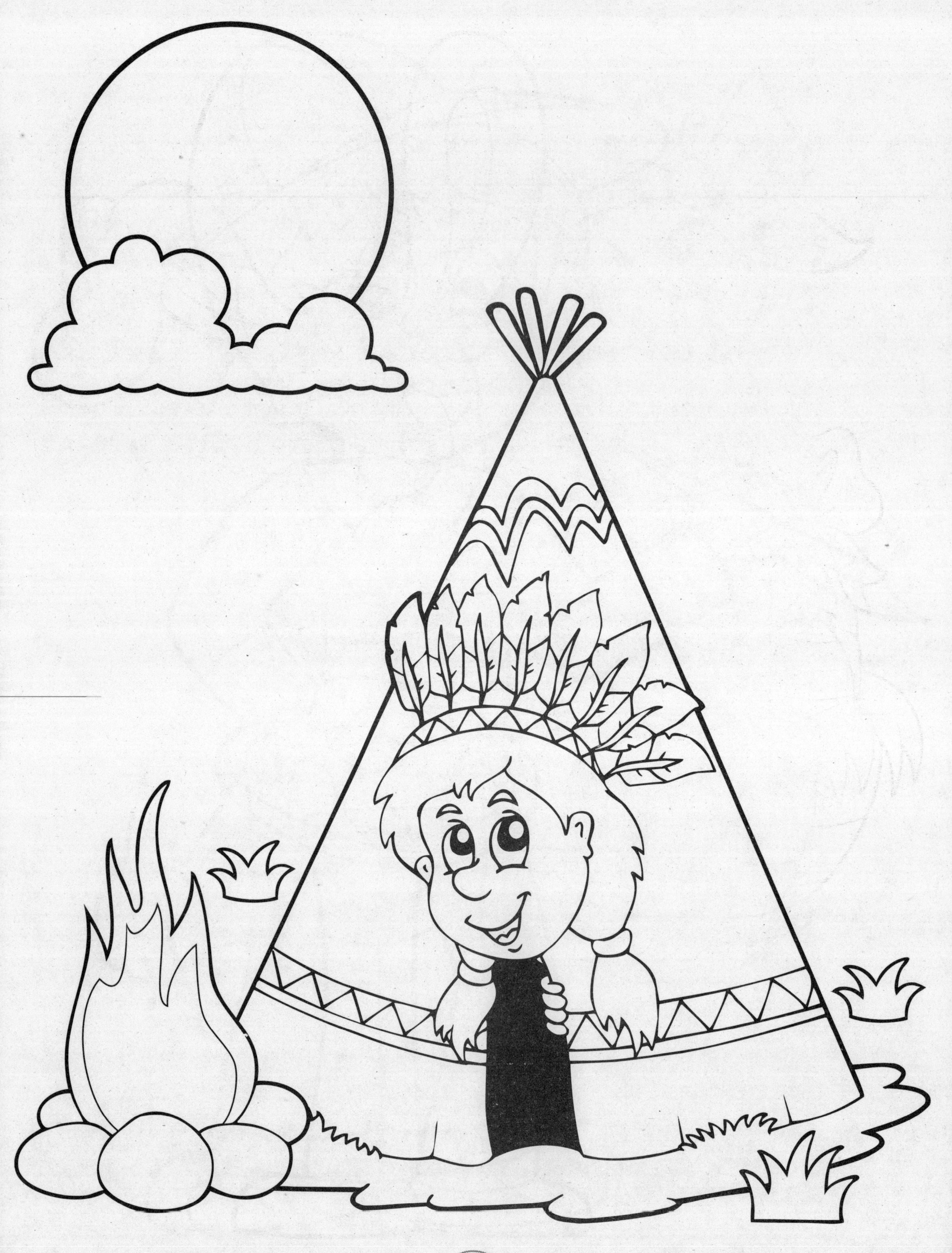

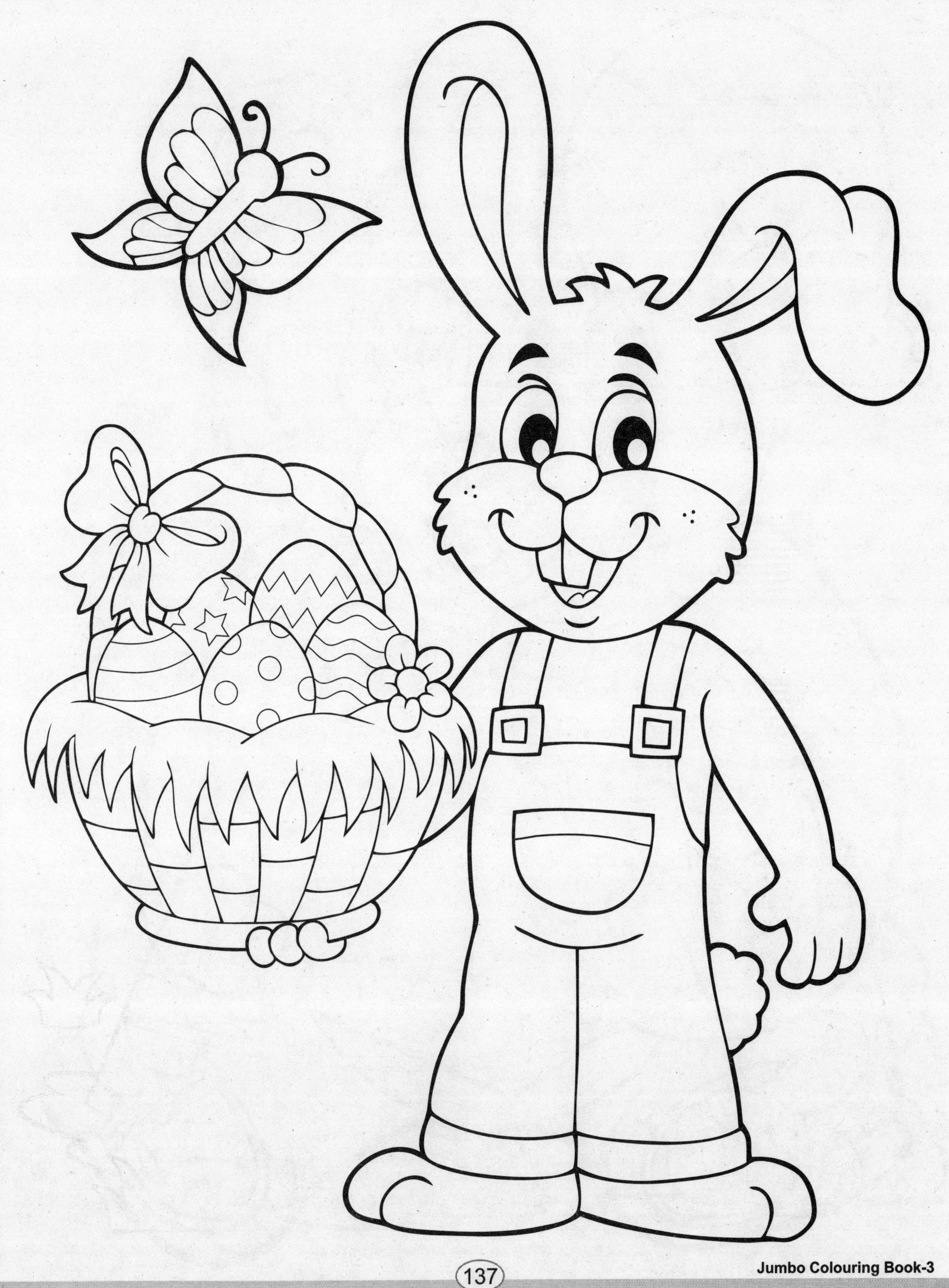

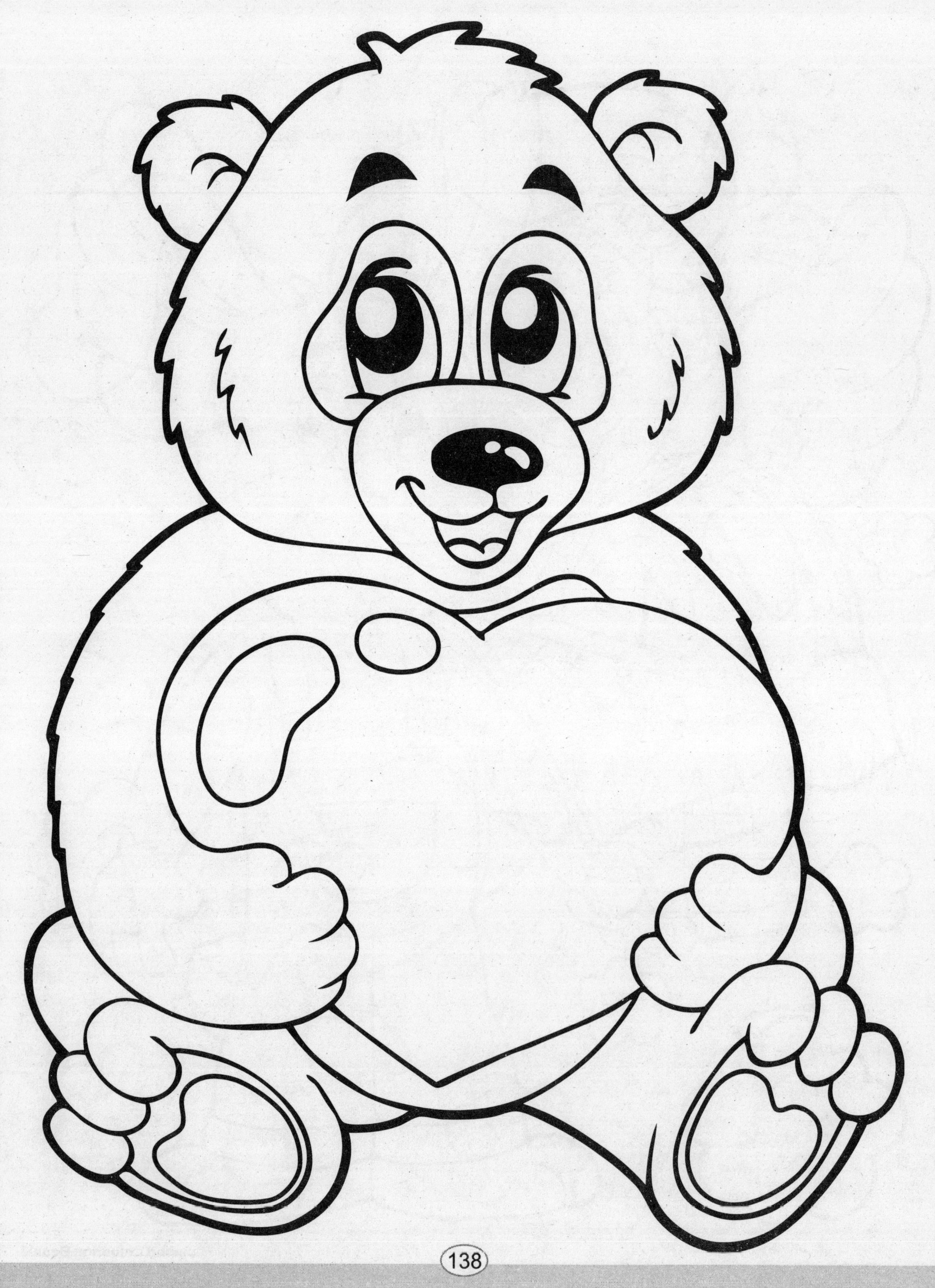

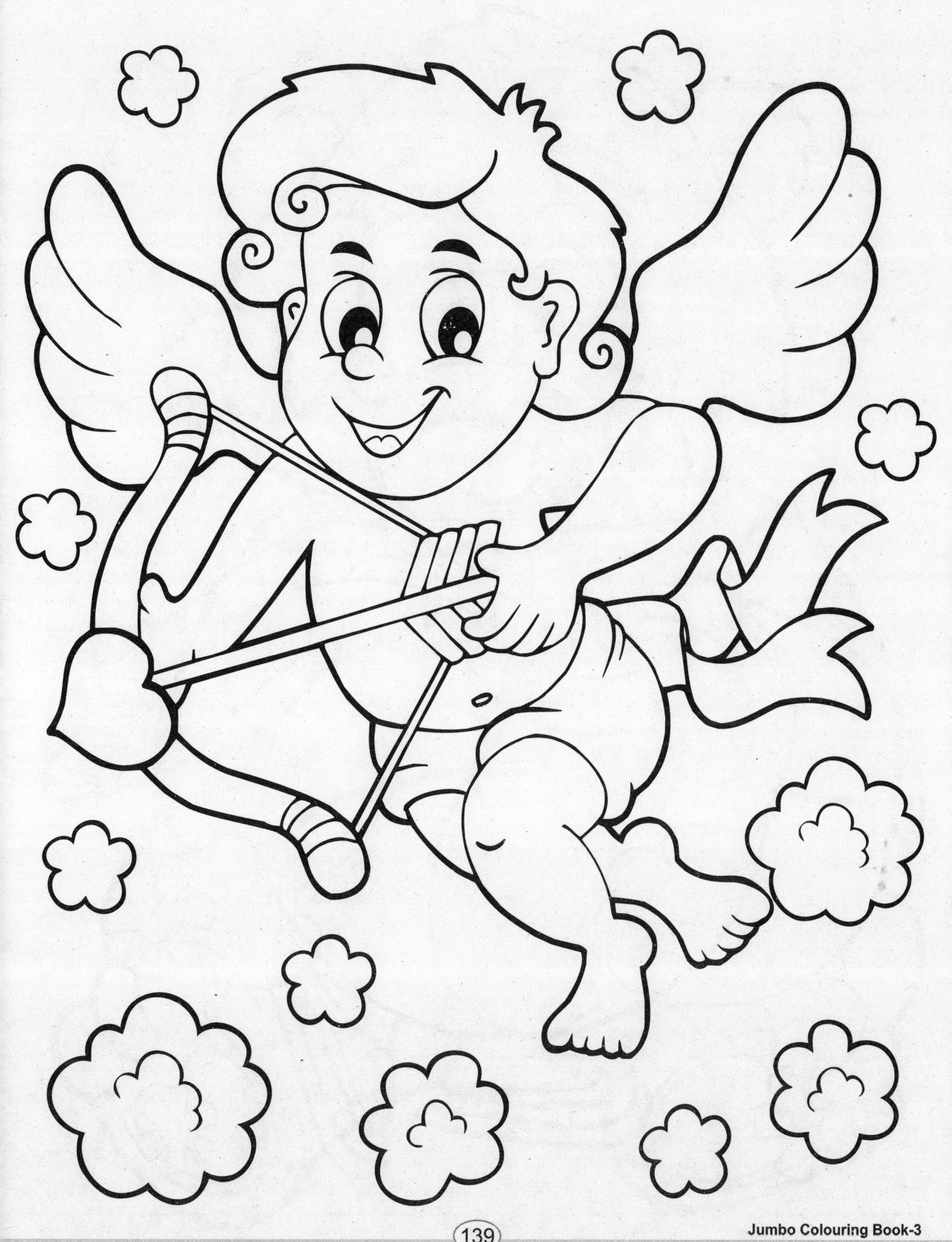

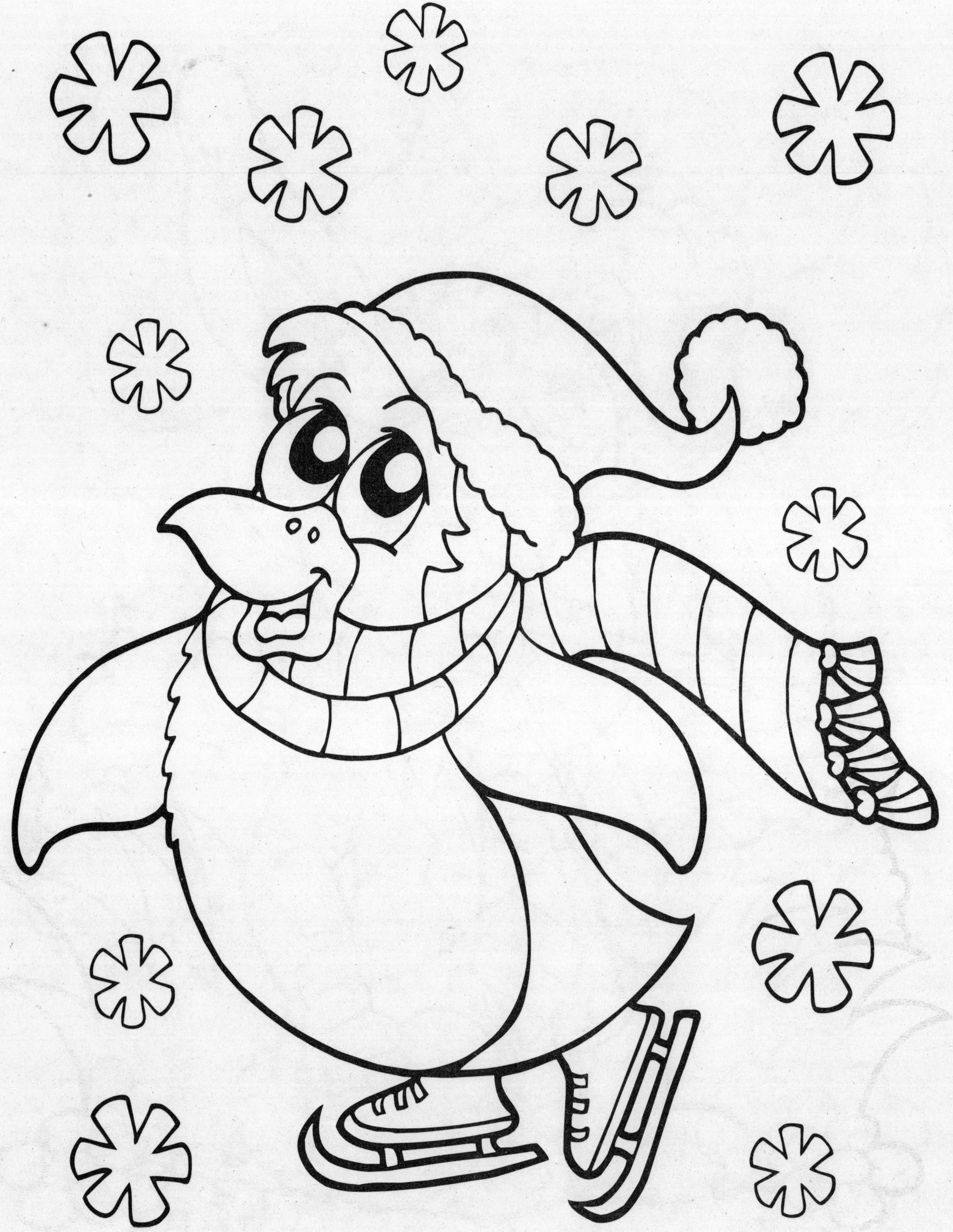

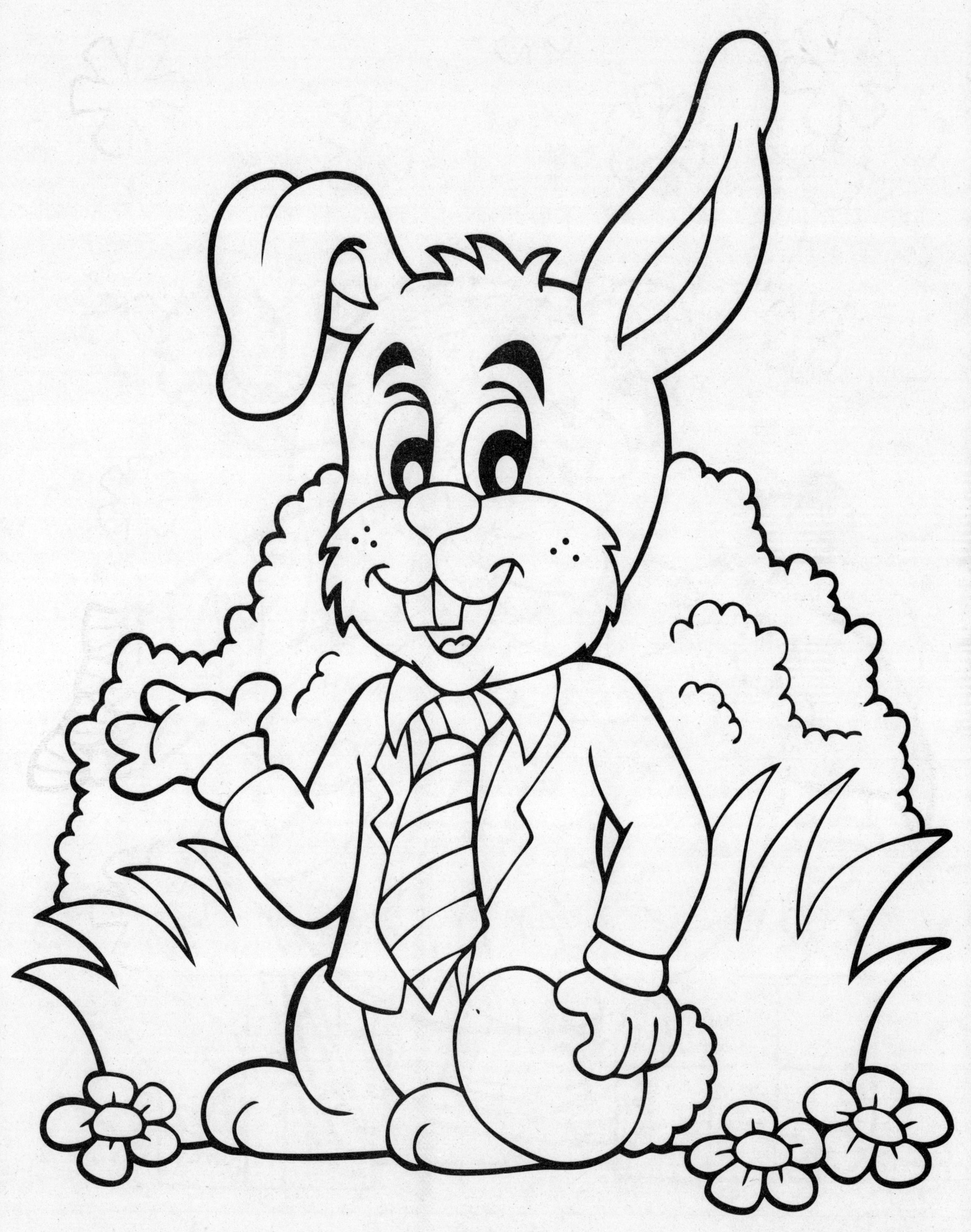

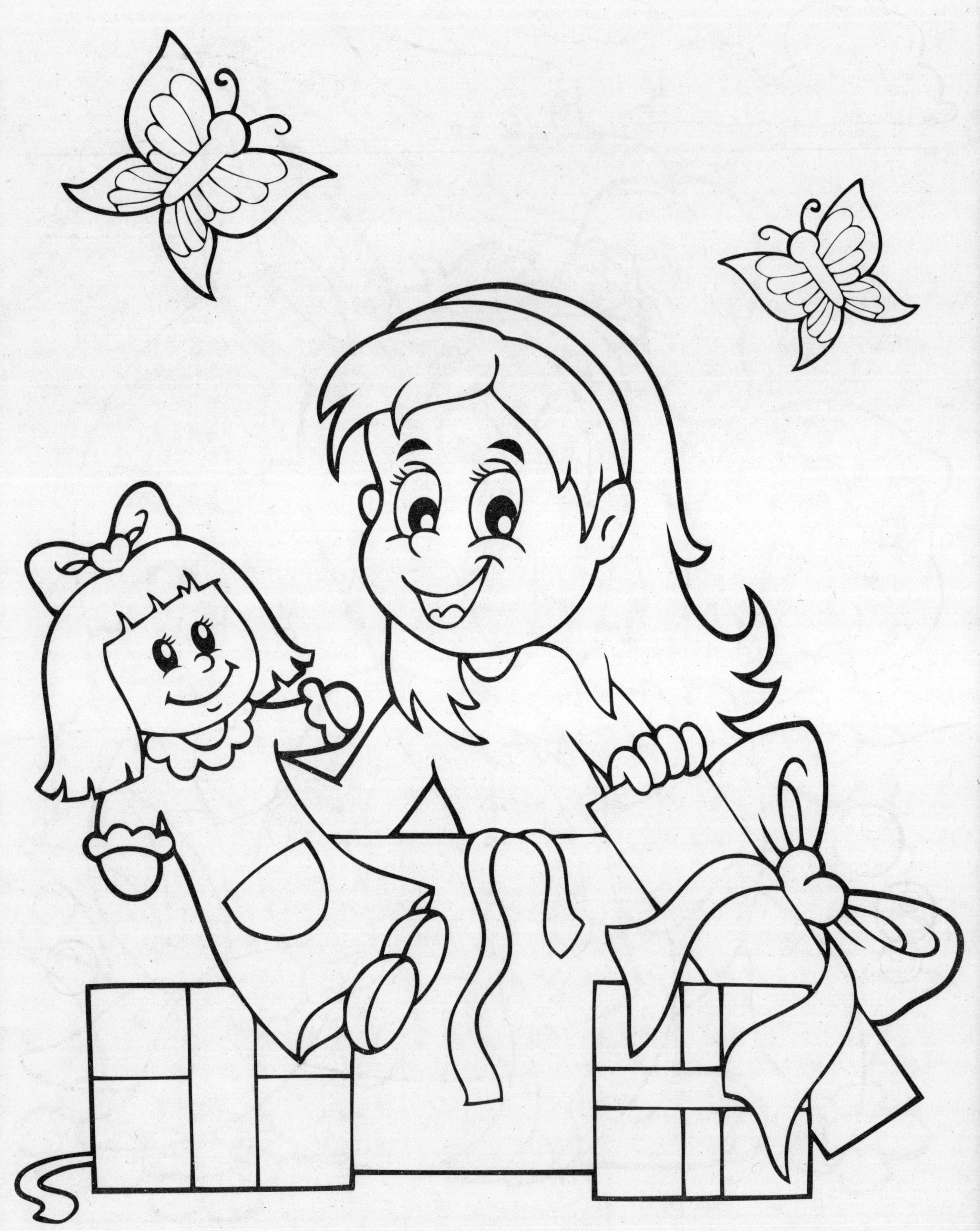

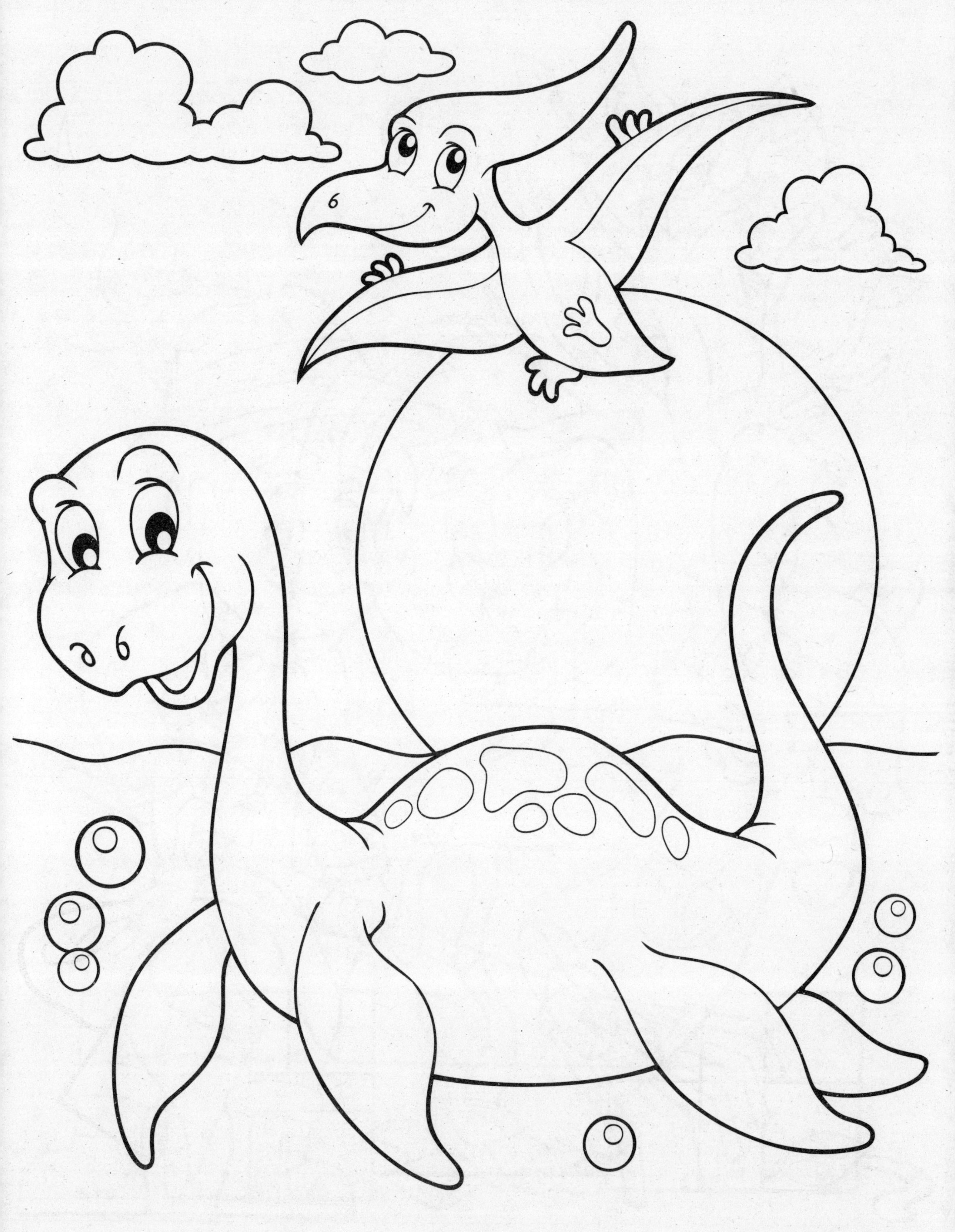

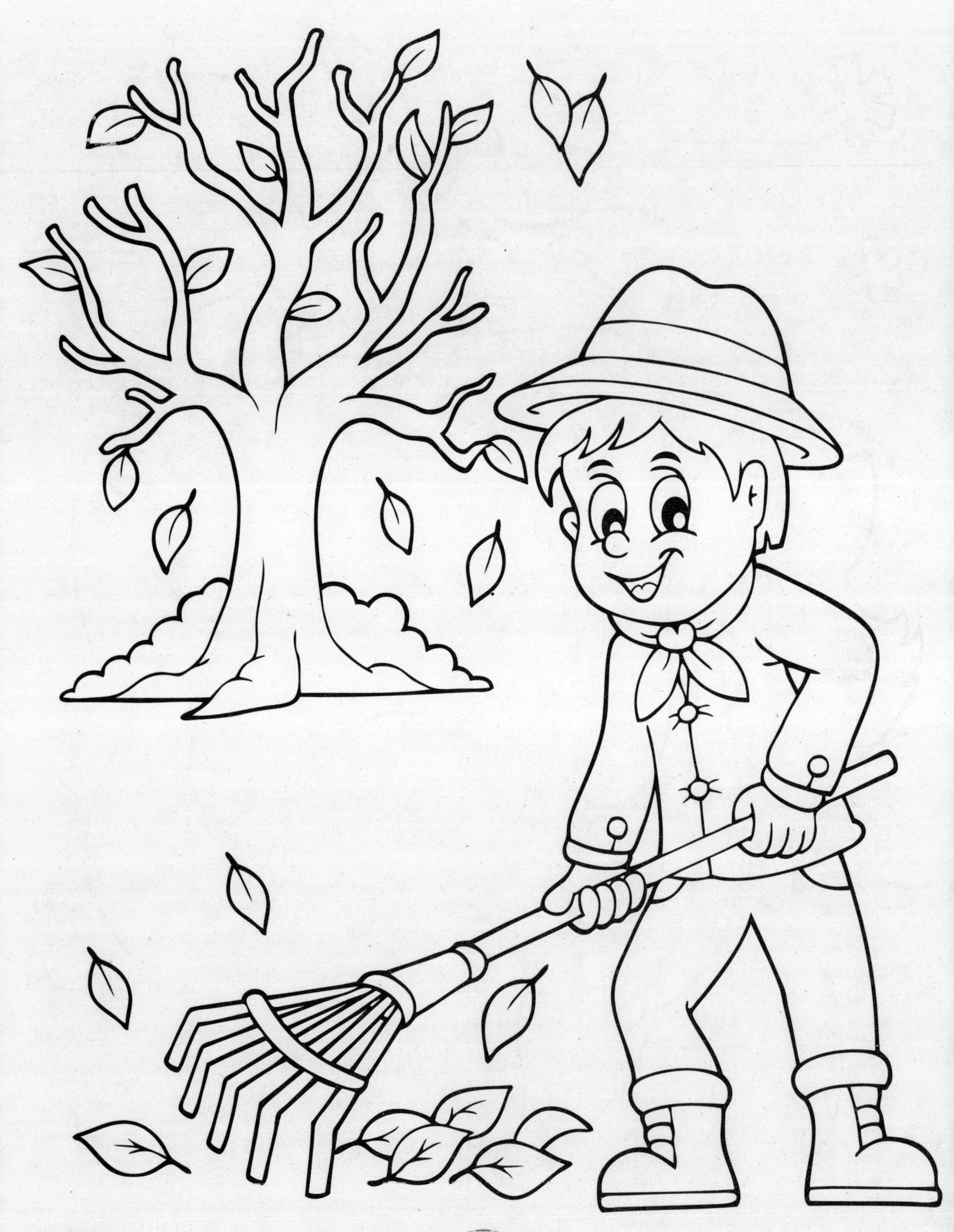

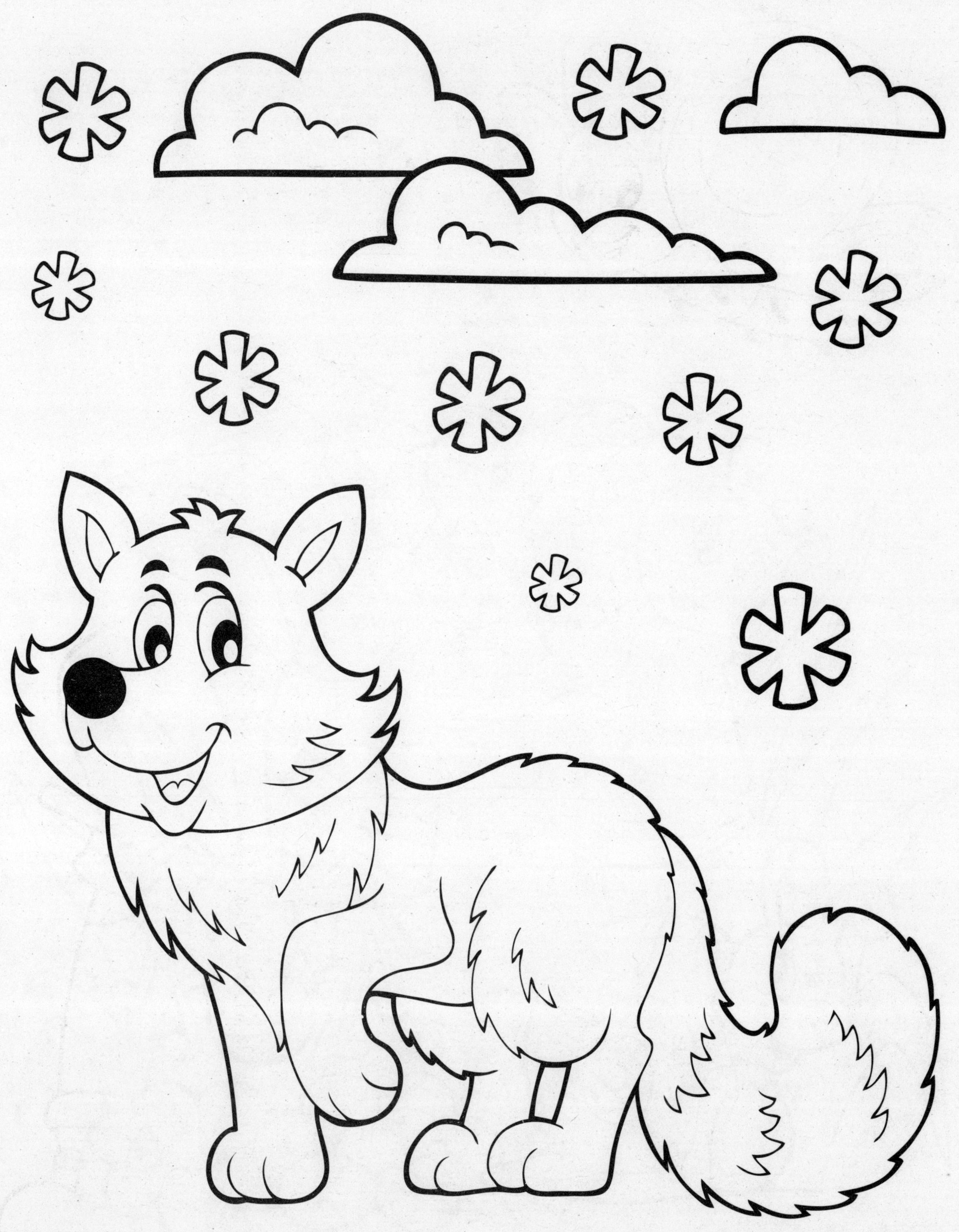

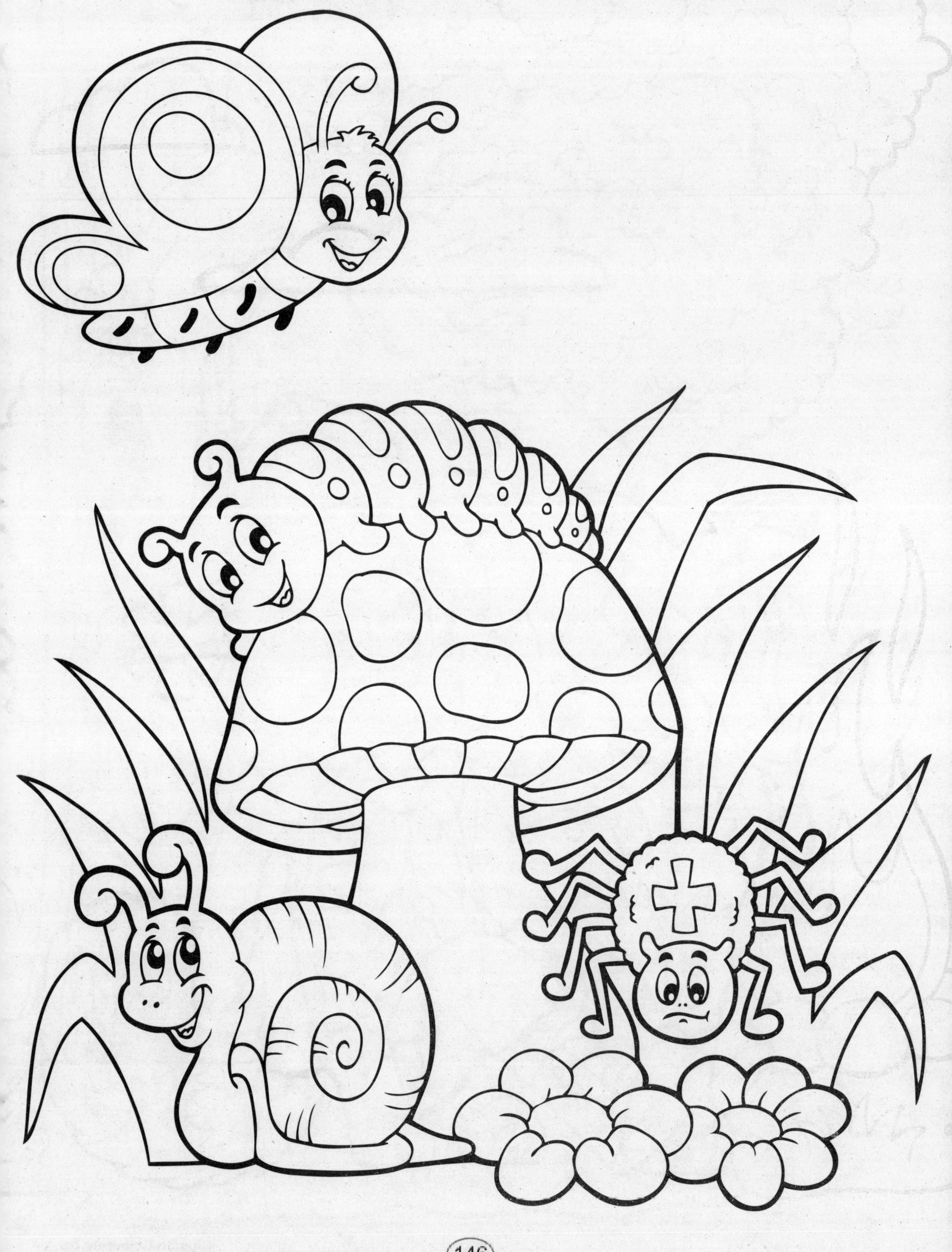

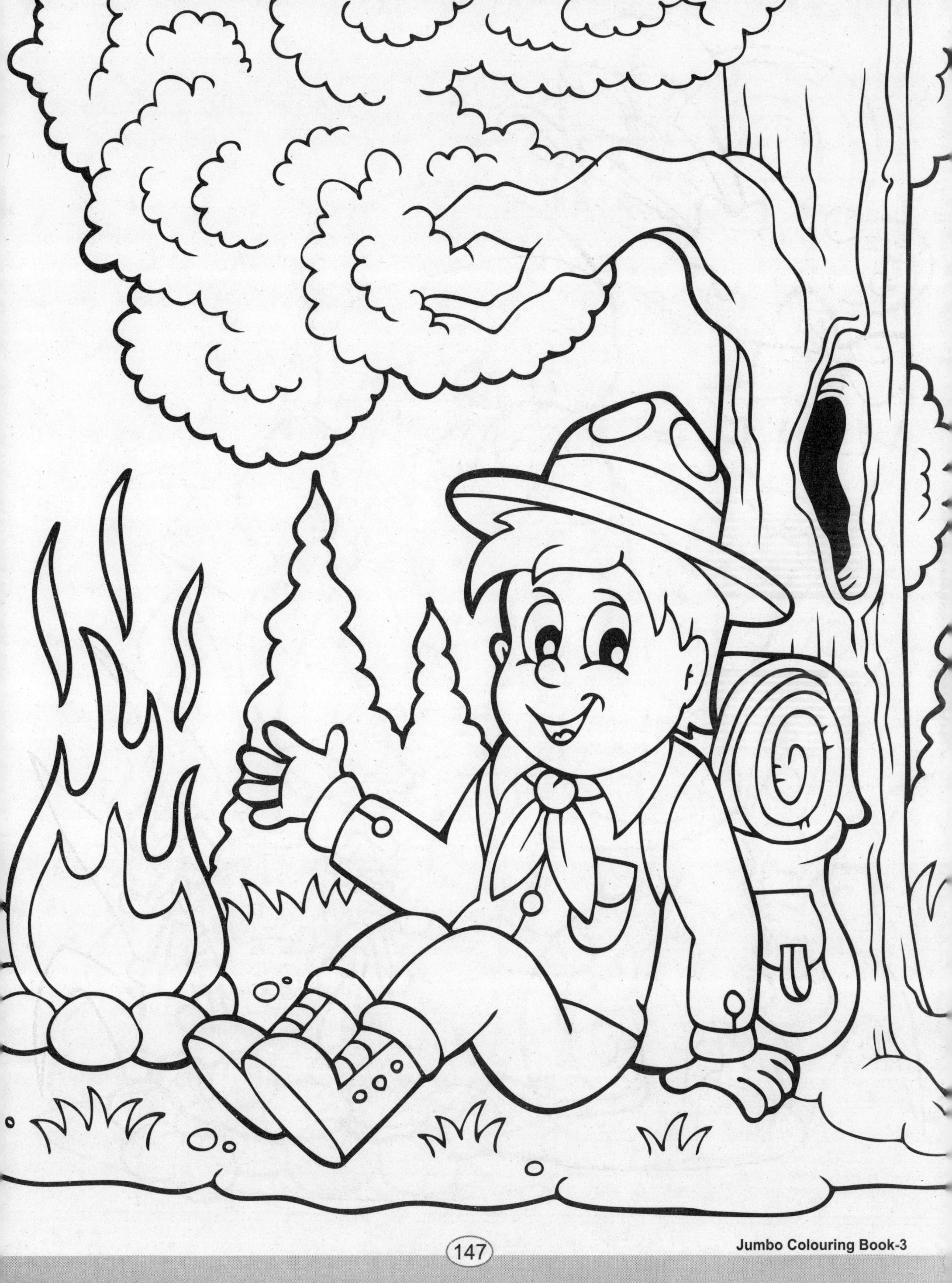

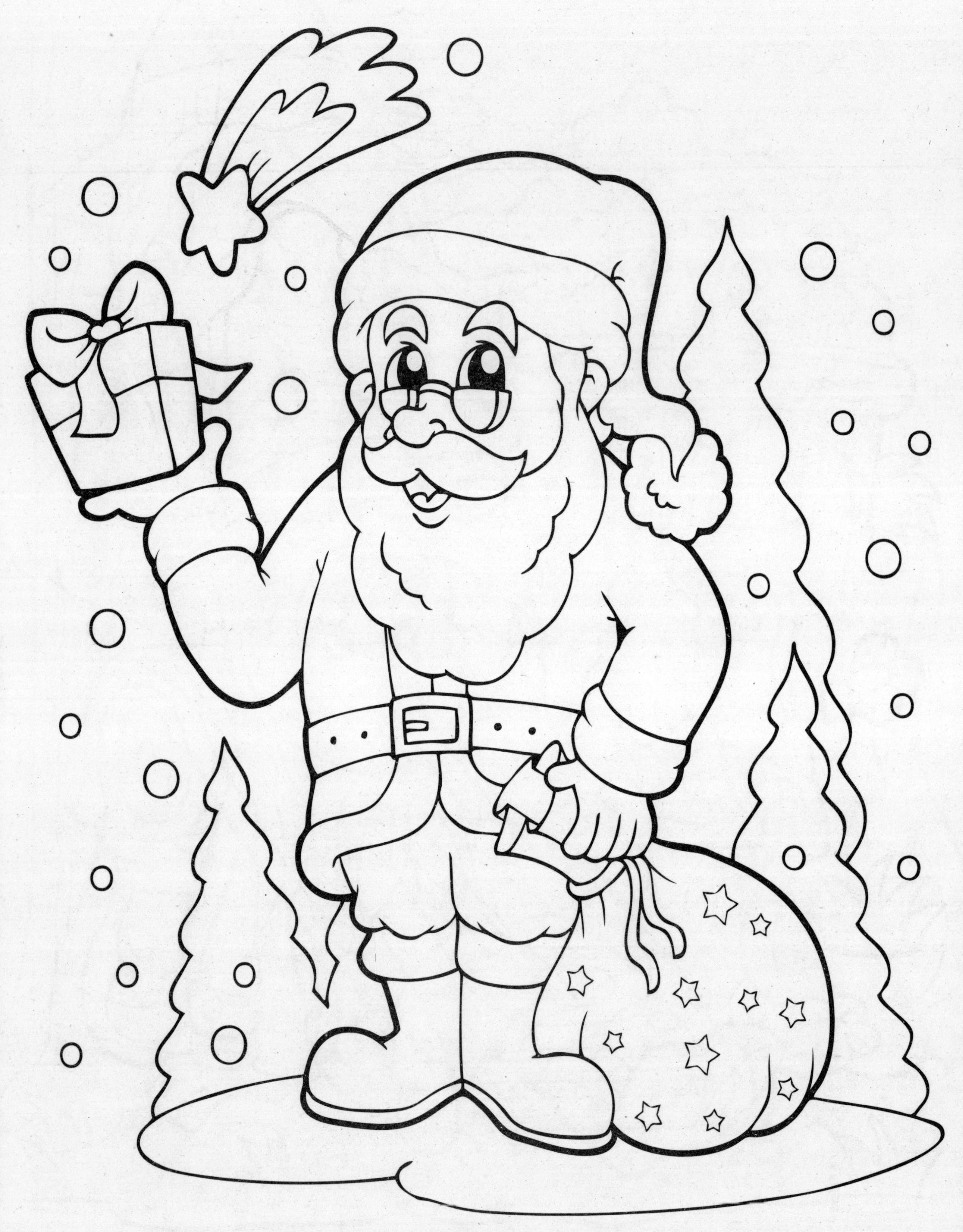

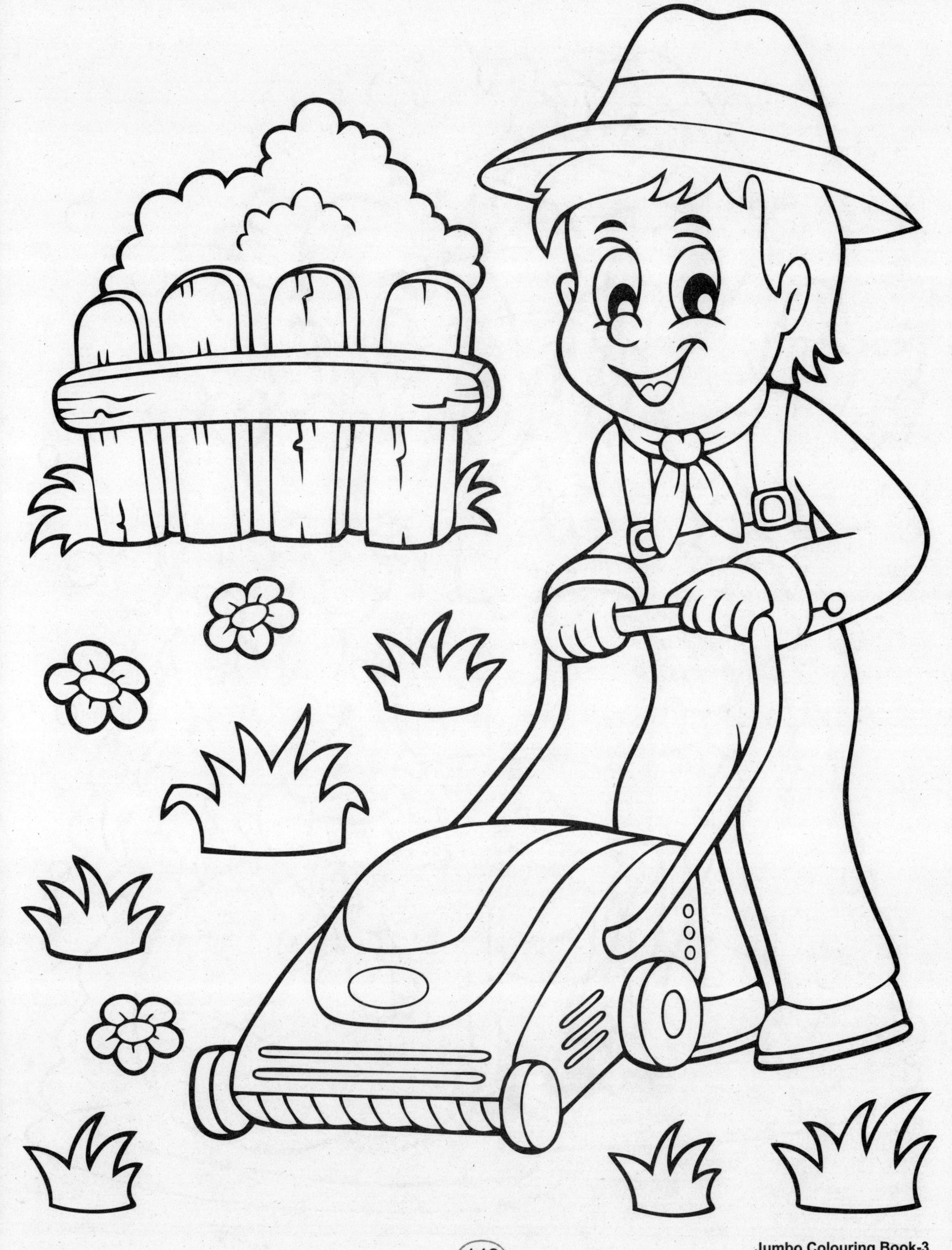

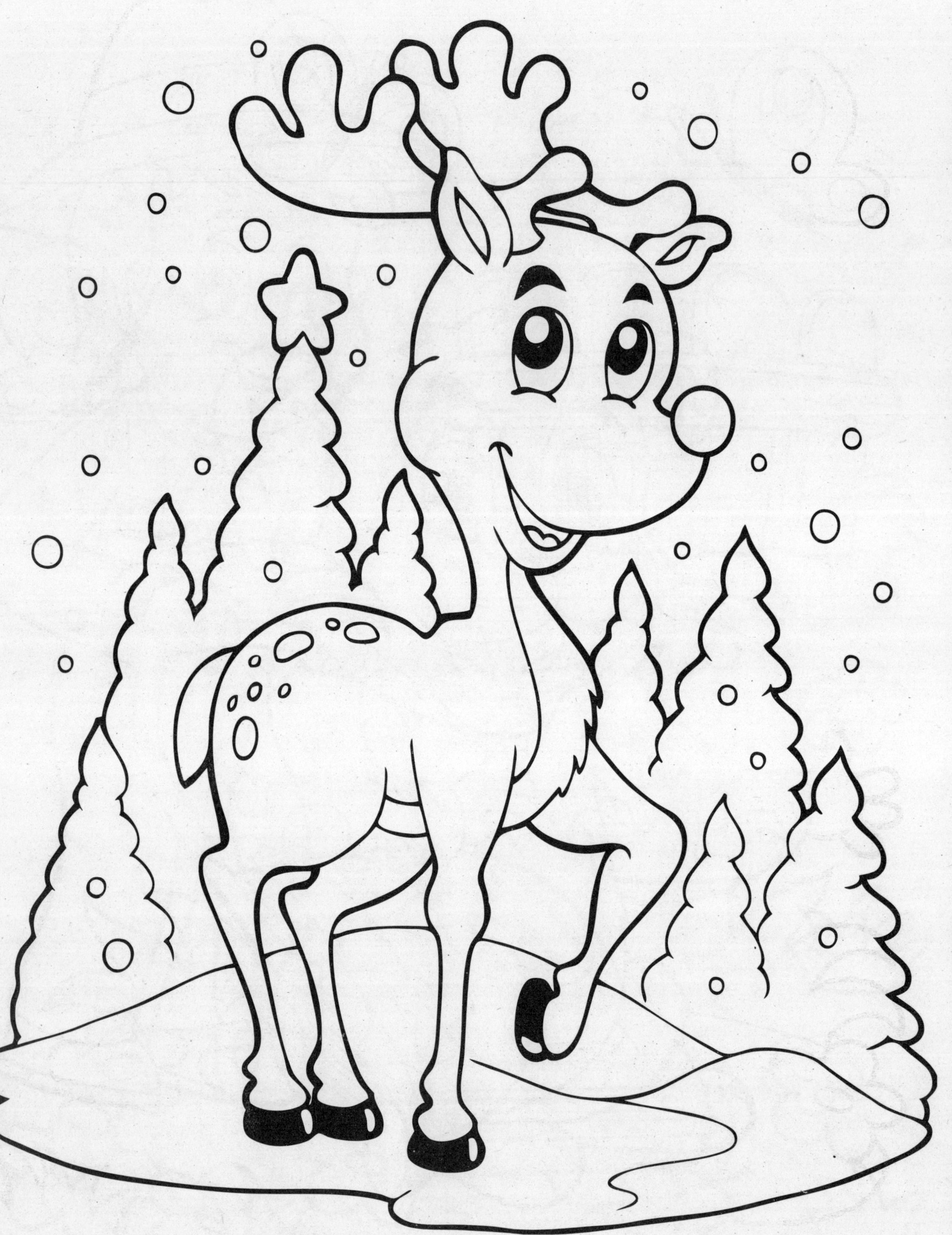

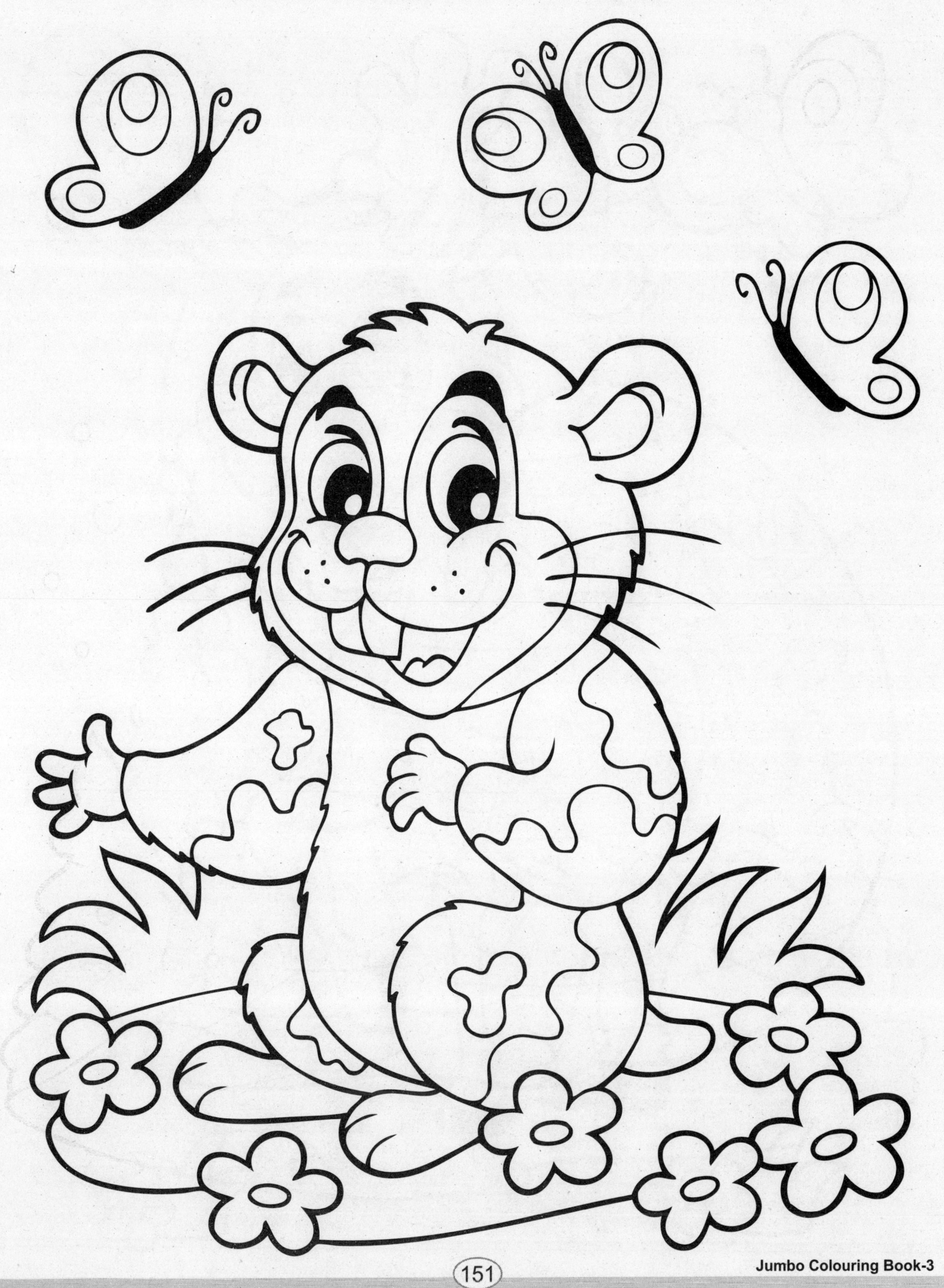

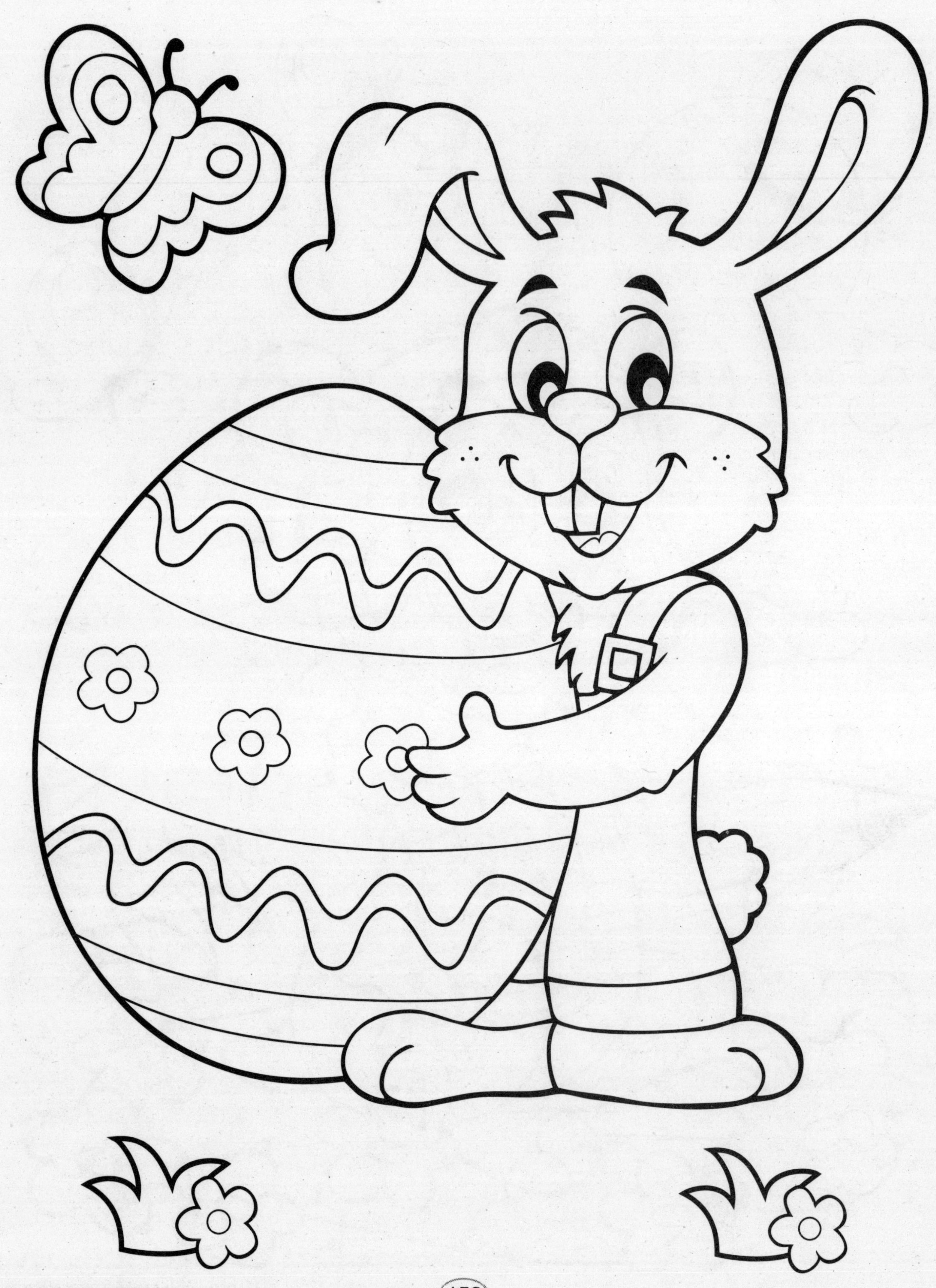

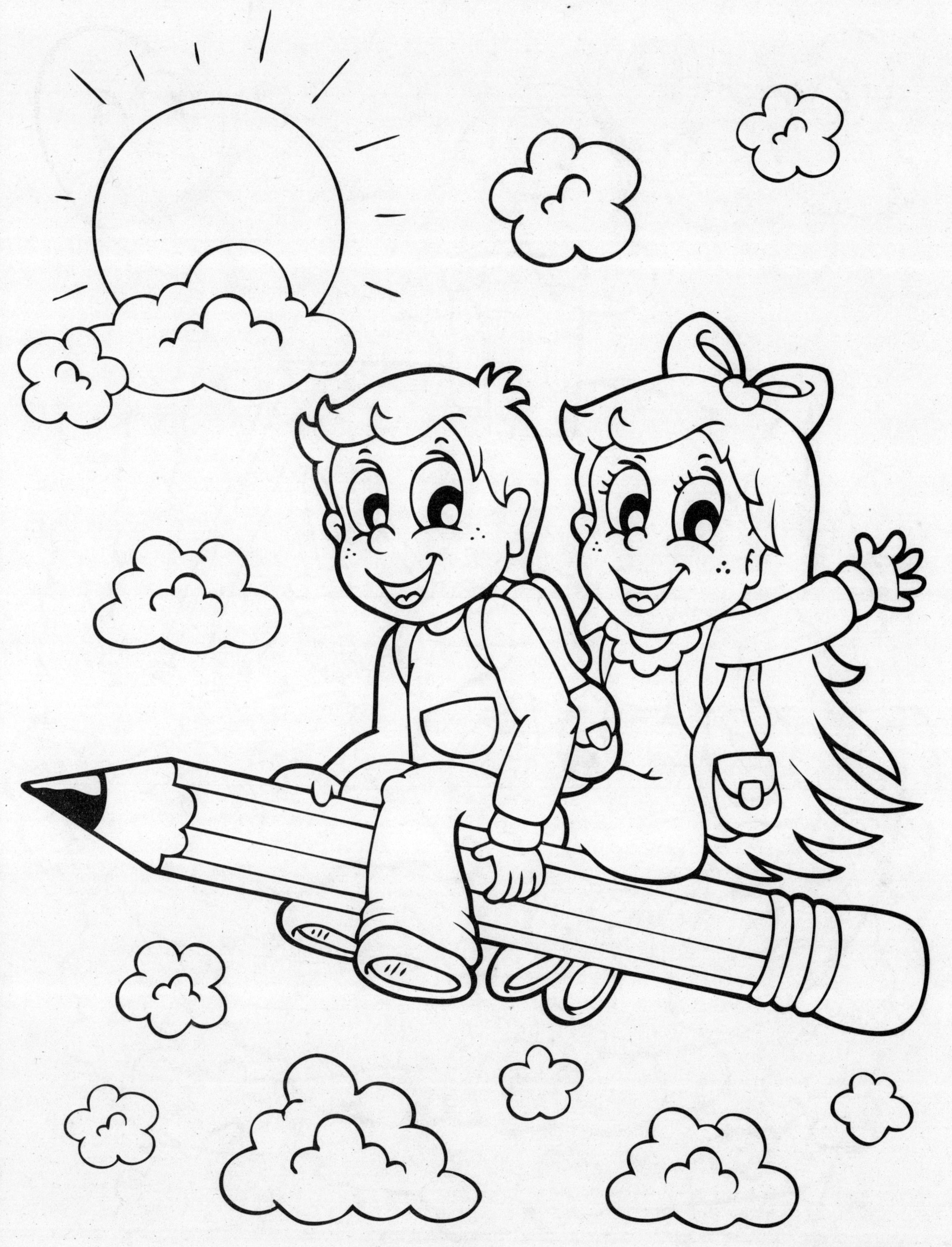

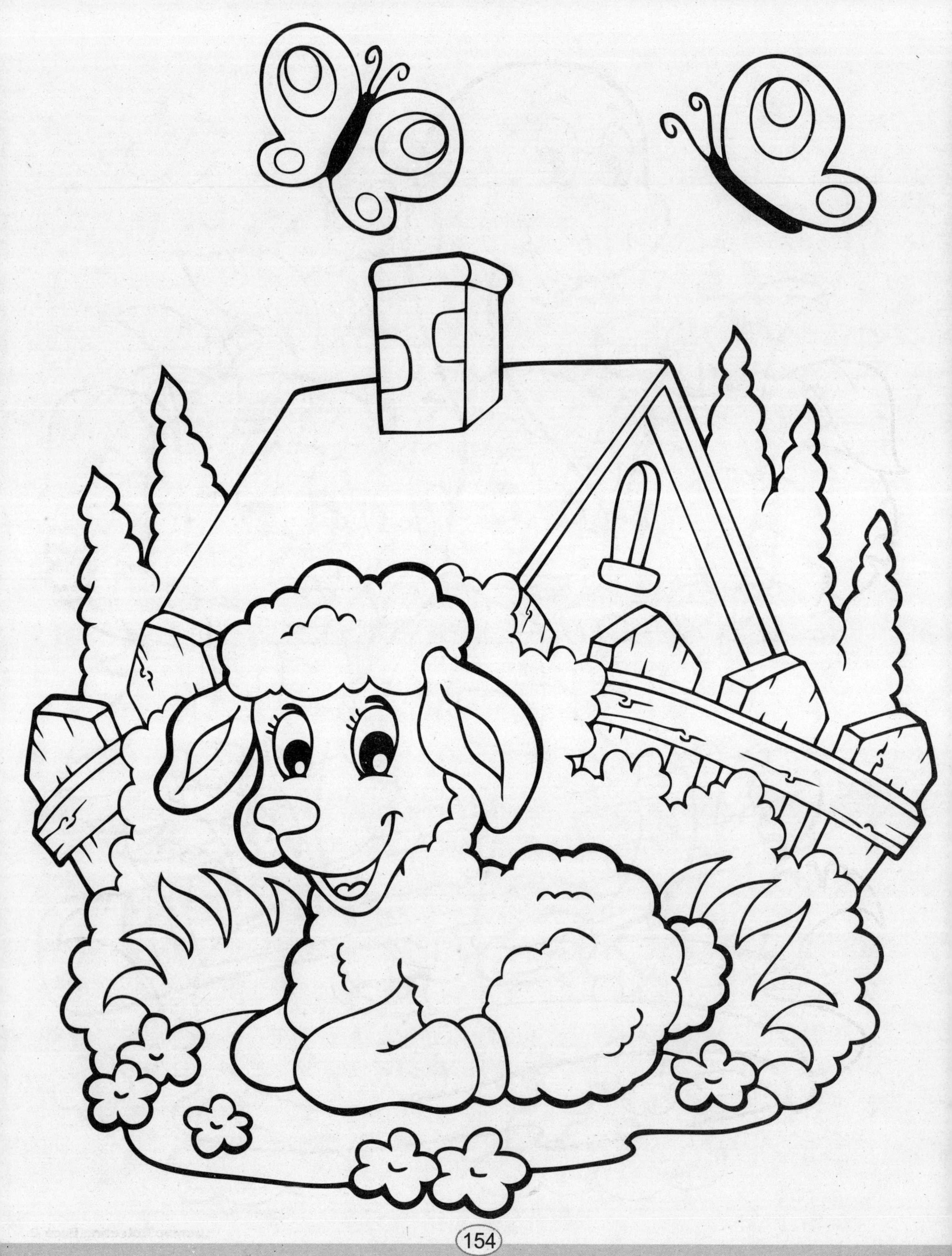

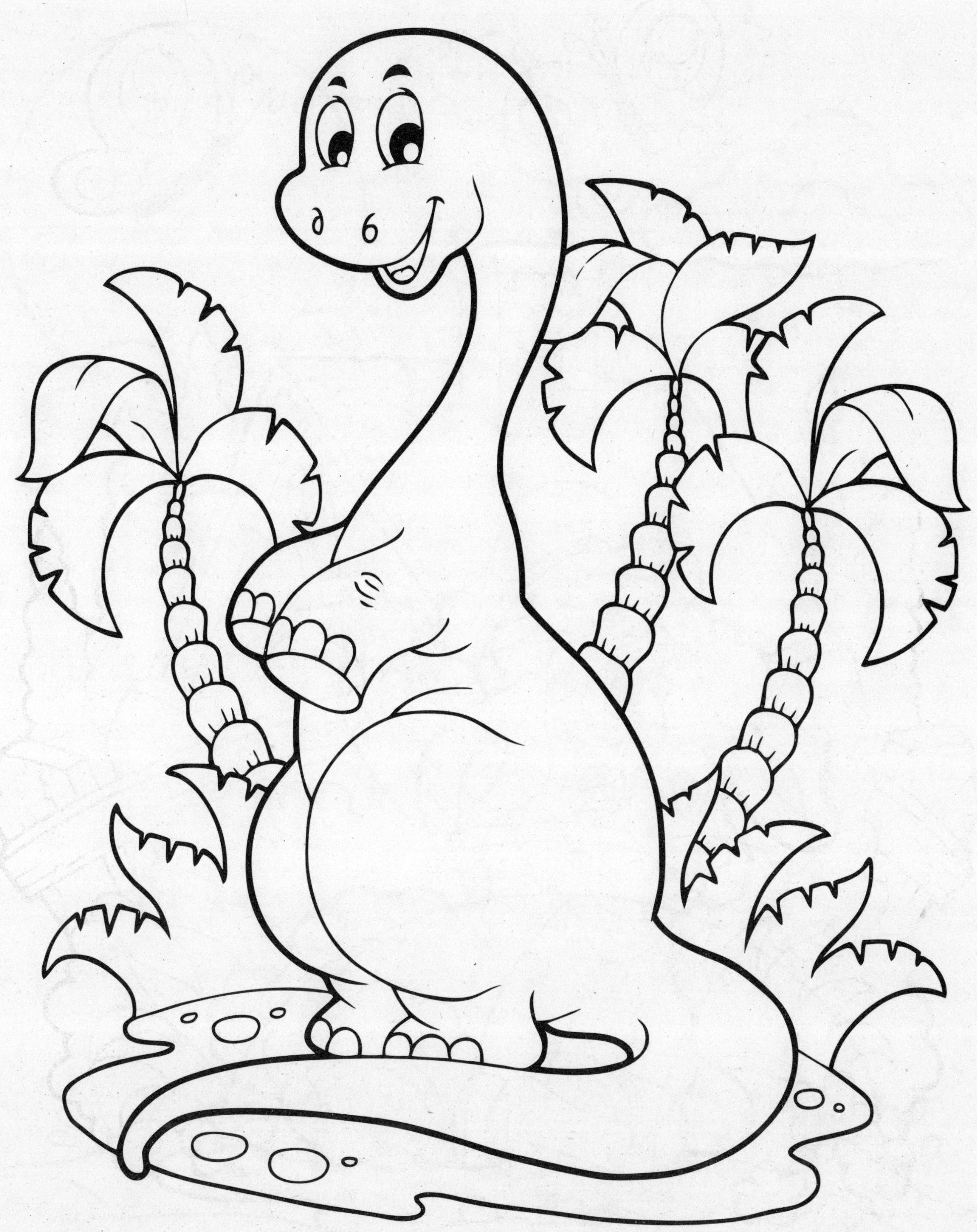

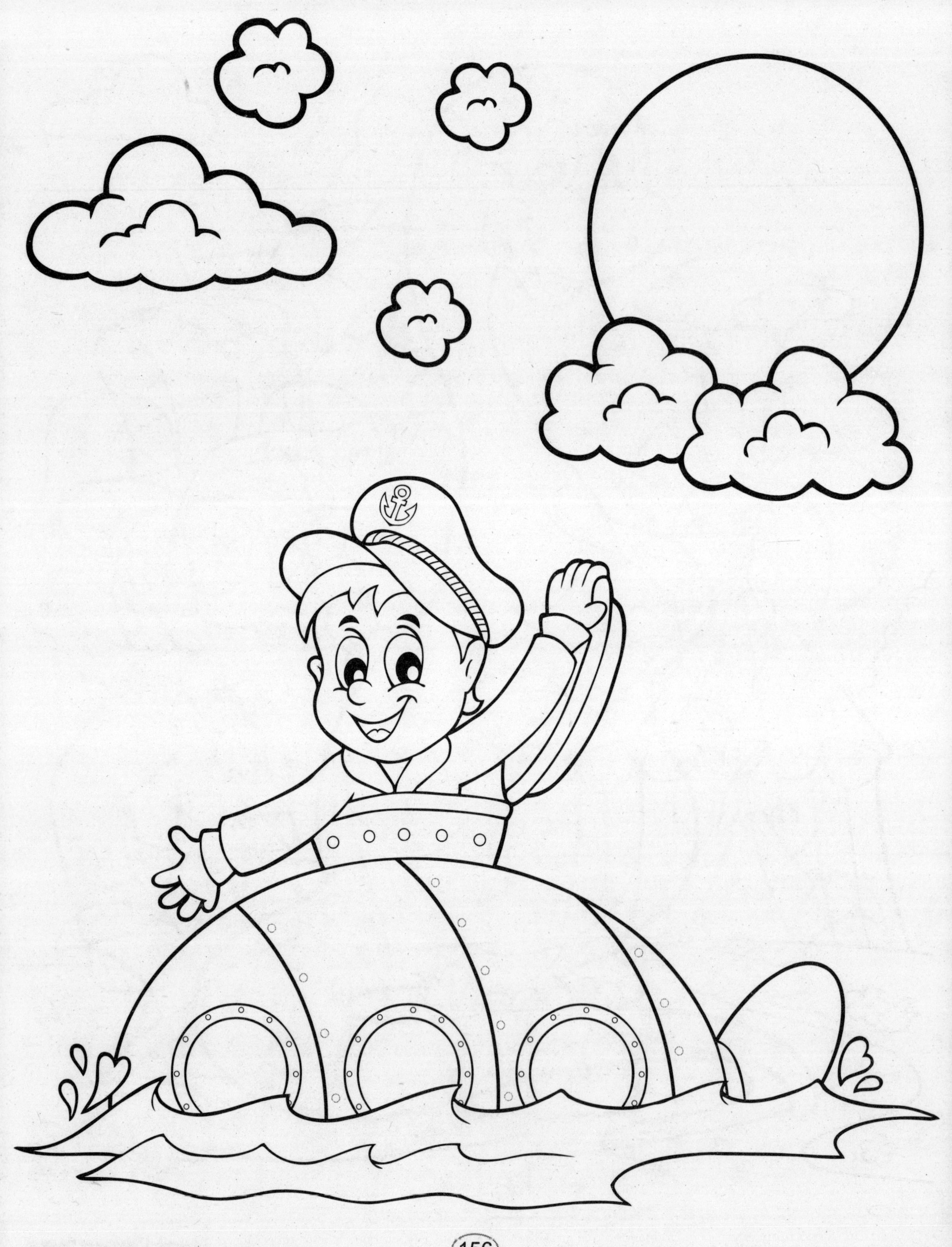

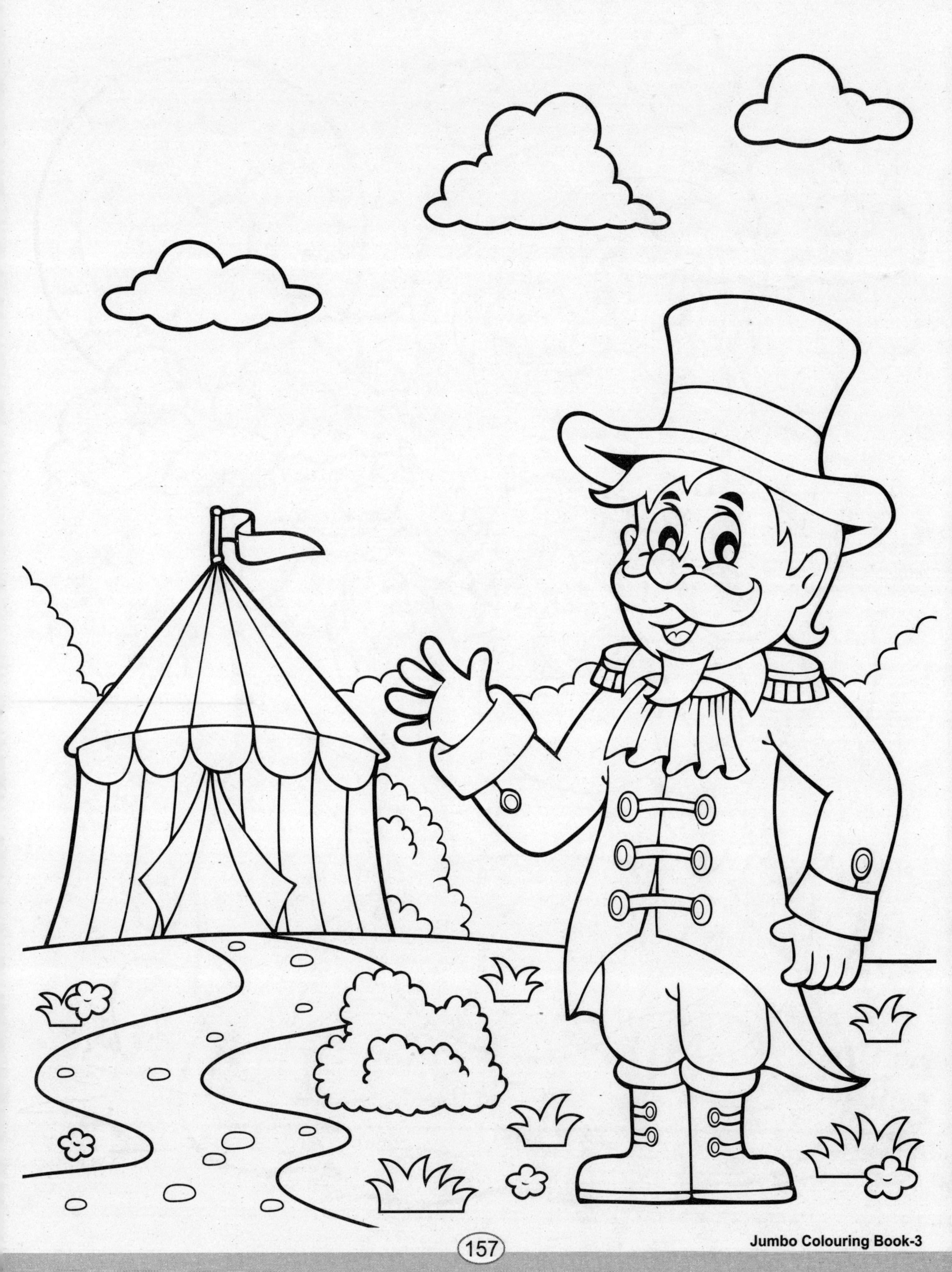

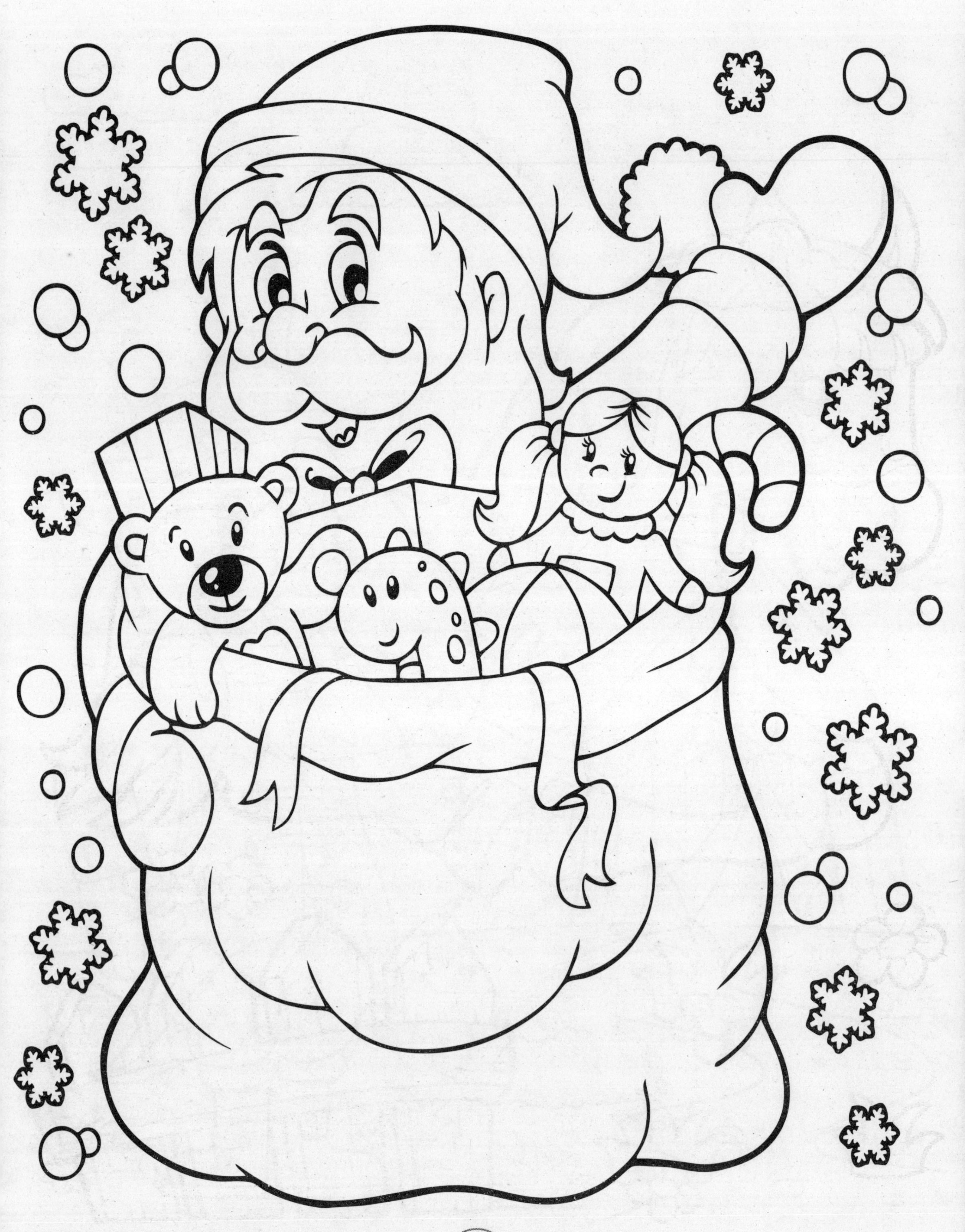

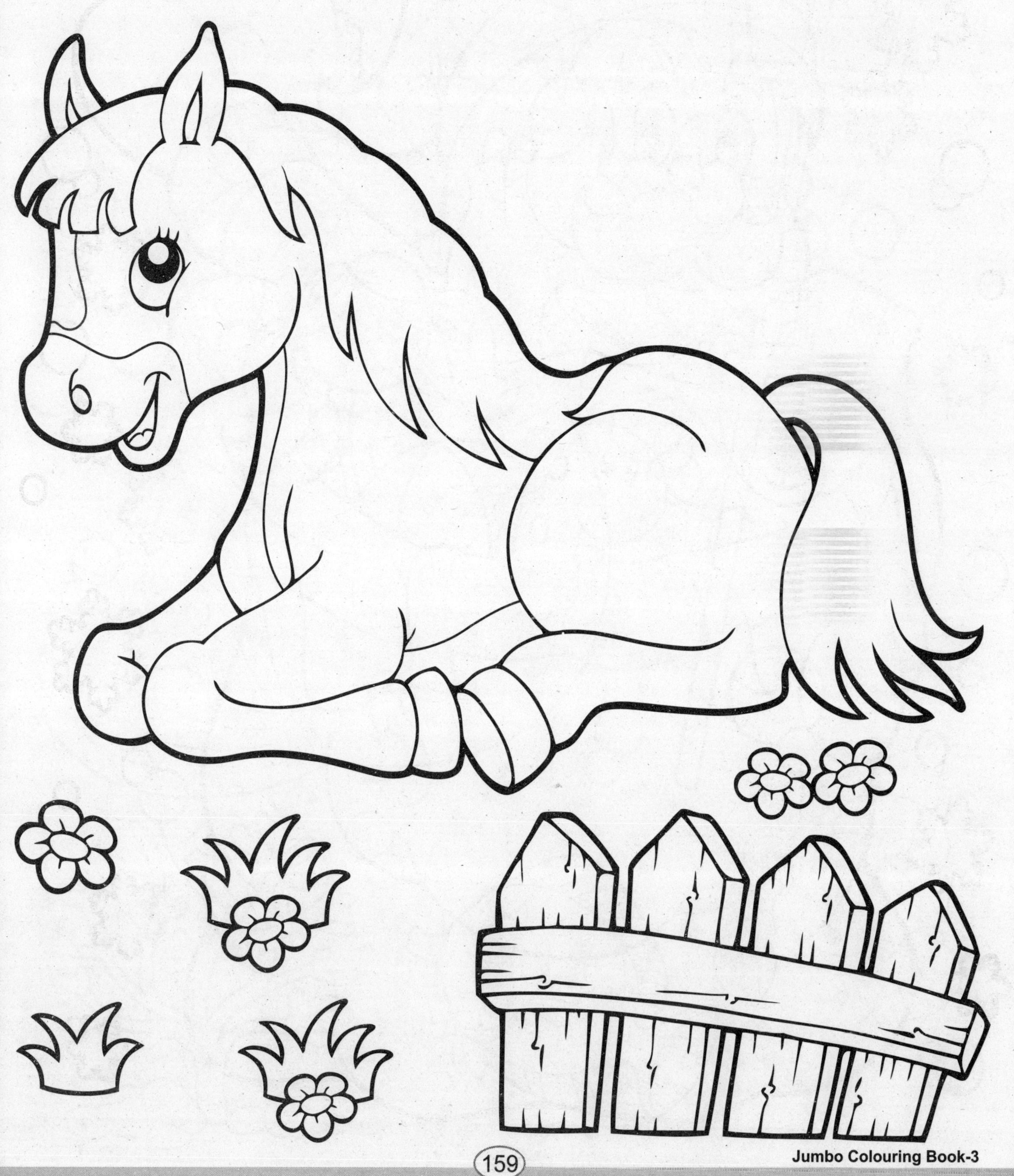

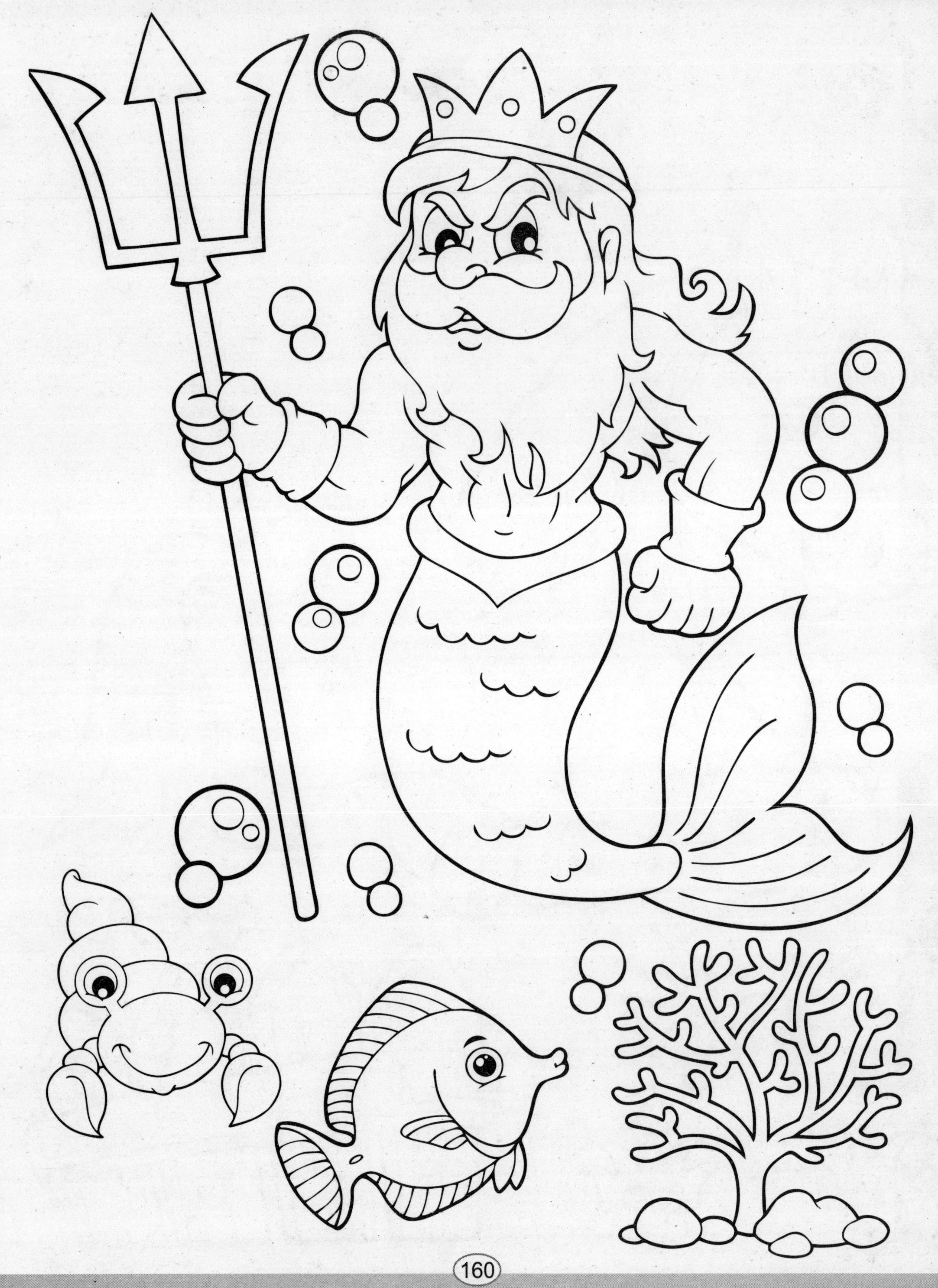